教育要素研究丛书　　主编：孙杰远

教师研究成果传播研究

欧阳修俊 / 著

中国社会科学出版社

图书在版编目（CIP）数据

教师研究成果传播研究 / 欧阳修俊著 . —北京：中国社会科学出版社，2022.1

（教育要素研究丛书）

ISBN 978-7-5203-9495-6

Ⅰ.①教… Ⅱ.①欧… Ⅲ.①中小学—教学研究 Ⅳ.①G632.0

中国版本图书馆 CIP 数据核字（2021）第 274453 号

出 版 人	赵剑英
责任编辑	赵　丽
责任校对	周　昊
责任印制	王　超

出　版	中国社会科学出版社
社　址	北京鼓楼西大街甲 158 号
邮　编	100720
网　址	http://www.csspw.cn
发行部	010-84083685
门市部	010-84029450
经　销	新华书店及其他书店

印　刷	北京明恒达印务有限公司
装　订	廊坊市广阳区广增装订厂
版　次	2022 年 1 月第 1 版
印　次	2022 年 1 月第 1 次印刷

开　本	710×1000　1/16
印　张	18.25
字　数	318 千字
定　价	99.00 元

凡购买中国社会科学出版社图书，如有质量问题请与本社营销中心联系调换
电话：010-84083683
版权所有　侵权必究

《教育要素研究丛书》总序

教育要素即构成教育活动的成分，既是教育研究的逻辑起点，也是决定教育发展的内在条件。

教育研究领域的学者们对教育基本构成要素进行了归纳，比较有代表性的有三要素、四要素、五要素和六要素说。综而观之，无论是三要素说还是六要素说，虽然在要素对象范畴上有所不同，但其核心要素基本相同，即涵盖了教育者、受教育者、教育内容、教育手段、教育环境等教育活动的主体、内容和媒介。学校教育是当前教育活动的主要形式，从教育要素的视角来看，学校教育的本质是各教育要素之间相互作用的过程。依此逻辑，教育领域的学者所要进行的基础性研究是教育要素自身或教育要素之间存在的关系。然而，随着科学知识的爆炸式增长，教育学科自身不断分化，与其他学科不断交叉融合，使教育研究的领域迅速向外扩展。这种现状，一方面扩大了教育研究的视野，避免了传统研究范式中"就教育而论教育"之不足；另一方面，致使教育研究无论从内容还是形式上，既显示了指向"宏观"的偏好，也存在喜欢"越界"的现象，呈现出忽视"本真"，"舍本逐末"的趋向。

教育研究既要克服"自说自话"的"闭门造车"模式，走向开放和包容，同时，也要克服"抛却本真"的"盲目借鉴"模式，立足根本而深入挖掘。基于此，研究团队从管理学、心理学、社会学、经济学等多学科视角对教师、学生、课程、教学等教育基本要素进行了深入研究，形成了这套《教育要素研究丛书》。其中，《高校外籍教师工作压力分析及其管理对策研究》、《教师研究成果传播研究》和《校本教研主体互动论》分别以教师职业压力管理、教师研究成果转化和教师校本教研为主题对教育活动中的关键要素——教育者进行立体化研究；《学习自由的技术批判与重构》和《论

"学习问题"导向教学》则是基于实践哲学和学习认知理论对学校教育中最重要的环节——"教与学"所进行的理论思考和实践探究。《大学课程资本视野下我国高校课程管理的改革研究》则是从社会学视角对教育活动中的另一重要要素——"教育内容"进行的理论思辨，在大学课程资本理论视域下，针对课程管理中的课程开发、课程实施流通、课程评价等环节剖析我国高校课程管理改革。

种种原因，本套丛书必然会存在缺点和疏漏，祈望方家指正。

孙杰远

2020 年 5 月于桂林

目 录

导 论 ·· (1)
  第一节　问题提出 ·· (1)
  第二节　文献综述 ·· (7)
  第三节　研究问题 ··· (36)
  第四节　研究价值 ··· (38)
  第五节　研究方法论 ··· (38)
  第六节　创新之处 ··· (42)

第一章　教师研究成果传播的理论基础 ····························· (44)
  第一节　教师作为研究者的演变历程 ··························· (45)
  第二节　教学作为学术的认识论基础 ··························· (50)
  第三节　教师实践性知识的检验标准 ··························· (61)

第二章　教师研究成果传播的应然分析 ····························· (75)
  第一节　教师研究成果传播的应然路向 ························· (76)
  第二节　教师研究成果传播的呈现方式 ························· (85)
  第三节　教师研究成果传播的途径解析 ························· (92)

第三章　教师研究成果传播实然考察的个案设计 ··················· (99)
  第一节　研究对象 ·· (100)
  第二节　研究方法 ·· (106)
  第三节　资料收集与整理 ····································· (111)

第四节　研究效度及其局限…………………………………（118）

第四章　教师研究成果面对面传播……………………………（120）
　　第一节　A教师作为研究者的发展历程………………………（121）
　　第二节　优秀教学：教师面对面传播的主要研究成果………（124）
　　第三节　从缄默到缄默：教师研究成果面对面传播过程……（134）
　　第四节　教师研究成果面对面传播的外部影响因素…………（139）
　　第五节　教师研究成果面对面传播的内在影响因素…………（144）
　　第六节　整体发展：教师研究成果面对面传播的价值透析…（146）

第五章　教师研究成果出版传播………………………………（149）
　　第一节　B教师意旨专业发展的研究历程……………………（150）
　　第二节　教师基于出版传播的成果呈现方式…………………（152）
　　第三节　从个体到公共：教师研究成果出版传播过程………（159）
　　第四节　教师研究成果出版传播的外部影响因素……………（166）
　　第五节　教师研究成果出版传播的内在影响因素……………（174）
　　第六节　传统挑战：教师研究成果出版传播的价值诉求……（181）

第六章　教师研究成果网络传播………………………………（184）
　　第一节　C教师着眼提升教学质量的研究历程………………（185）
　　第二节　教师基于网络传播的成果呈现方式…………………（187）
　　第三节　从碎片到整体：教师研究成果网络传播过程………（199）
　　第四节　教师研究成果网络传播的外部影响因素……………（204）
　　第五节　教师研究成果网络传播的内在影响因素……………（209）
　　第六节　自我实现：教师研究成果网络传播的价值分析……（214）

第七章　教师研究成果传播途径的交叉分析…………………（220）
　　第一节　教师研究成果传播呈现方式分析……………………（220）
　　第二节　教师研究成果传播过程差异分析……………………（222）

第三节　教师研究成果传播影响因素分析……………………(227)
第四节　教师研究成果传播价值诉求分析……………………(229)

第八章　结论与启示……………………………………………(234)
第一节　研究结论………………………………………………(234)
第二节　研究启示………………………………………………(238)
第三节　后续议题………………………………………………(255)

附　录………………………………………………………………(256)

参考文献……………………………………………………………(265)

后　记………………………………………………………………(281)

导　　论

　　场景1：铃铃铃……一天里最后的铃声响起。李老师（化名）在孩子们欢快的嬉戏声中结束了一天的教学工作。她熟悉的校园在片刻的喧嚣之后，与西斜落霞共同步入了难得的沉寂。乘着下班前的空当，她想整理一下办公室。先是擦擦桌子，把最近的教学日志整理出来放在一边。接着她索性把抽屉也整理一番，不一会儿，就翻出了一堆材料，大多是以前的教学日志和优质课教案。"啪"一声，一本泛着黄黄纸晕的小书落在了地上，她小心地捡起。原来是一本五年前的教学故事集子。这时她轻轻地坐下，一边休息，一边看着那有些年头的"老字"。一边看着，一边回忆，时而欣喜，时而又有几分惆怅。那字里行间或是她的教学困惑，或是她的精彩教学记忆，或是她一些新奇古怪的教学方法……看着，看着，她越发觉得忧伤，这些东西真是可惜了！回过头，看着那厚重的教学材料，心里想着，这可都是我的心血啊！它们为何竟长眠于此，而我仍然在重复着昨天的故事？[①]

第一节　问题提出

　　场景1展示的李老师的困惑并非个案，随着基础教育课程改革不断深化，中小学教师[②]兴起了研究的热潮，并取得大量研究成果。随之而来的

---

　　① 资料来源于研究者2015年9月23日在重庆市沙坪坝区某小学的驻校观察日记。
　　② 如无特别说明，本书中的"教师"均指工作在一线的参与教学与研究活动的"中小学教师"，是相对于"教育理论研究者"或"大学教师"而言，包括下文频繁用到的"教师研究"，如无特别说明，均指中小学教师的教学及其研究活动。此外，这里用"中小学教师"的概念是为了区别于"非中小学教师"，例如教研员，幼儿园教师，中高职教师等，故而本书中的"中小学教师"既可指"中学教师和小学教师"也可指"中学教师或小学教师"。

一个重要问题是，如何有效地呈现与传播这些研究结果，以便它们能够最大限度地在校内外得到广泛运用。以文字的形式通过论文、书籍来发表与传播虽然是一种办法，但由于教师所做的研究与学者所做的研究在目的、方法等方面不同，其成果的呈现、传播也应当有别。那么中小学教师研究成果究竟如何传播？具体来讲，中小学教师研究成果的有效呈现方式是什么？中小学教师研究成果的有效传播途径有哪些？中小学教师研究成果传播受何种因素影响？中小学教师为何要传播教师研究成果？中小学教师研究成果传播对教师教学有何意义？面对这些现实问题，结合当前中小学教师教学研究与教师专业发展的现状，本书试图对教师实践研究的认识过程、教师知识传播路向和教师个体知识如何走向公开等问题进行深入思考，并把这些关乎教学知识论问题的落脚点定在"中小学教师研究成果传播"这个具体问题上。进一步而言，选择"中小学教师研究成果传播"这一研究主题有以下三个原因：

一 中小学教师研究成果缺乏有效传播和利用之现状

中国非常重视教师研究以及教师专业发展，例如教育部颁布的《国家中长期教育改革和发展规划纲要（2010—2020）》第四部分第十七章针对加强教师队伍建设的保障措施中指出："创造有利条件，鼓励教师和校长在实践中大胆探索，创新教育思想、教育模式和教育方法，形成教学特色和办学风格，造就一批教育家，倡导教育家办学。"袁贵仁部长在 2016 年全国教育工作会议上的讲话中也指出要"更加重视对教学水平的评价，更加重视教师科研成果的创新和实际贡献，促进教研相长、教学相长。"[1] 因此，"学术型教师""专家型教师"这些响亮的口号被再次提出，中小学教师研究运动被推向新的高度。这不仅有利于教师队伍专业化，还有利于教师教学水平提升。虽然中小学教师研究对于提高教育教学质量和促进教师专业发展具有重要作用，但却面临"无论是教育理论工作者，还是广大一线教师，对中小学教育科研的成效存在一种普遍认同：效果不佳，成效低下"[2]。出现这种现象的原因在于，没有从根本上认识中小学教师教学活

---

[1] 袁贵仁：《以新的发展理念为引领 全面提高教育质量 加快推进教育现代化——在 2016 年全国教育工作会议上的讲话》（http://www.moe.gov.cn/jyb_xwfb/moe_176/201602/t20160204_229466.html）。

[2] 夏子辉：《中小学教育科研成效低下探析》，《中国教育学刊》2009 年第 9 期。

动的特殊属性以及如何有效利用中小学教师教学研究成果问题。

另外，十多年的课改运动，有效养成了中小学教师研究惯习，使一线教师也积极采用行动研究、教学反思、校本教研等研究理念和方法开展教研活动。这些活动越来越受到中小学教师的重视与提倡，以至兴起了"时时搞反思、人人有课题"的教师研究热潮。然而，当前对教师研究的关注还停留在教研本身的规范与运用方面，目的在于提高教学质量与教师专业素养，尚未认识到教师研究成果传播和有效利用对教学质量提升和教师专业发展的意义。一味追求方法的科学性，闭门造车，不关心知识的公开性，不重视教师源于实践知识的转化与运用问题。这是当前中小学教师研究难以步入"学术殿堂"的重要原因。而传统学术观念又认为，只有"发现的知识"才是知识，只有高深的理论研究才是学术，从而使得中小学教师忽略或放弃通过教师研究得来的实践性知识的有效传播和利用，也即忽视教学研究成果如何走向公开的问题。这实际上是忽视了实践性知识区别于理论性知识的呈现和传播的特殊性及其"在实践中指导实践"的价值。

二　中小学教师教学知识基础亟待丰富和完善之期许

"知识"问题是哲学研究的基本问题，也是教学理论领域探讨的重要话题；知识是构建教学理论框架的源头活水，教学是传播知识和塑造人才的宏伟事业。丰富和发展教师的教学知识基础是提升教师教学质量和促进中小学教师专业发展的重要路径。在过去的教学研究中，理论研究者发现了大量的教学知识，促成教学论逐步科学化，形成了系统的教学理论，并有效指导着教学实践和促成教学发展。然而，随着教学现象日趋复杂，理论知识指导教学实践袒露出不可避免的限度。正如有学者所言"教育理论由于无法观照到变动不居的、非线性的、不确定的教育实践，暴露出理论理性在实践中的不足"[①]。在此背景下，教学知识面临着价值困境和实践障碍，于是理论研究者与实践者开始反思教学知识和教学实践，试图探索教师作为研究者的实践路径和寻求有效促进教师教学质量的新知识（而非仅仅依靠理论性知识），并急需促成这种知识合法化。

实际上从教学作为认识活动的观点来看，不仅学生的学习是认识过

---

① 郝少平、么加利：《论教育理论的理性限度及超越》，《山西师大学报》（社会科学版）2010年第2期。

程，教师的专业发展过程也是一种教学认识过程。因此，教师来源于教学实践的成果可纳入知识的范畴。而新的知识势必面临新的认识论标准问题。如这种"知识"究竟能否算得上知识？它与理论知识有何区别？这种知识从何而来？如何被检验和确证？这些问题都需要得到合理地解释和讨论。这也从另一个角度表明，一种新知识的发生与发展过程应得到全面分析和研究，故而探寻这种知识的认识论基础的研究任务产生。因此，探寻教学实践的认识论标准，[①] 明确教师实践性知识的来源，使其合法化，进而为新的知识丰富到教学基础知识中奠定理论基础。实际上，考察知识的"本"与"原"是知识论研究的根本任务。虽然，这种新的教学知识形态被慢慢接受和反复研究，然而其之所以被称为知识的标准是什么？究竟哪些知识算得上是新知识？确认一种知识的依据是什么？显然，如果不解决这些问题，教师研究成果就无法被确证，其合法性就始终是一个悬而未决的问题。解决这些问题是促成中小学教师研究成果合法成为教学的知识基础之前提。

杜威曾经说过："每种学科或科目都有两个方面：一方面是就科学家作为一个科学家来说；一方面是就教师作为一个教师来说。这两方面绝不是对立的或互相冲突的，但又不是直接地完全相同的。照科学家看来，教材不过代表一定的真理，可用来找出新的问题，制定新的研究，并贯彻执行以达到验证的结果。……教师的问题就不同了。他的问题是引导学生有一种生动的和个人的亲身的体验。……他考虑的是怎样使教材变成经验的一部分；在儿童的可以利用的现在情况里有什么和教材有关；怎样利用这些因素；他自己的教材知识怎样可以帮助解释儿童的需要和行动，并确定儿童所应处的环境，以便使他的成长获得适当的指导。"[②] 杜威在这段论述中区分了科学家和教师的不同，实际上是区分了科学（理论）知识与教师教学知识的差异，即在论述科学的理论化的真理和经验的实践性的知识的区别所在。显然，根据杜威的论述，有必要进一步探讨教师"使教材（理论）变为经验"的认识发生过程，注重教师的研究行为，探讨教师研究作为社会实践活动的认识论基础问题。又由于教师研究作为一种社会实践活动，属于教育实践活动的范畴，具体而言可以归属于教学实践活动范畴。

---

① 关于"教师实践性知识的检验标准"问题将在第一章第三节详细论述。

② ［美］约翰·杜威：《学校与社会 明日之学校（儿童与课程）》，赵祥麟等译，人民教育出版社2004年版，第122—123页。

正如马克斯·范梅南（Max van Manen）所言"教育学根本上是一门实践的学问，他呼唤人们不要从抽象的理论论文或分析系统中去寻找，而应该在生活的世界中去寻找。"① 因此，探讨教师教学实践的知识是一种合逻辑的需求。教学实践知识论即是以教学这一实践活动为研究对象，总结和发现教学实践的认识规律。其主要目的在于为当代教师提供科学的与当今时代相适应的实践观念和行动理论，丰富和发展关于教学认识的知识系统，推动教学实践认识论本身的完善与发展，推动教学知识理论的向前发展。

因此，本书以关注教师研究现状为起点，转变教师对"研究"的固着认识，引导教师认识到日常教学和研究形成的大量成果属于"知识"的重要性，认识到这些研究成果也是知识的一种类型，应看作教师教学知识的基础性知识。故而对教师研究成果传播的探讨是丰富教师教学的知识基础的应然之需，是教学知识理论进一步走向完善的必然之选。

三 理论优位到实践观照的教学研究重心转移之诉求

当前课程与教学论研究存在两种不同的价值取向，一种倾向于关注真理的本体论研究，一种倾向于关注问题与现象的实践论研究。显然第一种倾向由来已久。在课程与教学理论研究的历史长河中，理论研究一直处于不可撼动的主导地位。从夸美纽斯的《大教学论》到泰勒的《课程与教学的基本原理》，乃至当前指不胜屈的《课程论》与《教学论》著作，理论研究者一直奉行着"真理知识观"和"理论指导实践"的认识论观念。然而，随着课程与教学情境的日益复杂化，不确定性充斥教学场域之中，面对复杂和不确定的教学现状，教学理论知识常常显露出其无力之处。"于是，一些学者走出理论的迷雾，自20世纪中期开始对教育理论进行反思与批判，重新审视教育理论、教育实践以及二者之间的关系。"② 而对理论研究的反思与批判直接导致了教学研究的实践转向，这也是解决教学实践复杂问题的重要探索。正如马克思所言"全部社会生活在本质上是实践的。凡是把理论引向神秘主义方向去的神秘东西，都能在人的实践中以及对这种实践的理解中得到合理的解决。"③ 也如一些学者所解释的"从动态

---

① ［加拿大］马克斯·范梅南：《教学机智——教育智慧的意蕴》，李树英译，教育科学出版社2001年版，第42—43页。

② 徐学福：《理论失位与实践转向——20世纪美国课程与教学研究的重心转移》，《全球教育展望》2011年第5期。

③ 《马克思恩格斯选集》（第1卷），人民出版社2012年版，第135—136页。

的实践到静态的实践,再到动态的实践,这是一个不断循环往复的过程。马克思真正进入唯物史观视域的关键一步,是在纷繁的历史现象中抓住了动态实践这一环节。"[1] 当前对教师研究及其成果的关注与研究正是这种循环实践的直接体现。在教学实践领域,由于理论性知识解决教学实际问题的有限性导致人们转向对教师实践性知识的关注,其中在较早时期提出并展开研究的是舒尔曼(Shulman, L.)。1986年,舒尔曼提出了一个崭新的概念——学科教学知识。他指出这是一种以教学为最终目的特殊形式的内容知识(content knowledge)。[2] 按照舒尔曼的理解,学科教学知识是学科知识和一般教学知识的融合,包括最有效的学科知识表征方式和对学生理解的理解。[3] 这是一种区别于理论教学知识的新知识类型,这种知识同样具有指导教师教学实践的功能与作用。此外,关于教师个人信念的研究,关于教师的理论和实践观的研究,关于教学机智、教学智慧、教学实践感的研究都充分说明,当前教学研究有将目光转向教师及其认识活动本身的倾向。

教师教学实践研究转向还体现在"教师作为研究者"的教师研究运动中。教师研究运动根源于理论知识对日益复杂的教育问题解决不力,进而转向对"真实情景""现象世界"和"实际存在"的关注,发起对理论与实践二元关系的再思考,以探寻更有效的教学实践之路。在此背景下,以行动研究为主要研究方法的教师研究,在西方作为一种教育运动得以轰轰烈烈地开展,勒温(Lewin, K.)、斯腾豪斯(Stenhouse, L.)、施瓦布(Schwab)、舍恩(Schon, D.)等人为此做出了积极努力。在国内,教师研究同样受到广大教育者的欢迎。从20世纪90年代的"科技兴校"到21世纪以来的"行动研究"运动,积极推动了教师研究的发展,使得当前教师研究主体性日益彰显,研究内容日渐广泛,研究方法逐渐成熟。随着教师研究水平的提高,教师作为研究者的身份愈发凸显,教师开展课题研究也已经达成共识,并开展了有效的实践。行动研究可谓是教师研究的启蒙方法,20世纪二三十年代,行动研究由德裔美籍心理学家勒温首先提出,

---

[1] 鲁克俭:《超越传统主客二分——对马克思实践概念的一种解读》,《中国社会科学》2015年第3期。

[2] Shulman, L., "Those Who Understand: Knowledge Growth in Teaching", *Educational Researcher*, Vol. 15, No. 2, 1986.

[3] 黄兴丰、马云鹏:《学科教学知识的肇始、纷争与发展》,《外国教育研究》2011年第11期。

尔后在美国逐渐发展并传播。美国的"教师研究运动"也得益于行动研究的推动。教师研究还包括校本教研、教学反思以及理论工作者与中小学校合作研究等。这一系列变化表明，教学研究发生着从"理论优位"到理论与实践并重并以实践为逻辑起点的新向度。教师研究作为教学实践研究的重要领域，是教学实践研究的主阵地，也是大家关注的焦点。因此，在教学研究实践转向的大背景下提出"中小学教师研究成果传播"问题是合时宜的选择。

第二节 文献综述

在教学公共知识得到不断丰富过程中，中小学教师研究为这种知识丰富提供了新的养分，并使得教师实践性知识研究、教学学术研究和教学智慧研究等领域得到长足发展。这一发展受到杜威实用主义和后现代主义哲学的深刻影响，这两种哲学取向更强调非线性、过程性、生成性和开放性，反对线性、终结性、预设性和封闭性，主张人应该在现象中发现问题和在实践的实际中解决问题，尽量减少局限于理论的空谈和形而上的探索，这为教师教学实践研究奠定了必要的理论基础。在这种思潮的影响下，一大批国内外学者对教育实践进行了深入探讨。自科利尔（Collier, J.）和勒温发起行动研究之后，西方发生了轰轰烈烈的"教师研究运动"，如斯腾豪斯、舒尔曼、舍恩、范梅南、帕尔默（Parker J. Palmer）等在教师研究和教学实践领域做了大量研究。由于各位学者的成长背景、理论基础和学科专业各异，在教师研究及其教学实践知识问题上有不同理解，并对教师教学实践层面不同领域的不同问题提出了自己的独到见解。为了更好地延续前人研究，避免重复研究，提高研究实效，有必要对本书所涉及的相关研究作细致梳理。

一 概念界定

本体论问题是研究之根基。教师研究领域虽然取得丰富成果，但概念界定是理论提升的前提，也是本书的逻辑起点。在阐述研究现状之前将对核心概念及其相关概念进行必要辨析。

（一）教师研究成果界定

本书主要关注"教师研究成果"及其传播途径，但"教师研究"是研究的前提和基础，不厘清"教师研究"概念，成果传播问题就无从谈起，故而需先明确"教师研究"的基本内涵。明确"教师研究"又需先明确"教师"和"研究"两个前提性概念。因此，依据从"教师""教师研究"到"教师研究成果"的概念类属逻辑，笔者将一一对这些概念进行界定。

首先，本书中的"教师"是指在中小学从事教学知识传播活动并达到育人目的和认识教学实践以促成专业发展自觉的所有人员，其核心职能是传播知识和明确如何传播知识。

"教师"是一个古老而意蕴深远的名词。古者称"师"多指局势统帅或王者之师。真正具有"教师"职业概念的"教师"是在春秋战国时期的私塾建立之后。例如孔子认为"温故而知新，可以为师矣"（《论语·为政》），即认为教师是知识的代表。荀子认为"礼者，所以正身也；师，所以正礼也"①，即以为教师是为"礼"代言。韩愈在《师说》曰："师者，所以传道、授业、解惑也"。这里的"道"和"业"也可归结到"知识"的范畴，而韩愈所言也正说明教师应是知识的传播者和解答知识的人。《中国大百科全书·教育卷》中的"教师"被解释为"向受教育者传递人类积累的文化科学知识和进行思想品德教育，把他们培养成一定的社会需要的人才的专业人员"②。《教育大辞典》将教师界定为"学校中传递人类科学文化知识和技能，进行思想品德教育，把受教育者培养成一定社会需要的人才的专业人员"③。1966 年联合国教科文组织发表了《关于教师地位的建议》，明确指出教师是一种职业。至 20 世纪 80 年代，"教师即研究者"成为教育界普遍认同的理念。基于前人的梳理，有学者还提出了另外一种理念，认为"教师是先于学生犯错，了解某一领域大部分几乎可能的错误，并经常自我反思和剖析错误，通过恰当的方式将自身的合理性错误与学生分享，从心智和道德等方面促进学生发展的研究者。"④ 这一观点更加强调教师创造知识和传授知识双重任务的可能性。总结前人对"教师"概念的理解发现，其核心聚焦于教师"职能"。换言之，对教师的理解就是对教师"实际是什么"和"应该做什么"两大问题的澄清。这两个问题实际上是一个逻辑链条上的两个不同方面，即教师"实际是什么"的问题

---

① 荀况、张觉校注：《荀子校注》，岳麓书社 2006 年版，第 16 页。
② 中国大百科全书编辑委员会：《中国大百科全书·教育卷》，中国大百科全书出版社 1985 年版，第 146 页。
③ 顾明远：《教育大辞典（增订合编本）》（上），上海教育出版社 1998 年版，第 700 页。
④ 周志发、林斌：《重建教师概念："分享错误型"教师》，《学术界》2010 年第 3 期。

由教师"应该做什么"来决定，而教师"做什么"从一定程度上表明了教师"是什么"。依据此逻辑，关于"教师实际是什么"的角色问题，存在"教学者"和"研究者"两大定位，如教员、教养员、特级教师、助教、讲师、教授、班主任、教学辅助人员、辅导员等称谓都说明"教师实际是什么"的问题。与此相对应，关于"教师应该做什么"的理解也就可归结为两大职能：一方面教师作为"知识传播者"[1]，如教师传授知识、遵守礼仪、答疑解惑、育人成长等；另一方面教师作为"知识创作者"，如教师作为研究者，教师作为反思实践者，教师作为知识分子等角色。将教师理解为知识传播者指的是教师通过教学来传播知识以达到育人目标；将教师理解为知识创造者是指教师在传播知识过程中不断解决"传播什么知识"和"如何传播知识"的学问。根据以上理解，本书中的教师即指在中小学从事教学知识传播活动以达到育人目的和认识教学实践以促成专业发展自觉的所有人员，这些人员的核心职能是传播知识和明确如何传播知识。

其次，本书认为"教师研究"是指中小学教师基于自身教学实践而开展的对教学"行动"的"反思"过程，包括教师的教学、培训、教研等一切有利于促进教学实践和教学质量提升的行动和反思性活动，而需要特别指出的是"优秀教学"也属于教师研究的重要组成部分。

关于教师研究的性质，有学者认为"教师研究是自己既是研究工具同时又是研究对象的研究；教师研究是以实践问题为中心的研究；教师研究是指向应用、研用一致的研究；教师研究是在现场进行的实地研究；教师研究是研学训教一体的研究；教师研究是涵盖教研、科研、德研的研究；教师研究是师本与校本相结合、中观与微观并重、实践智慧为主理论探讨为辅的研究。"[2] 这一界定表明了教师研究的对象，教师研究的主要任务，教师研究的目的，教师研究的场域，教师研究的定位，教师研究的内容，教师研究的原则等，分析深入且具体。其中指出"教师研究是研学训教一体的研究"正是本书所指向的教师研究内涵，因为本书认为"教师研究"

---

[1] "知识"是本书中的重要概念。在没有特别指出的情况下，本书使用的"知识"是一个广义的概念，其指向科学文化知识大范畴。如从知识分类上来讲，它既指程序性知识也指陈述性知识，既指隐性知识也指显性知识，既指理论性知识也指实践性知识。这里谈的教师传播"知识"并不涉及教学价值取向所争论的"知识中心"观或"学生中心"观问题。因为在本书看来，无论是获得知识还是学生参与学习，从传播学角度来看，教师的中心任务就是传播知识，教学的最终目的都是为了使学生得到发展，只是在不同教学价值取向下其传播知识的形式不同。

[2] 郑金洲：《教师研究的性质》，《上海教育科研》2010年第10期。

不仅仅指研究活动，还应包括优秀教学活动，并认为优秀教学的形成过程本身也是教师研究的过程。

最后，本书中的"教师研究成果"是指教师通过日常教学行动和反思，形成的对教学实践的认识及其结果。例如以语言和行为为主的优秀教学，以文字为主的论文或书稿以及声像图文多元的网络教育叙事等。这些认识具有个体性、可及性、交互性和有效性等特征；它们分别包含于教师教什么的知识和怎么教的知识两大类中；这些知识从个体实践走向公共并指导实践的重要途径是传播，且这种传播超越了传统传播路向，走向面对面传播和网络传播等新的传播途径。

基于前文对"教师研究"的认识，这里要明确"教师研究成果"具体所指需先明确"成果"一词的基本内涵。"成"，从"戈"，意指"武器"或"工具"，古时主要是指通过武器征服获得成功，引申义为只要有工具就能成功。当前对"成"理解比较宽泛，其首先表示"做好、完成"之意，例如成就、成绩、成效、成功、完成、成立等；"成"又表示"事物发展所处的状态"，例如成才、成形、成人、成性等；"成"还可解释为"变为"，如"长成、变成"等。其中"成果"的"成"指"做好、完成"。"果"，从"田"从"木"，"田"表示土地，也指粮食，"木"表示植物，"田"与"木"结合多指能够填饱肚子的粮食。故而在《现代汉语词典》中"成果"被解释为"收获的果实"，一般用来指学习、工作和劳动上的成效和成绩。在平时的词汇应用中，"成果"也常常被用在某一项活动之后，用来表明某个过程的"结果"，例如"学术成果""科技成果""项目成果""工作成果"等。本书中特指的是"研究成果"，具体而言是教师的"研究成果"。正如田间地头的农民通过辛勤的劳作，收获了从田间生长起来，并完全长成的粮食一样，教师研究成果就是教师在教育场所这块"田间"辛勤研究，得到完整且成形的认识，这种"认识"就是教师研究的"果实"。因此本书认为"教师研究成果"是指教师通过日常教学行动和反思，形成的对教学实践的认识及其结果。这种认识具有个体性、可及性、交互性和有效性等特征。当然，如果说教师研究成果中也包含理论认识，那么这些理论认识则是教师个体实践认识的传播、转化与应用后的升华，其升华的重要路径就是通过知识传播来最终走向公共知识领域的。

（二）教师研究成果相关概念辨析

鉴于本书的理论基础和所涉及的研究领域，这里主要分析与教师研究紧密相关的"学术""教学学术""教师实践性知识"之内涵及其与"教师研究成果"的区别与联系。

1. "学术"概念解析

首先是国外对"学术"的理解。"学术"一词的英文一般翻译为"scholarship"①，是由"scholar"与后缀"-ship"共同组成。因此，多数学者在理解英文中的"学术"内涵时都是从"scholar"一词的意义开始着手。一般认为"scholar"应当翻译为"学者"，很明显这里是直接指向"人"的。那么"学者"指谁？这类人干什么？这些问题是作为一类人的"学者"应该明确的。考察英文词源发现，"学者"一词最早出现在11世纪，最初指正在接受教师培训或者已经接受过培训的学生。在古代的欧洲学者被认为主要从事的是写作（composition）和唱诗（religious chants）等活动。随着社会活动逐渐复杂，英文语义中的"学者"一词的内涵逐渐宽泛。到19世纪后，随着大学的建立和完善，"学者"逐渐成为大学教授的特殊称谓。关于"学者"的定义，在较为权威的《韦氏大学词典》中是指：在某个领域进行高深研究的人或者一个有知识的人（a learned person）。② 这一概念主要强调"学者"的"权威性"和"知识性"特征。在《朗文当代英语大辞典》中"学者"是指：在某一学科有丰富知识和研究技能的人，特别是非科学学科。③ 这里对"学者"的解释同样强调知识性，可见作为"学者"与知识是分不开的。此外，这里的定义还强调其"学科性"和"人文性"特征。以上是英文中对"学者"的理解，这种理解确

---

① 关于"学术"的翻译，还有另外一个词语"academic"。关于这一词汇在英文中的解释如下：《牛津高级辞典》（*Oxford Advanced Learners English – Chinese Dictionary*）（1989年版）：（1）of (teaching or learning in) schools, colleges, etc.（学校的、学院的）；（2）scholarly, not technical or practical（学者式的，非技术的或非实用的）；（3）of theoretical interest only（仅注重理论的，学术的）。《剑桥国际英语辞典》（1995年版）：relating to school colleges and universities, or connected with studying and thinking, not with practical skills（与学校、学院、大学有关的，或者与学习和思考有联系的，但与实用技能无关）。《美国传统辞典》的解释更为全面：（1）of relating to, or characteristic of a school, especially one of higher learning（学校的、与学校有关的或具有学校特征的，尤指是具有较高学识的学校）；（2）relating to studies that are liberal or classical rather than technical or vocational（与自由的或古典文化的研究有关的，而非与技术或职业性的研究有关的）；（3）scholarly to the point of being unaware of the outside world（除学术方面以外对外界毫无知觉的）；（4）based on formal education（以正规教育为基础的）；（5）theoretical or speculative with out a practical purpose or intention（纯粹理论的或推理的，无实际目的或意图的）；（6）having no practical purpose or use（没有实际目的或用途的）。

② *Webster's Ninth New Collegiate Dictionary*, Merriam – Webster Inc., 1987, p. 1051.

③ 《朗文当代英语大辞典（英英·英汉双解）》，商务印书馆2005年版，第1561页。

立了"学术"的主体以及特征。"-ship"后缀在《牛津高阶英汉双解词典》的解释是"表示一种状态、地位、身份和职位。"① 加上后缀的"scholarship"在《韦氏辞典》里的解释是"一位学者的性格（character）、品格（qualities）或成就。"② 《朗文当代英语大辞典》对学术的定义是：学者的知识、工作或者方法；精确而严肃的研究。③ 这两部大辞典对学术的解释各有侧重，前者更倾向于认为学术是专属于学者的称谓，认为学术是对学者更加具体而深刻的规定与描述。后者强调学者这一主体与客观世界的交互作用，倾向于认为学术是一种以学者为行动者的"知识""方法""工作"或者"研究"，这就不仅是对"学者"本身的规定，同时也规定了学者参与活动的性质和特征。以上对"学术"的解释主要包含两个方面。一方面，指向学术的名词性状态，指一种知识心态、精神品性或者高深知识。另一方面，指向学术的动词性状态，主要指探讨知识的过程、方法或者工作。

其次是国内对"学术"的理解。第一，辞典中的"学术"是指"较为系统、专门的学问"。在汉语言文字中，"学术"是一个极具东方意蕴的古老名词。《辞源》释之为"学问、道术"；《辞海》（1999年版）在解释"学术"一词时，举《旧唐书·杜暹传》中的"（杜暹）素无学术，每当朝议论，涉于浅近"为例，然后将此定义为"指较为专门、有系统的学问"。《汉语大词典》梳理从先秦至清代有关"学术"的不同用法，释为七义：①学习治国之术；②治国之术；③教化；④学问、学识；⑤观点、主张、学说；⑥学风；⑦法术、本领。从各大词典的解释来看，比较一致的看法是将学术理解为"较为专门、有系统的学问。"④ 第二，古代的"学术"，"学"与"术"是分开使用，"学"指学问、学识、学说、学派；"术"指方法、手段、技能、技艺、谋略、权术、学问、学术；当两者并列使用时是作为同义反复的重叠词，包括学问和方法双重意思。在中国文化历史长河中使用的"学术"具有深刻的内涵。关于学术的意义，浙江师范大学梅新林等学者对其进行了细致的考察。他们认为"学"与"术"是分别独立出现，各具不同的语义；然后由分而合，并称为"学"之名；至

---

① 《牛津高阶英汉双解词典》（第四版），商务印书馆1997年版，第1390页。
② *Webster's Ninth New Collegiate Dictionary*, Merriam-Webster Inc., 1987, p. 1051.
③ 《朗文当代英语大辞典（英英·英汉双解）》，商务印书馆2005年版，第1561页。
④ 徐复：《古代汉语大词典》，上海辞书出版社2007年版。

近代才有今天所谓"学术"的意义。① 从对"学术"一词的用法来看，"学"与"术"是相互分离的。因此，在理解"学术"一词之前，需要先对"学"与"术"有一个大概的理解。《说文解字》曰："敩，觉悟也。从教、冂。冂，尚矇也。臼声。學，篆文敩省。"许氏以"敩""學"为一字，本义为"觉悟"。段注："详古之制字作'敩'，从教，主于觉人。秦以来去'攵'作'學'，主于自觉。"以此上溯并对照于甲骨文和金文，则"學"字已见于甲骨文，而金文则"學""敩"并存。梅新林等人根据古语中对"学"字的解释，归纳总结了"学"的这几个引申意义：一是引申为学习场所——学校。如《礼记·学记》曰："古之教者，家有塾，党有庠，术（遂）有序，国有学。②二是引申为学习主体——学士、学人、学者。如《荀子·修身》曰："故学曰迟，彼止而待我，我行而就之，则亦或迟、或速、或先、或后，胡为乎其不可以同至也？"③ 三是引申为学习成果——学问、学识。例如《论语·为政》曰："子曰：'吾十有五而志于学。'"《论语·述而》曰："子曰：'德之不修，学之不讲，闻义不能徙，不善不能改，是吾忧也。'"《论语·子罕》曰："大哉孔子！博学而无所成名。"④ 四是引申为学术主张与学术流派——学说、学派。例如《庄子·天下篇》曾提出"百家之学""后世之学"的概念。⑤由先秦"学"之意涵演变历程观之，当"学"从学习的基本语义，逐步引申为学校、学者乃至学问、学识、学说、学派时，即已意指甚至包含了"学术"的整体意义。⑥"术"，古作"術"，本义是"道路"。许慎《说文解字》曰："術，邑中道也。从行，术声。"段玉裁注："邑，国也。"梅新林等认为"術"由"道路"引申为方法、手段、技能、技艺、谋略、权术、学问、学术等义，则与其道之本义逐渐分离。尽管先秦典籍文献中的"学"与"术"在相互包容对应中已具有"学术"的整体性意义，但"学"与"术"组合为并列结构的"学术"一词，却经历了相当长的演变过程。概而言之，大致经历了以下四个阶段：先秦两汉时期"术学"先行于"学术"；魏晋至唐宋时期"术学"与"学术"同时并行；宋元以降"学术"逐步替代"术学"

---

① 梅新林、俞樟华：《"学术"考释》，《浙江师范大学学报》（社会科学版）2013年第6期。
② 《礼记》，吉林人民出版社2005年版，第243页。
③ 蒋南华、罗书勤、杨寒清：《荀子全译》，贵州人民出版社2009年版，第20页。
④ 《论语·孟子》，哈尔滨出版社2011年版，第13、46、62页。
⑤ 张耿光：《庄子全译》，贵州人民出版社2008年版，第488页。
⑥ 梅新林、俞樟华：《"学术"考释》，《浙江师范大学学报》（社会科学版）2013年第6期。

而独行于世。第三,近代的"学术",学为理论,术为方法,学术即是运用理论知识解决实际问题的过程。晚清以来"学术"的新旧转型与中西接轨。关于这最后一个阶段,梁启超在1911年的《学与术》一文认为:学者术之体,术者学之用,二者如辅车相依而不可离;学而不足以应用于术者,无益之学也;术而不以科学上之真理为基础者,欺世误人之术也。①

最后是当前对"学术"的理解。现在意义的"学术"专门指向"科学"。随着对"学术"认识的进一步发展,多数人认为现代意义的"学术"就是科学,或者是自然科学,或者是社会科学、人文科学,但不管是什么科学,它们都属于科学的范畴,都必须遵循科学共同的规范。在这种共同的规范中,一切从实际出发,从客观存在的事实出发,以事实为依据,正确反映客观事物本身的面貌、样态、本质、规律,杜绝主观臆测、杜撰乃至有意识的歪曲、编造。一句话,必须实事求是而不是向壁虚构,这都是最起码的要求,最初级的标准。假如连这一点都不具备,那就不要侈谈什么科学、学问、学术。②

2. 教学学术概念辨析

教学学术概念首先由美国学者博耶提出,他认为"学术意味着通过研究来发现新的知识,还意味着通过课程的发展来综合知识,还有一种应用知识的学术,即发现一定的方法去把知识和当代的问题联系起来,还有一种通过咨询或教学来传授知识的学术。"③他认为学术不应该专指"发现研究"或"基础研究",不应只是一个只为"发现"服务的术语,还应包括四种相互联系的学术,分别是探究的学术、整合的学术、应用的学术、教学的学术。教学的学术,是一种通过咨询或教学来传授知识的学术,即传播知识的学术。④自博耶提出"教学学术"这一概念之后,许多学者对"教学学术"的进行了深邃探讨。其中较有代表性的是赖斯、舒尔曼、克莱博、姚利民等人的见解。具体如表0-1所示。

---

① 梁启超:《学与术》,《国风报》1911年2月15日。
② 李心峰:《学术是什么,不是什么?》,《红楼梦学刊》2006年第2期。
③ [美]欧内斯特·博耶:《关于美国教育改革的演讲》,涂艳国、方彤译,教育科学出版社2002年版,第65页。
④ 魏宏聚:《欧内斯特·博耶"教学学术"思想的内涵与启示》,《全球教育展望》2009年第9期。

表 0 – 1　　　　　　　　　　**教学学术概念对比**

研究者	对教学学术的定义
博耶	教学学术是通过咨询或教学来传授知识的学术。
舒尔曼	对教和学的问题进行系统的探究，它拥有公开、能面对评论和评价、采用一种能够让他人进行建构的形式，并且能够对结果进行反思的突出特点。
赖斯	包括概括的、综合的能力，教学法知识，学习的能力。
克莱博	教师生产研究性和创造性的可见成果，等于优秀教学，集知识和能力于一体。
綦珊珊、姚利民	在教学实践中表现出来的知识、能力和素质，包含知识成分、能力成分和素质成分。

总结以上对教学学术的理解，笔者以为"教学学术"的内涵至少包括以下几个方面：

第一，教学学术是一种能力。这种能力包括理解学生的能力，研究教学的能力，创造知识的能力，综合知识的能力和传播知识的能力等。有学者认为"把教学视为学术工作的大学教师善于深入学生中，仔细观察学生，深入研究学生，能从学生的表情、动作、兴趣、爱好等外部表现透视其内心情感和个性心理特征，准确地判断学生的思想活动。"[①] 这里把对"教学学术"概念的理解放在"学"或者"学生"上。毋庸讳言，无论是大学教师抑或中小学教师，其在执行教学任务过程中都无法避开"学习"和"学生"这些基本的教学问题。也有学者认为"教学学术应当包括概括、综合知识的能力，条理清楚且有意义地梳理学科、课程或教材的能力。"[②] 这里更加在乎"教学学术"中的"知识"属性，或者称为"课程"问题。还有学者认为"教学学术离不开对教学本身的研究，教学学术要有研究教学的能力。这种能力主要体现在两个方面：首先，教学研究的立足点在于解决教育中的实际问题。其次，教育研究的着眼点在于沟通教育科学与实践的联系。"[③] 很明显，这里特别强调教学学术作为研究教学的能力之重要性。

---

① Robert E. Glenn, "What Teachers Need to Be", *Education Digest*, No. 9, 2001.
② Michael Arnzen, "Scholarship Reconsidered I: Shifting Meanings of/Scholarshipo" (http://blogs.setonhill.edu/MikeArnzen/000291.html. 2003 – 11 – 04).
③ 綦珊珊、姚利民：《教学学术内涵初探》，《复旦教育论坛》2004 年第 6 期。

第二，教学学术具有知识功能。具体而言，是指教学学术促使教师在教学中增进知识、创造知识、呈现知识、传播知识。有学者认为"杰出的教师在他们的教学活动中将会表现出创造性，他们通过分析综合把知识以新的且更有效的方式呈现出来，这种创造性的劳动实质上就是一种学术活动。"[1] 这一概念强调无论是何种类型的教学都具有知识"创造"作用。博耶也特别强调教学学术的知识传播功能，他认为"充满创造性的教学能够保证学术之火薪薪不息——若缺少了教学这一职能，知识的延续性将被破坏，人类知识的储备也会面临变小的危险。"[2]

第三，教学学术是联系理论与实践的桥梁。作为学者的教师的学术活动包括参与研究、寻求学科知识之间的相互联系、在理论与实践之间建立桥梁以及把自己的知识有效地传授给学生。传播知识是构建理论知识与实践知识的桥梁。教学的学术应包含对教育理论及自身的教学实践进行反思，而学术活动必须进行行为研究。如果教学被看作学术活动的话，那么教学实践必须能产生新的知识，而这种新知识的产生是以对教学实践的研究为基础的。

第四，教学学术既是一种独立的学术形态，又属于学术整体中的一环。有学者认为，"教学学术"概念具有双重属性。[3] 从学术角度来讲，教学学术属于博耶所提出的"发现的学术""整合的学术""应用的学术"和"教学的学术"四种学术类型中的一种。而就学术系统内部的发生原理来看，"教学学术"属于学术活动的其中一环。因为学术活动本身也包含着从发现知识、整合知识、应用知识到传播知识四个基本环节，其中的传播知识环节即是指"教学学术"。从教学角度看，"教学学术"属于教学系统的范畴。博耶将教学分为三种水平——非学术性水平、学术性水平和教学学术水平，"教学学术"属于教学的较高阶段。

需要指出的是，本书并无意于重新构建一个新的关于"教学学术"的概念，而是意图借助这一思想来审视当前中小学教师的教学研究，并把中小学这种研究作为一种学术看待，进而探讨其成果如何传播的问题。因此，本书站在对教学学术基本意义理解之上，引用现有的关于教学学术的

---

[1] Ruth Marie E., Fincher and Deborah E. Simpson, "Scholarship in Teaching: An Imperative for the 21st Century", *Academic Medicine*, Vol. 75, No. 9, 2000.

[2] Boyer E. L., *Scholarship Reconsidered: Priorities of the Professoriate*, New York: Wiley, 1991, p. 24.

[3] 宋燕:《基于双重身份的"教学学术"内涵解读》,《江苏高教》2013年第2期。

概念,特别是博耶和克莱博对教学学术的界定。

3. 教师实践性知识概念剖判

教师研究成果具有实践性知识的属性,其与教学学术具有密切的关系。教师研究,教学学术与教师实践性知识的关系可用图 0-1 来表示。因此可以说,中小学教师对教学实践的认识过程产生的是实践性知识。故而有必要对教师实践性知识作细致辨析。

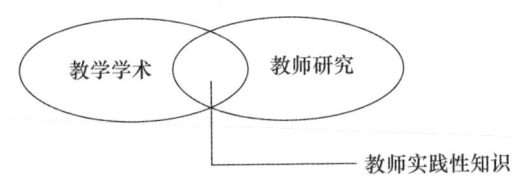

图 0-1 教师研究、教学学术与教师实践性知识的关系

关于教师实践性知识概念的探讨较多,然而却立场有别,观点各异。从笔者掌握的文献来看,"实践性知识"这一概念由弗里曼·艾尔贝兹首先提出。艾尔贝兹认为教师拥有一种不言自明的,在实际教学中能够有效解决教学问题的知识,她称这种知识为"实践性知识"(Practical Knowledge)。① 她特别强调这种知识类型的"实践性"和"情境性"。加拿大学者克兰蒂宁和康奈利也在教师实践性知识领域开展了长期的合作研究,并提出了"教师个人实践性知识"(Personal Practical Knowledge)的概念。他们认为这种知识是"存在于人的过去经验之中,存在于当前的大脑和身体之中,存在于未来的计划和行动之中,它是一种重构过去的特殊方式,是一种处理当前情境中的突发事件的为了未来的意向。"② 从以上理解可以看出,学者们比较倾向于认为教师实践性知识是一种不言自明的,在行动中体现的,有效解决问题的体验和认识。

在国内关于教师实践性知识研究的较早文献是 1996 年林崇德、申继亮和辛涛的《教师素质的构成及其培养途径》。在文中,他们将教师知识分成本体性知识、实践性知识和条件性知识。后来相继有学者对教师实践性知识进行系统研究。2003 年陈向明教授在《实践性知识:教师专业发展

---

① Freema Elbaz, "The Teacher's 'Practical Knowledge': Report of A Case Study", *Curriculum Inquiry*, Vol. 11, No. 1, 1981.

② [加拿大] 迈克尔·康纳利、琼·克兰蒂宁:《教师成为课程研究者——经验叙事》,刘良华、邝红军译,浙江教育出版社 2004 年版,第 26 页。

的知识基础》一文初步提出了教师实践性知识的概念,认为"教师的实践性知识是教师真正信奉的,并在其教育教学实践中实际使用和(或)表现出来的对教育教学的认识。"① 然而也有学者持不同看法,如陈静静认为"教师实践性知识是指教师在具体的日常教育教学实践情境中,通过体验、沉思、感悟等方式来发现和洞察身边的实践和经验之中的意蕴,并融合自身的生活经验以及个人赋予的经验意义,逐渐积累而成的运用于教育教学实践中的知识以及对教育教学的认识,它实质地主导着教师的教育教学行为,有助于教师重构过去经验与未来计划以至于把握现实行动。"② 当前学者引用较多的是陈向明在其专著《搭建实践与理论之桥——教师实践性知识研究》形成的最终的概念,认为教师实践性知识是"教师对自己的教育教学经验进行反思和提炼后形成的,并通过自己的行动做出来的(enacted)对教育教学的认识。"③ 本书却认为"通过行动做出来"仅仅作为教师实践性知识的一种形式,其必然还存在一些人们可以触及的其他形式存在,例如教学反思、教学故事、教学日志等。

因此,本书中的教师实践性知识是仅作为教师研究成果的核心组成部分,甚至可以认为教师实践性知识是教师研究成果的主要成分。但本书不使用"教师实践性知识传播研究"而采用"教师研究成果传播研究",原因在于本书虽然承认教师实践性知识属于教师研究成果,却并不认为教师传播的研究成果仅仅是实践性知识(还包括前存在的概念知识)。换言之,笔者认为在教师研究成果传播过程中,教师通过教学实践研究产生的属于个体的实践性知识将会逐渐转化为理论性知识或称为公共知识等可及形式。这是一个动态的知识,没有一个确切的稳定态。也即是说,本书假设教师研究成果传播本身就是一个由个体知识向公共知识转换的知识发展过程。

二 "教师研究"现状评述

当前关于"教师研究"的研究成果累足成步,擢发难数。原因在于自20世纪中期开始,教学被认为不只是理论的机械应用,而是一种复杂的实

---

① 陈向明:《实践性知识:教师专业发展的知识基础》,《北京大学教育评论》2003年第1期。
② 姜美玲:《教师实践性知识研究》,华东师范大学出版社2008年版,第91页。
③ 陈向明:《搭建实践与理论之桥——教师实践性知识研究》,教育科学出版社2011年版,第64页。

践活动，并将研究主体转向与教学实践密切相关的中小学教师，提出教师不只是某种理论的被动执行者也是教学实践的研究者。此后，基础教育领域逐步开始了多种形式的教师研究。

(一) 教师研究之现状

总体而言，当前教师研究主要涉及教师研究本体论研究，教师研究特征与方法论研究，教师研究微观方法研究以及中小学教学学术几个方面。

一是关于教师研究本体论之探讨。这实际上是对"教师研究是什么"这个基本问题的探讨。关于这方面的研究主要涉及教师研究是什么的概念探索以及对教师研究的本体论反思和对教师研究的意义与价值探寻等。例如邱欣云对教师研究的生命缺失现状进行了系统反思，认为教师主体自我发展意识唤醒，教育观念、能力提升和制度文化建设是实现教师生命发展意义的根本所在。[①] 丁道勇认为"教师研究的最大难题是重要但不受欢迎。为了克服这一难题、提升教师研究的实际表现，首要的理论问题就是弄清楚教师研究是什么、不是什么。通过这两组判断，可以识别出各类伪装良好的课题活动，把它们与教师研究区分开来，以实现教师研究的最初倡导者们提出的那些美好前景。"[②] 王鉴等认为教师研究的本质在课堂之中，"中小学教师进行课堂教学研究是教师主体回归的必然选择，是教师专业化发展的需要，更是基础教育课程改革的迫切要求。"[③] 李小波对教师的教育研究进行了思考，并从教师的教育研究价值导向，研究对象和研究方式几个方面进行了深入的分析，认为教师应将改进实践作为根本的教育价值取向，把教育问题作为研究对象，把行动、反思和对话作为基本的教育研究方式。[④] 孟卫青等对教师研究的历史发展过程进行了系统梳理[⑤]，使教师研究的整个发展脉络更加清晰。贾群生从教师行为的价值分析入手，对教师研究活动过程本身的意义进行了细致考量。[⑥] 在教师研究价值这一问题上，张爱军从理论与实践关系的视角进行了探讨，认为"'教研相长'是教师研究应然的价值取向"。[⑦] 此外，吴义昌还从哲学层面探讨教师研究的生存

---

① 岳欣云：《教师研究的反思与再探究》，博士学位论文，华东师范大学，2005年。
② 丁道勇：《教师研究的是与非》，《教育发展研究》2014年第22期。
③ 王鉴、李泽林：《教师研究课堂：意义、路径和模式》，《教育研究》2008年第9期。
④ 李小波：《论教师的教育研究》，博士学位论文，华东师范大学，2006年。
⑤ 孟卫青、邢强：《西方教师研究的历史演变》，《外国教育研究》2001年第5期。
⑥ 贾群生：《专业性教师行为分析：教师研究的新视野》，《教育研究》2009年第12期。
⑦ 张爱军：《教师研究的价值取向及实现路径》，《中国教育学刊》2010年第3期。

论意义。① 以上列举仅仅为当前教师研究本体论探讨的冰山一角，实际上对教师研究的理解要更加细致得多，篇幅限制，在此不一一列举。从总体上而言，当前对教师研究本质的探讨基本能够达成一致共识，认为教师研究是一项实践研究，它是在实践中行动和反思的过程，其根本的价值取向应当是以解决实践问题为目的。

二是关于不同主体类型教师研究的特性和方法之探寻。不同的研究主体在开展教师研究过程中会形成不同的方法和取得不同的效果，因此对不同主体类型的教师研究加以探讨显得尤为重要。这实际上是对教师研究由谁来研究这个基本问题的回答。纵观当前研究现状，对教师研究主体的研究先是集中探讨了"教师作为研究者"这一身份问题。张华军对教师作为研究者的含义进行了剖析，认为"教师作为研究者并不是让教师和专业的研究者那样去做研究、出研究成果，教师作为研究者的内涵实质在于教师研究性思维的养成和运用"②。笔者此前也系统探索了教师作为研究者的身份认同过程，认为"教师作为研究者存在'行动研究者'、'反思实践者'、'批判实践者'三种不同身份"③。黄山对教师作为研究者的身份进行了再认识，认为当前教师作为研究者"走入了误区和困境"，因而需要"明确教学专业的边界；重新审视课程研究范式，合理评价教师研究"④。张良才提出了教师如何成为研究者的具体策略。⑤ 除了对教师作为研究者本身特质的探索之外，就是对不同类型的教师作为研究者的不同现象与问题进行探讨。一方面是对不同成长阶段教师研究之探讨，例如对特级教师研究的探讨，⑥ 对专家型教师研究的探讨，⑦ 对教育家型教师研究的探讨，⑧ 对卓越教师研

---

① 吴义昌：《试析教师研究的生存论意义》，《中国教育学刊》2010 年第 8 期。
② 张华军：《论教师作为研究者的内涵：教师研究性思维的运用》，《教育学报》2014 年第 1 期。
③ 欧阳修俊、徐学福：《论教师作为研究者的身份认同过程》，《教育导刊》2014 年第 12 期。
④ 黄山：《对"教师作为研究者"的再认识：17 篇 SSCI 文献的综述及启示》，《教师教育研究》2014 年第 6 期。
⑤ 张良才：《如何使教师成为研究者》，《中国教育学刊》2009 年第 6 期。
⑥ 王芳、蔡永红：《我国特级教师制度与特级教师研究的回顾与反思》，《教师教育研究》2005 年第 6 期。
⑦ 徐红、董泽芳：《我国专家型教师研究的回顾与展望》，《课程·教材·教法》2011 年第 7 期。
⑧ 伍雪辉：《教育家型教师研究》，博士学位论文，华中师范大学，2013 年；刘良华：《教师研究与专家研究的大同小异》，《上海教育科研》2010 年第 9 期。

究的探讨,① 对新手教师研究的探讨②和对农村教师研究的思考③等。另一方面是从不同学科教师的教师研究特性进行探讨,例如有外语教师研究的探讨,④ 化学教师研究的探讨,⑤ 语文教师研究的探讨⑥等。对不同主体类型的教师研究者的探讨更进一步明确了教师研究的特性,有利于教师研究的深入开展。

三是关于教师研究方法层面的探讨。这实际上是为了解决"教师研究如何做"的问题。对此,现有研究主要分两种路径展开:一种是宏观的方法论探析;另一种是微观的具体方法探讨。宏观探讨涉及面比较广泛,例如陈振华专门探讨了教师研究的方法论的哲学问题。⑦ 姜美玲提出了教师研究应基于日常实践,认为"日常教育实践是教师赖以成长的沃土",提出这一主张的目的在于"促使教师意识到自己知识的生长点和自我成长的空间"⑧。还有关于教师学习,⑨ 有效教师,⑩ 教师课堂观察的方法与价值⑪等方面的探讨。进而就是一些新颖的教师研究方法的宏观讨论,例如教师关怀教学实践生活的样态研究,⑫ 教师研究中的自传研究法,⑬ 教师研究的网络共同体构建⑭等。关于教师研究的微观研究主要关注的是具体研究方法问题,包括对行动研究,校本教研,教学反思,教育叙事等研究方法的

---

① 周春良:《卓越教师的个性特征与成长机制研究》,博士学位论文,华东师范大学,2014年。
② 江新、郝丽霞:《新手和熟手对外汉语教师实践性知识的研究》,《语言教学与研究》2011年第2期;黄笑冰:《从新手教师到课程领导》,博士学位论文,华东师范大学,2012年。
③ 秦磊:《农村教师培训实效性评价体系研究》,博士学位论文,东北师范大学,2012年。
④ 钱晓霞、陈明瑶:《教育叙事视域下的外语教师研究:回顾与反思》,《外语界》2014年第1期。
⑤ 尹筱莉:《化学专家——新手教师课堂教学特质比较研究》,博士学位论文,华东师范大学,2007年。
⑥ 李莉:《初中初任语文教师专业成长的叙事研究》,博士学位论文,陕西师范大学,2013年。
⑦ 陈振华:《关于教师研究及其方法论问题》,《河北师范大学学报》(教育科学版)2004年第1期。
⑧ 孙传远:《教师学习:期望与现实》,博士学位论文,上海师范大学,2010年。
⑨ 姜美玲:《论基于日常教育实践的教师研究》,《全球教育展望》2010年第5期。
⑩ 丁舒:《国内外"有效教师"研究述评》,《中小学教师培训》2007年第7期。
⑪ 张爱军:《课堂观察之于教师研究:价值、困境与对策》,《教育理论与实践》2011年第29期。
⑫ 范士龙:《教师关怀的生活样态研究》,博士学位论文,东北师范大学,2013年。
⑬ 陈雨亭:《教师研究中的自传研究方法》,博士学位论文,华东师范大学,2006年。
⑭ 李娟:《论网络教师研究共同体的构建》,《中国远程教育》2006年第8期。

探讨：①在行动研究方面的研究，刘良华教授成果颇丰，其主要对行动研究的本体认识，①行动研究的历史考察和反思，②为行动研究的概念正名③等方面做了大量研究。此外，还有学者从行动研究的当前困境，④行动研究的未来走向，⑤行动研究与教师专业发展的关系⑥等进行了大量思考。②在校本教研方面的研究，涉及面更加广泛和深入。例如有关于校本教研制度建立的思考，⑦有关于校本教研文化的研究，⑧有关于校本教研与教师专业发展方面的思考，⑨有关于校本教研实践形式的思考，⑩有关于校本教研具体方式、方法和策略方面的思考，⑪还有关于校本教研如何发展和转变的思考⑫等。与行动研究相比，校本教研获得更多研究者的关注，也在教学实践中开展得更为积极和广泛。③在教学反思方面的研究，李长吉等对教师的教学反思基本内涵进行了探索，认为"教学反思既是对教学事务的反思，也是对教师自我的反思，它以哲学思考作为基本的思维方式，是多重范畴的内省，是超越企向的建构活动，反思结果具有不可验证性"⑬。也有学者对教学反思与教师专业成长关系进行了探索，认为"实践性和解放性反思是促进教师专业发展的有力措施"⑭。还有学者对教学反思的具体内容进行探讨，认为"教学反思具有反思主体和反思内容两个维度，反思主体维度有消极性和积极性两个水平层次，反思内容维度有孤立性与综合性两个水平层次"⑮。还有学者认为教学反思对教师实践性知识的形成具有

---

① 刘良华：《行动研究：是什么与不是什么》，《教育研究与实验》2001年第4期。
② 刘良华：《行动研究的史与思》，博士学位论文，华东师范大学，2001年。
③ 刘良华：《重申"行动研究"》，《比较教育研究》2005年第5期。
④ 牛瑞雪：《行动研究为什么搁浅了——大学与中小学合作研究的困境与出路》，《课程·教材·教法》2006年第2期。
⑤ 黄甫全、左璜：《当代行动研究的自由转身：走向整体主义》，《教育学报》2012年第1期。
⑥ 周宏弟：《论教师的行动研究与专业发展》，《高等教育研究》2003年第3期。
⑦ 韩江萍：《校本教研制度：现状与趋势》，《教育研究》2007年第7期。
⑧ 金春兰：《校本教研文化研究》，《教育研究》2007年第4期。
⑨ 肖川、胡乐乐：《论校本教研与教师专业成长》，《教师教育研究》2007年第1期。
⑩ 余文森：《校本教学研究的实践形式》，《教育研究》2005年第12期。
⑪ 张伟平、赵凌：《当前中小学校本教研的问题与对策》，《教育研究》2007年第6期。
⑫ 顾泠沅、王洁：《校本教研：从制度建设到聚焦课堂》，《人民教育》2007年第19期。
⑬ 李长吉、张雅君：《教师的教学反思》，《课程·教材·教法》2006年第2期。
⑭ 赵明仁、陆春萍：《从教学反思的水平看教师专业成长——基于新课程实施中四位教师的个案研究》，《课程·教材·教法》2007年第2期。
⑮ 刘健智、谢晖：《关于教学反思的探讨》，《中国教育学刊》2010年第1期。

积极意义，并明确指出"教学反思有助于形成教师的实践性知识，是促进教师专业发展的有效策略"①。由于教学反思是一种教师内在因素起决定因素的教学研究行为，因此研究者多从教学反思本身的特性、反思的内容、反思的价值等方面进行探讨而少有如何反思方面的研究。④在教育叙事方面的研究。王枬认为"教育叙事研究的适用范围有一定的限度，适用于人文领域而不能运用于一切领域；教育叙事不等同于教育叙事研究，经验的表达方式也不能代替理论的表达方式；教育叙事研究必须加强自身方法的建设和学术规范的训练"②。可见，教育叙事也属于教师研究的范畴，其具有认可的理论基础。如丁钢在《教育叙事的理论探究》一文系统探讨了教育叙述的理论基础。③ 此外，田慧生等也认为教育叙事的"主要特征表现为聚焦于个体经验，用年代学方法表述个体经验，收集故事，重新讲述故事，编码并确定主题，描述情境与背景，与参与者全程合作"④。并认为教师叙事与研究具有同样的步骤和方法过程，属于一种反思性研究。从当前的研究来看，教育叙述也成为教师研究的一种重要的研究方法，特别是对教师形成研究成果具有积极意义。

　　四是关于中小学教学学术的探索。中小学到底有没有必要进行学术研究，或有没有必要将中小学教师研究看作学术是当前需要面对的问题。关于这一问题，学者们从不同角度展开了讨论，提出了中小学"学术"的可能性探讨。有学者直言不讳地指出，"当今时代，'学术'已不再是大学的专利。课程改革的呼唤、教师成长的需要、学术信息的畅通，使学术走向数以万计的中学"⑤。并指出了中小学学术的具体内容，认为中学的学术更侧重基于教学实践的"草根性"研究，主要是课程论、教育学、管理学等方面的研究，是学科教学与心理学、教育学的结合点，抑或还有学校发展与管理学的结合点。与此观点相同，有学者指出"学术研究不应只是教授、专家的专利，中小学应该也能够开展学术研究，并产生充满实践张力的系统性知识。而且，随着教育不断深入发展，越来越需要研究型教师、学者型教师的原创性劳动，这些教师要善于把自己的教学实践、教学经验

---

① 邵光华、顾泠沅：《中学教师教学反思现状的调查分析与研究》，《教师教育研究》2010年第2期。
② 王枬：《教育叙事研究的兴起、推广及争辩》，《教育研究》2006年第10期。
③ 丁钢：《教育叙事的理论探究》，《高等教育研究》2008年第1期。
④ 傅敏、田慧生：《教育叙事研究：本质、特征与方法》，《教育研究》2008年第5期。
⑤ 华意刚：《中学的学术：一个亟待关注的话题》，《中国教育学刊》2010年第1期。

加以科学地总结，进而上升到系统的知识层面——比较成熟的实践性理论，然后再去指导实践，形成良性螺旋上升的知识发展状态"①。上述论述表明中小学有必要开展学术研究的问题已经得到相应的讨论并形成一定的共识。

因此，一些学者探讨了中小学学术问题。例如《中小学教师教学学术：可能与路径》一文充分论述的中小学（教学）学术的可能性问题。②文章从教学学术的特征出发，认为教学学术具有反思性、交流性和评议性等基本特征，对于教学学术的多层面的、带有不确定性的理解本身又为教学学术模式的丰富提供了空间。基于此认识，该文认为探讨中小学层面的教学学术是可能的，因为中小学教学具备教学学术的基本特征。故而可以将中小学教师进行的教学研究提升到了学术的高度。还有学者认为中小学教师存在一种学术追求，这种学术追求"起源于教师教育信仰的需要；教师职业价值观、教师教育良心和教师教育使命感是教师学术成长追求的三个推手"③。并肯定了把教师看作研究者对教师的学术成长与学术追求将产生很大的影响。

实际上，自20世纪中期开始一些学者认识到，教学不只是理论的机械应用，而是一种复杂的实践活动，中小学教师也不只是某种理论的被动执行者，其自身也是研究者，并呼吁他们开展教育研究。此后，基础教育领域逐步开始了多种形式的教师研究，诸如行动研究、教学反思、校本教研等。通过对比分析发现，教学学术与中小教科研存在着某些契合性，故而将教学学术思想运用于中小学教师教学研究之中将成为一种研究趋势。例如《中小学教科研概念重构与规范化——大学教学学术运动的启示》一文认为"大学教学学术与中小学教科研都是以教师为研究主体、以实践问题为研究对象、以提高教育教学质量为价值取向的研究活动。借鉴大学教学学术运动迅速发展的经验，中小学教科研要走出困境，就必须重构教科研概念，以彰显其不同于专业教科研的特殊性；必须讲求教科研规范，以维护其作为一种教科研的前提性资格。整体而言，中小学教科研是指教师运用科学方法探索教育现象的研究活动，以构建个人性、情境性的实践知

---

① 张晓东：《学术权力视角下中小学管理的反思与建构》，《教学与管理》2011年第10期。
② 冉娟：《中小学教师教学学术：可能与路径》，《教育理论与实践》2013年第23期。
③ 永新：《中小学教师的学术成长追求》，《广东教育（综合版）》2010年第12期。

识为主要目的"①。他还指出要转变过去"中小学教师研究一定要创造理论知识"的认识。认为教科研不仅指运用科学方法创造教育理论的研究活动，也指运用科学方法探索教育现象的研究活动；教科研的目的既可以是生成公共性、抽象性的教育理论，也可以是积累个人性、情境性的实践知识；专业教科研以创造教育理论为直接目的，中小学教科研以建构实践知识为直接目的。因此要正确看待"研究"，正确掌握中小学教师研究必要的科学方法，还应当转变中小学做研究的价值观念问题。当前中小学教师研究形成了大量的学术成果，但这些学术成果由于没有走向公开而得不到充分的利用。究其原因在于，过去的教师研究遵循传统的学术准则，过于注重知识的创造而轻视了知识的传播，从而导致许多优秀的教师研究成果无法走进公众的视野。因此该文强调，中小学教学学术不仅应注重其理论发现与理论应用的过程，同时应注重知识传播的问题，应当更多的关注传播知识的学术。

从相关研究文献的梳理来看，现有研究存在以下两方面的问题：一是目前对"教学学术"的研究大多集中在高等教育，鲜见对中小学教师"教学学术"的关注；二是对如何开展"教学学术"的研究较多，但是关注"教学学术"发表，即关注教学学术的有效应用的研究相对缺乏。

(二) 关于教师研究之不足

从 20 世纪 80 年代至今，中国教师研究从萌芽到发展，经历了三十年。② 在这个过程中，教师研究取得了巨大成就。主要体现为：一是形成了教师开展研究的共识，教师由单一的"教书匠"转变为"教学实施者"和"教学研究者"，教师做研究逐渐得到广泛认同。二是探索并形

---

① 吴义昌：《中小学教科研概念重构与规范化——大学教学学术运动的启示》，《中国教育学刊》2012 年第 11 期。
② 此处提出教师研究三十年是一个大概的计算，也限指教师研究引进我国的历史。就笔者所收集到的文献来看，教师研究最初以行动研究为启蒙提出来的是杭州大学心理学研究者陈立先生，见其文《行动研究》，《外国心理学》1984 年第 3 期。而教师研究最早以教研作为教师研究形态存在的可查文献为 1984 年广西柳州铁路一中政治教研组发表在《中学政治课教学》第 3 期的《开展政治课教研活动的几点做法》。随后就是一系列的关于国外的教师研究的引进介绍，如海凤的《苏联组织教师研究的课题》，《师范教育》1986 年第 1 期。《国际教育研究的新趋势——教师参与教育研究造就教师研究人员》，《现代远距离育》1991 年第 1 期。波兰哥、李平：《教师研究》，《呼兰师专学报》1996 年第 4 期等。直到 2000 年周林在《教师研究的意义及其选题原则》(《成都教育学院学报》2000 年第 11 期) 一文首次进行了本土化的"教师研究"探索。因此，探讨的"教师研究三十年"指的是中国从 1984 年开始至今的萌芽、发展到成熟过程的整个历史阶段。

成了一系列的教师研究方法，如行动研究、叙事研究和校本教研等，为教师如何开展研究提供了丰富的参考资料和研究方法。三是积累了丰富的教师研究成果，形成了一定的研究体系，如教师研究的本质、价值、功能、特征等逐步清晰，增强了教师对研究的认识和理解。四是形成了一批综合性的教师研究队伍，促进了教师研究成果的积累和转化，教师作为研究者的角色得以初步确认，初步形成了教师研究协同发展的景象。然而，过去三十年的教师研究又并非是全然合理的，其自上而下的研究模式的推行终究留下诸多缺欠。教育理论工作者一厢情愿的努力，始终难以促成教师研究的自觉，即使在各种政策的相继"刺激"下，教师研究的缺欠仍然存在。透过教师研究繁荣的种种表象，认真剖析其诱因，从比较深的层次上来看，其缺欠主要体现在以下几个方面：第一，"外生逻辑"甚于"内生逻辑"。第二，"理论性知识"甚于"实践性知识"。第三，"发现的学术"甚于"教学的学术"。第四，"被动研究"甚于"自觉研究"。第五，"离心研究"甚于"具身研究"[①]。通过文献分析，笔者以为，无论何种缺欠的表象，归根结底是由于教育研究中的"话语霸权"和"认识论标准分歧"使教师失却了研究的真实生态。

1. "话语霸权"对教师研究成果传播的遮蔽

每个学科都有自己的话语习惯、话语特征和话语体系。学科话语体系是一个研究共同体在某一学科领域的共同语言，这种共同语言如果运用到其他研究共同体，就容易形成一种话语占领，进而形成"话语统治"或称"话语霸权"。教育研究中的"话语霸权"主要是指研究主体在专业领域知识方面的优越感，是一种对专业话语的坚守和偏爱，对非专业话语的轻视和不屑；对高强度话语下的思辨研究的迷恋与执着，对平实和生动的教育素描的放弃与忽略。这种先在的话语存在对后在的话语限制，制约与束缚了教师研究的发展，使教师作为研究者失却了应有的话语权力。简而言之，教师在教育研究中没有获得应有的"发言权"，即使有，也难以被理论研究者所认同，这就是教师研究中的"话语霸权"现象。在这种话语生态下，理论研究者以"老师"自居而"教师研究者"作为"学生"存在，两者之间是一种"伪协同"，这种状态并不能改变理论与实践二元对立的尴尬局面，很难使教育理论与实践实现良好沟通与转换。

[①] 该部分内容的具体阐述请参见：欧阳修俊、徐学福《教学学术视域下教师研究的反思与前瞻》，《教师教育学报》2015年第6期。

不仅如此,"话语霸权"还直接衍生出"学科霸权主义",进而束缚教师研究。所谓"学科霸权主义"是指"在科学发展的每个历史时期,不同学科所占的地位不同,由于种种原因,其中有些学科处于支配地位,它们自觉不自觉地把自己的研究范式看成是经典性的,以此为依据制定学术规范,形成学术制度,分配科研经费,构成一种学术霸权,把自己的学科观点和研究规范强加于其他学科,使其他学科接受它的影响"[①]。从教育学科的发展历程来看,其话语体系几乎是理论研究者一端独大,中小学教师作为最直接的教育学科的实践者却一直处于金字塔的最底层,他们虽有自己的话语体系,却无应有的发声空间。由此可见,教师研究长期受到理论话语体系的"统治",在教育理论工作者"话语霸权"的压制和束缚之下,教师作为研究者既争取不到应有的话语权力,又难以形成自己的研究生态,从而使教师研究始终处于教育科学研究的边缘,难以走进其中心。这种现象导致教师研究主体性不突出,研究机会流失,研究阵地沦陷,研究情怀泯灭。因此有学者呼吁,理论研究者应当"反思自己惯常的生活方式,做出自己的选择,走出非主体性的自在生活状态"[②],实现研究内容上的突破和研究成果上的创新,积极促成学术话语表达的多元路径。

2. 理论知识统领下的实践性教学知识的认识论标准研究不足

教师研究不仅在话语方式上得不到肯定,而且在更深层次的认识论标准上也得不到认同。具体而言,就是教育理论工作者与教育实践者在对教学研究的认识和教学研究的方法上存在较大分歧,而其根本分歧则在于根深蒂固的理性主义价值取向。理性主义遵循科学的规则,讲究严密的逻辑,追求科学的方法,专注于事物的本质,推崇周全的计划。换言之,教育研究的"专业化"要求教师按照所谓的"标准"开展研究,遵守理论研究者的行业规范,接受专家的临床指导和考核评价。[③] 这即是理性主义指导下的教师研究范式。教育理论工作者沿用其研究思维和研究习惯来审视教师研究,认为教师研究离"真正"的教育研究还很远,因为他们在研究理念上不够"新颖",在研究内容上不够"高深",在研究方法上不够"规范",在研究思维上不够"创新"。据此得出的结论便是教师研究还得继续加强。

---

① 石中英:《教育学的文化性格》,山西教育出版社2001年版,第312页。
② 徐继存:《专业化时代的教育学及其批判》,《教育学报》2013年第5期。
③ 叶澜等:《教师角色与教师发展新探》,教育科学出版社2001年版,第208页。

然而，理性认识论却由于常常无法解决教育实践中的不确定问题而备受质疑。正如舍恩所指出的："尽管我们全面依赖专业，但是对专业的信心危机却在不断加剧。"① 这里的"专业"即是指理性主义指导下的"专业化的知识"。教师常常抱怨理论研究者的研究成果没有解决教育中的实际问题，甚至制造出许多新的问题，也没有达到政府部门希望看到的改革效果。舍恩认为导致这些结果的原因在于专业的知识没有用对地方，"没有认清实践情境的不断变化的特质——复杂性、不确定性、不稳定性、独特性和价值冲突性"②。可见，教师不仅应当拥有对教学实践的全新认识，而且需要拥有一种属于教师自己的研究范式。实际上，理论工作者需要的不是创造范式，而是去发现和承认这种范式。如一些特级教师，其研究之所以能够获得成功，必然有一种适合他自己的教学研究方法。而且，很多优秀教师又是如何通过研究而促进其教学能力的？他们研究的共同特点是什么？这些问题都有继续深入探讨的价值和意义。

三 教师研究成果研究概述

就现有研究现状来看，关于教师研究成果的直接研究并不多见，以"教师研究成果"为关键词检索，文献仅有零星数篇，主要涉及教师研究成果表达，教师研究成果评价等。如有学者提出中小学教师应该"寻找属于自己的句子"，在成果表达上注重形式的多样化，语言表达的体验性，案例的典型化，经验的个性化。③ 还有学者从成果评价角度论述了教师研究成果的多样性问题，认为教师的研究成果应根据不同视角呈现不同内容，不同的内容应该有不同的评价标准。④ 虽然与教师研究成果直接相关的研究不多，但涉及教师研究成果的教师知识研究却非常丰富。总结与教师研究成果相关联的教师知识研究，主要涉及教师知识类型研究和教师实践性知识研究两个重要方面。

---

① ［美］唐纳德·A. 舍恩：《反映的实践者——专业工作者如何在行动中思考》，夏林清译，教育科学出版社2007年版，第3—4页。
② ［美］唐纳德·A. 舍恩：《反映的实践者——专业工作者如何在行动中思考》，夏林清译，教育科学出版社2007年版，第11页。
③ 马玉琪：《寻找属于自己的句子——对中小学教师研究成果的合理追求》，《中小学教师培训》2015年第1期。
④ 柳夕浪：《尊重多样性——教师研究成果的评价》，《当代教育科学》2007年第12期。

(一) 教师知识的类型研究

教师知识研究是教师研究成果研究的重要组成部分，甚至可以认为关于教师研究成果的研究主要是指关于教师知识的研究。从广义上来讲，教师知识是指教师拥有的知识而非关于教师的知识，如教师研究成果是教师通过对教学实践的认识而产生的属于个体的知识一样；教师知识指教师个体多方面的知识，这些知识能够应用和表现在日常教学行为之中。从狭义上来讲，教师知识又专门指教学知识，这种知识包括"如何教"的知识和"教什么"的知识，包括"能够言说"的知识和"不可言说"的知识。近年来，教师知识领域的研究成果非常丰富，并主要体现为对教师知识分类的研究，同时还涉及对教学知识的研究，对学科教学知识的研究和对教师实践性知识的研究等。

不同学者从不同视角对教师知识进行了不同分类。如范良火采用量化与质化研究相结合的方法，认为教师的教学知识应当包括教学的课程知识、教学的内容知识和教学的方法知识。[1] 教学的课程知识主要是关于教学的材料和教学资源方面的知识；教学的内容知识主要是指表达教学概念和过程的知识；教学的方法知识主要涉及教学策略和课程教学如何组织等方面的知识。基于这一教师知识分析框架，范良火分析了三种不同教学知识的来源，认为三种知识均来自教师作为学者的经验、职前培训的经验和在职经验三种途径。伯利纳把专家教师的知识归结为：学科内容知识（content knowledge）、学科教学法知识（pedagogical content knowledge）、一般教学法知识（general pedagogical knowledge）。[2] 格罗斯曼把教师知识归纳为：学科内容知识、学习者和学习的知识、一般教学法知识、课程知识、环境知识和自我知识。[3] 博寇和帕特南把教师知识分为：一般教学法知识、学科内容知识和学科教学法知识。[4] 考尔德黑德把教师知识归结为：学科知识（subject knowledge）、技巧性知识（craft knowledge）、个人实践知识（personal practical knowledge）、个案知识（case knowledge）、理论性知识

---

[1] 范良火：《教师教学知识发展研究》，华东师范大学出版社 2003 年版，第 44 页。

[2] Berliner, D. C., "Expert Knowledge in the Pedagogical Domain", Paper Presented at the Meeting of the American Education Psychological Association, *New Orleans, LA.*, August 12. 1989.

[3] Grossman, P. L., *Teachers' Knowledge*, In Husen & Postlethwaite (Eds.), *The International Encyclopedia Psychology*, New York: Pergamon, 1994, pp. 6117–6122.

[4] Borko, H. and Putnam, R. T., *Learning to Teach. In Berliner*, D. C. & Calfee, R. C. (Eds.), *Handbook of Educational Psychology*, New York: Macmillan, 1996, pp. 673–709.

(*theoretical knowledge*)、隐喻和意象（*metaphors and images*）等。① 也有学者对教师知识的概念进行了追本溯源，认为教师的知识可分为"实践性知识"与"内容知识"两大类。② 而舒尔曼认为教师必须知道如何把他所掌握的知识转换为学生能理解的表征形式才能使教学取得成功，因此教师应当具备的知识至少包括：①学科内容知识；②一般教学法知识；③课程知识；④学科教学法知识；⑤学习者及其特点的知识；⑥教育环境知识；⑦教育目标、目的、价值观及其哲学和历史背景的知识。③ 舒尔曼认为学科教学知识（PCK）是教师知识的核心。学科教学知识是结合教师理论知识和实践知识的新的知识体系。具体来讲，就是教师虽然懂得某一学科的内容知识，也懂得一般教学法知识，但不一定具备如何教学科的知识。因此教师需要在实践中结合具体的学科形成一种被称为"学科教学的知识"。

关于教师知识类型的研究中，学科教学知识也被国内学者广泛关注。例如有学者探讨了教师职前学科教学知识发展的状况，④ 也有学者探讨了具体学科的学科教学知识发展过程，⑤ 还有学者探讨了学科教学知识的养成，认为"教师可以通过教育叙事、教学反思和树立动态的课程观在教育实践中养成学科教学知识"。⑥

从当前教师知识研究现状来看，国内外学者都认识到教师知识存在的重要性，并注意到了教师实践性知识的发生与发展问题。他们的目光都共同聚焦在教师所具有的不同知识类型的属性研究上，特别是关于教师实践得来的知识备受关注，并取得了相应的研究成果。

（二）教师实践性知识研究

20 世纪 80 年代，教师实践性知识研究开始在全球范围内兴起，开始受到教育研究者的关注，并形成了相当丰富的研究成果。但当前对"教师实践性知识"的研究存在着诸多不同的称谓，如"教师实践性知识""实

---

① Calderhead, J., *Teachers: Belief and Knowledge*. In Berliner, D. C. & Calfee, R. C. (Eds.), *Handbook of Educational Psychology*, New York: Macmillan, 1996, pp. 709 – 725.
② 邹斌、陈向明：《教师知识概念的溯源》，《课程·教材·教法》2005 年第 6 期。
③ Shulman, L., "Knowledge and Teaching: Foundations of the New Reform", *Harvard Eudcational Review*, Vol. 57, No. 1, 1987.
④ 梁永平：《职前教师学科教学知识发展的理论与实践路径》，《课程·教材·教法》2013 年第 1 期。
⑤ 张小菊：《化学学科教学知识研究》，博士学位论文，华东师范大学，2014 年。
⑥ 王政、任京民：《论教师学科教学知识及其养成》，《外国中小学教育》2010 年第 3 期。

践性教师知识""实践性教学知识""教学实践性知识""教师个人知识"或者直接称为"教师知识""教学知识""实践性知识"等。这些称谓的存在表明，研究者对这类知识形态尚未达成一致看法，其类与属的关系问题还未得到有效区分。然而无论称谓如何，以上涉及的概念，其研究的对象、内容和目的是一致的。因此，本书选择应用较多的"教师实践性知识"，并将相关研究归结为该领域的研究。从文献上来看，当前对教师实践性知识的研究主要包括教师实践性知识特征、表征、内容、生成机制等方面的内容。

一是关于教师实践性知识的特征研究。明确教师实践性知识的特征是理解这一知识范畴的重要工作，也是对教师实践性知识本质的进一步探讨。事实上在对教师实践性知识的概念进行探讨过程中已经涉及特征的描述，如艾尔贝兹提到的反思性，克兰蒂宁和康奈利涉及的"个人性"，陈向明提到的"反思性"等。从文献来看，关于教师实践性知识特征的研究成果比较丰富，但观点略有不同。姜美玲将教师实践性知识的特征分为本质特征和衍生特征两个方面。实践性和个性化是教师实践性知识的本质属性，情境性、默会性、整体性的特征从属于前面两个特殊，是前面两个特征的衍生。[①] 陈静静认为教师实践性知识具有家族相似性，具体而言是指其个体差异性；文化相似性；整体层次性；复杂矛盾性；时效性。[②] 从这些研究可以看出，教师实践性知识是一种个人的、情境的、默会的、整体的、时效的知识。

二是关于教师实践性知识的表征研究。一种知识以什么样的形态呈现在公众面前是其作为知识的基本条件，故而教师实践性知识具有其特有的表征形式。艾尔贝兹认为实践规则、实践原则和意象是教师实践性知识的表征形式。[③] 康奈利等人认为意象、规则、原则、个人哲学、隐喻、周期和节奏以及叙事整体是教师实践性知识的表征形式。[④] 姜美玲站在前人基础上建构了新的表征形式，认为意象、隐喻、实践规则、实践原则和个人

---

① 姜美玲：《教师实践性知识研究》，华东师范大学出版社2008年版，第93页。

② 陈静静：《教师实践性知识：中日比较研究》，华东师范大学出版社2011年版，第39—49页。

③ Freema Elbaz, *Teacher Thinking: Study of Practical Knowledge*, London: Croom Helm, 1983, pp. 131-145.

④ Connelly, M., Clandinim, J. and He Mingfang, "Teacher's Personal Practical Knowledge on the Professional Knowledge Landscape", *Teaching and Teacher Education*, Vol. 13, No. 7, 1997.

哲学是教师实践性知识的具体表征形式。① 而陈静静则认为教师实践性知识可分为语言表达、行动表达和隐喻表达三类。例如语言表达，她以"语言"为分析基础，认为教师实践性知识可以分为三种不同的状态，分别是可言传的、可以意识到但不能言传的、无意识的和内隐含的。② 与此相类似的，陈向明也将教师实践性知识分为三种表征形式，即图式类、行动类和语言类。③ 归纳这些学者的观点可以认为，教师实践性知识通常以个人的、隐喻的、意象的、实践的和言语化的方式来表征。

三是关于教师实践性知识的内容研究。教师实践性知识的内容也称为构成要素，即是指具体包括哪些知识。关于教师实践性知识的内容，不同学者有不同的看法。姜美玲把实践性知识的构成分为五大要素，分别是学科内容知识、学科教学法知识、一般教学法知识、课程知识和教师自我的知识。④ 陈静静则把教师实践性知识分为课程评价的知识、学生的知识、教学方法的知识和教学环境的知识。⑤ 陈向明结合前人研究，总结出了教师实践性知识的内容类型包括关于自我的知识、关于科学的知识、关于学生的知识和关于情境的知识四种类型。⑥

四是关于教师实践性知识的生成机制研究。教师研究成果的生成机制实际上是指教师实践性知识的来源问题。关于教师实践性知识的"来源"问题，有学者认为有两条途径：其一，教师用于发展其自身知识的途径；其二，教师在头脑中被进行思考处理以发展其自身知识的某种存在（往往是原先已有的知识）。⑦ 比如，格罗斯曼列举了教师知识的四种来源：学徒式观察、教师培训、课堂经验以及学科知识。⑧ 姜美玲总结前人研究和她自己的实践研究素材，着重站在教师主体性的角度，提出了如下教师实

---

① 姜美玲：《教师实践性知识研究》，华东师范大学出版社 2008 年版，第 146—174 页。

② 陈静静：《教师实践性知识：中日比较研究》，华东师范大学出版社 2011 年版，第 74—112 页。

③ 陈向明：《实践性知识：教师专业发展的知识基础》，《北京大学教育评论》2003 年第 1 期。

④ 姜美玲：《教师实践性知识研究》，华东师范大学出版社 2008 年版，第 104—145 页。

⑤ 陈静静：《教师实践性知识及其生成机制研究——中日比较的视角》，博士学位论文，华东师范大学，2009 年，第 119—145 页。

⑥ 陈向明：《实践性知识：教师专业发展的知识基础》，《北京大学教育评论》2003 年第 1 期。

⑦ 范良火：《教师教学知识发展研究》，华东师范大学出版社 2003 年版，第 45—51 页。

⑧ Grossman, P. L., *The Making of a Teacher: Teacher Knowledge and Teacher Education*, New York: Teachers College Press, 1991, pp. 89–106.

践性知识的发展路径：分析教师个人生活史、反思教学实践经验、构建教师学习共同体。① 并认为教师个人经验分析、教学反思和教师学习共同体构建是教师实践性知识主要的来源，也是发展教师实践性知识的基本策略。

此外，关于教师实践性知识的研究还涉及其他方面。例如结合实际案例研究教师实践性知识，主要文献有《教师实践性知识研究——以 S 市小学教师为例》②《多元文化视域下内地新疆高中预科班语文教师实践性知识研究——以北京市潞河中学为例》③《教师实践性知识形成机制研究——基于教师生活史的视角》④《对外汉语新手教师实践性知识生成的个案研究》。⑤ 还有对具体学科教师，不同发展阶段教师的实践性知识的探讨，主要文献有《"实习支教生"实践性知识生成研究》⑥《幼儿教师实践性知识发展研究》⑦《职前教师实践性知识发展研究》⑧《优秀外语教师实践性知识的个案研究》⑨《师范生实践性知识及其有效教学途径探析》⑩《从实习到入职：新手教师班级管理的实践性知识建构及启示》⑪ 等。

总体而言，教师实践性知识研究存在两方面不足：一是缺乏对实践性教学知识传播的研究；就文献看，当前研究更多的是在讨论实践性知识本身，包括其性质、特征、表征和内容等，很少关注实践性知识如何表达，如何传播和如何被理解的研究。换言之，当前教师实践性知识研究集中在认识知识本身，而对如何应用这种知识的研究还很缺乏。二是

---

① 姜美玲：《教师实践性知识研究》，华东师范大学出版社 2008 年版，第 182 页。
② 潘丽芳：《教师实践性知识研究——以 S 市小学教师为例》，博士学位论文，华东师范大学，2013 年。
③ 石心：《多元文化视域下内地新疆高中预科班语文教师实践性知识研究——以北京市潞河中学为例》，博士学位论文，中央民族大学，2013 年。
④ 张立新：《教师实践性知识形成机制研究——基于教师生活史的视角》，博士学位论文，上海师范大学，2008 年。
⑤ 徐燕婷：《对外汉语新手教师实践性知识生成的个案研究》，硕士学位论文，华东师范大学，2013 年。
⑥ 赵彦俊：《"实习支教生"实践性知识生成研究》，博士学位论文，西南大学，2009 年。
⑦ 李丹：《幼儿教师实践性知识发展研究》，博士学位论文，西南大学，2011 年。
⑧ 李利：《职前教师实践性知识发展研究》，博士学位论文，苏州大学，2012 年。
⑨ 王艳：《优秀外语教师实践性知识的个案研究》，《外语教学理论与实践》2011 年第 1 期。
⑩ 魏善春：《师范生实践性知识及其有效教学途径探析》，《课程·教材·教法》2009 年第 7 期。
⑪ 江淑玲、李梦瑶：《从实习到入职：新手教师班级管理的实践性知识建构及启示》，《教师教育研究》2013 年第 1 期。

缺乏对教师实践性知识的认识论标准的研究；作为一种新的知识形态，需要确立它的合法地位，即认识知识发生发展的理论基础，其中最关键的问题在于如何确定这种知识的来源和存在问题，而这恰恰是当前研究的薄弱环节。

四 教师研究成果传播相关研究

根据研究的相关性，本部分主要论述了当前学术传播研究现状和教师研究成果传播现状两部分内容。

(一) 学术传播研究现状

学术传播并不是一个新概念，许多学者对其有过深入研究。例如 Christine L. Borgman 就认为学术传播就是不同领域的学者对信息的散布和使用，并认为学术传播有正式和非正式之分，而学术传播研究则包括学术知识的增长，学科间的相互关系和个体对学术信息的需求等研究。[1] 也有学者认为学术传播就是一些学者或科学家传播出学术信息，另外一些学者或者科学家接收，使其相互之间产生影响的过程。[2] 从这些学者对学术传播的认识来看，学术传播主要是将其中的传播者和被传播者转换成学术研究者，传播内容转化为"学术"，其与传播过程本身并没有本质上区别。就学术传播的功能来讲，有学者认为包括四个方面：首先认为学术传播具有发现功能，即为了学术共同体的利益，通过传播去发现被发现的新知识；其次是认为学术传播具有激发功能，即通过一些同行的研究发现去刺激更多的学术思想；再次是认为学术传播具有公开反馈功能，即认为学术活动应该是一种公开的行为，是能够接受同行评议的活动；最后是认为学术传播具有反馈功能，即通过学术成果的出版，在接受同行评议的同时还需要接受同行的批判和改进意见，促使学术成果的进一步完善。[3] 最新研究成果还表明学术传播将受到互联网等新媒体技术的极大影响。如有学者认为"数据处理技术的不断开发和成熟，使得大数据采集和分析技术被广泛应用于学术研究和传播领域，学术传播的内在

---

[1] Christine L. Borgman, *Scholarly Communication and Bibliometrics*, Sage Publication, 1990, p. 13.

[2] Charles B. Osburn, "The Structuring of the Scholarly Communication System", *College & Research Libraries*, Vol. 50, No. 3, 1989.

[3] Gary J. Brown, "From Past Imperfects to Future Perfects", *The Serials Librarian*, Vol. 23, No. 3/4, 1993.

运作和外显特征都将发生改变,学术传播链条将发生一系列变化和重构,进而将引发学术传播的变迁。"① "互联网的产生与飞速发展推动了信息出版和利用的变革。"② "新媒体改变了学者获得学术资源的传统手段,赋予了学术传播新的特点和意义,对学术传播产生了深远的影响。"③ 面对新技术的刺激,针对当前新媒体的巨大变化,教育学术传播也正在发生巨大变革。

然而,当前学术界对教育学术传播的研究并没有能够引起足够的重视。即便教育学术传播是当前教育工作者的重要需求,但其采用的依然是传统传播方式。特别是教育工作者中一些需要学术传播的群体得不到重视,使得大量的教师研究成果未能步入公共知识范畴,被压抑的传播者也未能得到与大众见面的机会,更没有取得通过学术传播促进学术能力的机会。

(二) 教师研究成果传播研究

20世纪中期美国课程学者施瓦布认为,教师不能机械地实施专家编制好的课程,而应根据实际情况在对课程内容、学生、教师、环境等因素进行"审议"的基础上进行课程开发;英国课程学者斯腾豪斯也在批评泰勒的课程目标模式的基础上,倡导过程模式,并提出"教师即研究者"的命题;他曾提到行动研究首先必须是一种"研究",而"研究就是公开而系统的探究"④。20世纪80年代美国学者舍恩认为,实践性知识对教师专业发展起关键作用,教师应是反思性的实践者,在实践中以及实践后进行着教学反思;美国学者舒尔曼认为,教师从教学实践中获得的教学内容知识是教师所独有的,应当采用叙事、案例等方式来呈现这种知识以及教师的实践智慧。在这些学者的呼吁与倡导下,美、英等国兴起了教师研究与教学学术运动,前者要求教师通过研究解决教学实际问题,后者把教学当作一种类似理论研究的学术活动来看待,并且形成了两种理论思路。一种强调通过教师研究与教学学术来改进教学,促进教师自身专业发展;另一种强调教师研究与教学学术成果的发表,以便能够在校内外交流、分享和

---

① 张楠:《大数据应用与学术传播的变迁》,《图书情报知识》2014年第5期。
② 张攀:《新媒体时代的学术传播》,《中州学刊》2014年第7期。
③ 巢乃鹏、黄娴:《基于网络出版的学术传播模式研究》,《南京邮电学院学报》(社会科学版) 2005年第3期。
④ Stenhouse, L., "The Problems of Standards in Illuminative Research", *Scottish Educational Review*. No. 1, 1979.

运用。

从国内文献来看，目前对教师研究成果传播的研究并不多见，专门而系统论述的就更少，大多数研究都只是在著作或者论文中有所提及，系统论述的较少。例如有学者认为教师应以个人实践的语言公开表达自己的做法，且提出"走出表达困难的出路在于教师重新找回自己的'个人化实践语言'，使教师的写作更加'口语化'，让教师的'写作'成为一种'讲述'"[1]。实际上，刘良华教授所提到的"公开"和"表达"也是在强调教师研究成果"传播"的必要性。还有学者从课程传播视角对教师知识传播做了探讨，认为"基础教育课程改革呼唤教师树立课程传播意识。课程传播意识是课程意识的重要组成，其核心是课程的传播本质观。教师的课程传播意识内在地包含主体意识、内容意识、过程意识、媒介意识及效果意识等。"[2] 此外，教师研究成果传播还在教师知识管理和教师知识分享等研究领域有所涉及。

文献综述表明，虽然当前对教师研究的关注较多，但主要集中在研究本身的规范与研究效率提升上，其目的是为了提高教学质量与教师专业素养，而鲜有关注教师研究的后续工作——研究成果及其传播问题。换言之，当前中小学教师研究只注重研究过程，忽视研究成果的传播和推广。教师研究未能正确认识研究成果和合理选择传播路径来促成研究成果的广泛传播和有效推广的重要性。这并不符合教师研究需要公开的基本要求，也不利于教师实践知识公共化。因此本书意图解决以下问题。

第三节 研究问题

本书认为中小学教师的教学作为一种传播知识的学术，不同于发现知识的学术，是实践性知识走向公开和公共化的过程。教师研究也不同于"专家研究"，其形成的研究成果不同于理论性知识，其走向公开的方式也应有所不同。换言之，中小学教师研究所取得的成果不同于专家学者的学术成果，它需要有适合自己的传播路径。现行占支配地位与受重视的传播方式（如论文、书籍等）适合发表专家的理论研究成果，中小学教师虽然

---

[1] 刘良华：《重申"行动研究"》，《比较教育研究》2005年第5期。
[2] 石雷、张传燧：《论教师的课程传播意识》，《教师教育研究》2012年第1期。

也能利用它们，但未必是最有效的方式。基于这一认识，本书的核心问题设定为：教师如何传播研究成果？以此问题为核心，引申出三个基本问题：

一是教师研究成果传播何以可能？

要关注教师研究成果传播首先需明确何为教师研究成果和教师研究成果从何而来两个基本问题。这实际上包含了教学认识论的两个基本问题：知识来源问题和知识检验标准问题。因此，这里探讨教师研究成果传播何以可能就是要解决教师研究成果的认识论基础问题。

二是教师研究成果是否存在不同的传播途径？

面对当前教师研究成果传播无效或低效的现实，在解决教师研究成果传播可能的基础上，有必要继续追问教师研究成果传播的应然路径和实然选择问题。这是明确和改变教师当前仅依靠发表论文等单一路径实现成果传播的困境的需要。

三是教师选择不同传播途径的影响因素及其内在机理是什么？

如果教师可能通过不同的路径实现传播进而促成自身专业发展，其原因又是什么？这就关涉教师研究成果传播途径的影响因素及其内在运行机理问题。探明这个问题是明确教师研究成果传播的根本，也是本书的重要任务。

根据研究现状和研究问题，结合本书的分析思路，初步形成了如图 0-2 所示的研究的总体框架与设想：

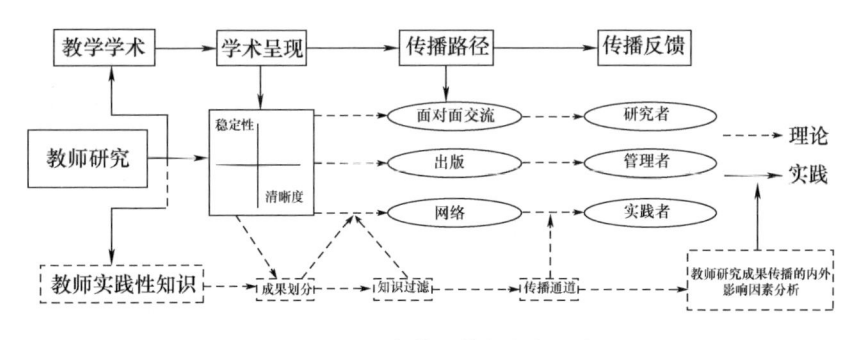

图 0-2 研究的总体框架与设想

第四节 研究价值

从理论上讲，本课题研究将为教师实践性知识正名，为个体知识走向公共知识寻求路径，进而扩大教学论学科的知识范围，丰富教学论学科知识基础。教学是一种专业活动，需要专业知识作基础和指导。过去我们只把理论工作者研究获得的理论性知识作为教学论的学科知识基础，教师仅是这些知识的消费者，而非生产者。当前，人们日益认识到教学不仅需要理论知识作指导，也需要教师从实践中获得的实践性知识作指导，承认实践指导实践之可能，并认为理论性知识需要通过实践知识来发挥作用。因此，关注中小学教师研究，探索他们取得的研究成果的传播问题，透视知识走向公开的过程，无疑有助于丰富和扩大教学知识基础，提高来源于实践的知识的影响力，促进对教学论学科的理解与发展。

从实践上讲，本书首先在于揭示教师如何传播和推广自己的研究成果的实践问题，进而还将为一线教师、教育理论研究者、教育决策者提供启示与借鉴。本书成果将有助于中小学教师了解与学习如何有效地通过不同方式传播研究成果，扩大教师研究成果的影响范围和促进教师专业发展；也将为教育理论研究者提供大量有关教学实践研究的鲜活素材，有助于他们根据读者的不同需要有针对性地发表自己的学术研究成果；还将有助于教育决策者了解中小学教师开展教学研究所遇到的各种障碍与传播的不同途径，从而做出更有利于教师开展教学研究与促进教师专业发展的教育决策。

第五节 研究方法论

根据研究需要，将采用"混合研究法"开展研究。具体而言，本书将以个案研究和跨学科研究为方法论指导，并有效和充分结合具体研究方法开展研究。

一 以知识统整为前提的个案剖析

案例研究是社会科学研究中的重要方法。"案例"一般在法律、医学、心理学研究中比较常见。案例研究也可称为个案研究，过去的个例研究指以"单一的、典型的案例为具体研究对象，通过对其进行直接或间接、深入而具体的考察，来了解对象发展变化的某些特点，并在此基础上设计与实施一些积极的教育措施促进其发展"[①]。个案研究具有个别性、针对性、深入性等特点。也正是由于个案研究具有这些特征，使其普适性受到质疑，也使得换位情境不可能时常发生。故而有学者在个案研究中引入了"知识统整"的概念。知识统整是指一种知识联结的过程，是组织对外部分散分布在不同场域和不同团体中的数据和资料进行探索、整理和联结，祛除无用的知识，促进对有用知识的利用以增加效益的过程。知识统整成为个案研究的重要指导原则。

个案研究需要知识统整，因为个别案例并不能说明一切问题。有研究者认为知识统整需要开发一种新的个案研究方式——嵌入式个案研究。[②] 嵌入式个案研究就是利用多个数据观测点得出观察数据，进而对数据进行知识统整，并对统整的知识进行评价和评估。具体方法是采用设立多个资料和数据观测点，数据资料的来源主要依靠个案中的"参与者"，以及定性研究与定量研究相结合的方法，收集各种相关资料。通过知识统整，将几个案例进行整合，并依靠定性和定量的研究方法，可以提高研究的可靠性和客观性，提高案例研究的信度（透明度）和效度，进而提高研究结果的适用性。与传统的个案研究不同，嵌入式个案研究涉及多个部门或对象，分析一般不局限于定性分析，注重多重性证据，关注整体和各个单元，关注不同方面的突出个案。

就本书而言，在收集教师研究成果传播过程中，不仅仅要关注教师本人的叙事，还需要从教师、校长、同事等不同个体来收集与案例相关的资料。因为嵌入式案例研究可以被看作一个知识整合的过程，即有效地将数据、信息、想法等变成统一的整体。此外本书并非单纯的叙述个案，而是在叙述的基础上整合，得出具有借鉴意义的整合性研究成果个

---

① 杨晓萍：《教育科学研究方法》，西南师范大学出版社2006年版，第111页。

② Roland W. Scholz and Olaf Tietje, *Embedded Case Study Methods: Integrating Quantitative and Qualitative Knowledge*, SAGE Publications, 2002, p. 1.

案。整合的方法也是思辨哲学的传统，如中国古代哲学和古希腊哲学总是会从整体上思考人的问题，思考人存在的世界，思考万物本源等。伴随着整合方法发展的是人的经验和对人文社会科学知识类别的学科化。如同我们在教育中不断地反思人性进而思考如何去塑造人一样，沉思（思辨）成为整合方法的本质。这种整合方法是嵌入式个案研究的前提和基础。通过嵌入式整合个案研究，教师可以遵循自然科学发展之前的古老方法，即沉思的方法，注重自己的经验和思考，在观察和理解案例过程中，可以通过反省来获得对个案的理解，了解个案的本质和个案的意义。这种研究理念正是中小学教师研究所需要的，也符合本书的价值取向和研究需要。

就教育研究中的嵌入式整合个案而言，案例可以是包罗万象的，可以是一个学校，可以是一个教育培训机构，可以是一个培训公司，可以是一个教师，也可以是一个孩子。虽然其范围指称比较广泛，但是我们又特别强调个案的独特性和利益指向性，它总是与其他的案例相区别，甚至可以被认为是独一无二的。个案是经验的基本单元，是构成理论结构的重要因素，还能够接受评估进而与系统科学以及主体利益息息相关。个案更多的用于学习和演示，它同时具有教育价值和研究价值。例如杜郎口中学可以作为一个高考改革的教育研究案例，我们可以探讨其教师是如何开展教学的，学生是如何学习的，学业是如何评价的等问题；重庆市九龙坡区谢家湾小学也可以作为一个课程改革研究的案例，我们可以探索其课程整合的主体如何参与课程，学生如何参与教学，家长如何参与课改，学校如何管理教学等问题。

此外，关于个案研究的整体性主要指的不是样本的整体性，而是指研究过程和方法的整体性，意即在个案研究过程中，虽然研究对象少，研究目标清晰，但个案研究本身常用的追因法、追踪法、资料分析法、临床法和会诊法等并不能满足个案研究的需要，还需要借助访谈法、观察法和文件资料分析法等来加以补充。因此，这也是本书采用量化与质化研究相结合的重要原因。基于以上考虑，本书将试图使用嵌入式整合个案的方法，整合出教师如何传播研究成果的鲜活案例及其相关知识的理论和建议。

二　超越教育学科界限的跨界研究

跨界研究是一种从不同学科角度对某一事物或现象进行整合的研究，

或者说运用不同学科的理论和方法于某一现象或事物的研究中以获得单一学科研究所不能得到的关于该事物或现象的整体的、融合的认识的新研究范型。跨界研究源于"学科互涉",发轫于1926年出版的一部谈整体论与进化论的著作,① 20世纪70年代渐渐波及社会科学、自然科学以及人文学科领域。跨界研究与跨学科研究具有较大区别。跨学科研究是从不同学科角度对事物进行研究,但各学科的研究却独立(或者说是"孤立")进行,缺乏内在联系,研究结果相对独立,未能跳出"学科"的藩篱,具有自身的局限性。这主要是由于学科具有单一性、封闭性,是一种具有严密内在逻辑的知识体系,由这种知识体系形成的坚实的学科壁垒使跨学科研究必须面对其先天的困境。跨界研究则是同时运用不同学科的理论与方法对研究对象进行研究,在研究中不同学科之间具有内在的逻辑联系,研究的成果是整合的抑或是融合的。众所周知,当今时代是一个复杂多元的时代,单一、封闭的学科理念支撑下的学术研究显然已经难以完全解决社会现实发展中呈现的复杂问题,所以跨越不同学科门类的界限、扩展学术研究的视野,建构一种兼容并蓄的理论研究范型,成为当今时代学术研究的必要和可行路径。于是,跨界研究应运而生。跨界研究是对跨学科研究的承认与超越,其所指内涵更加丰富,外延更加广泛,学科界限更加模糊。

教育学科②是一门研究对象非常复杂、涉及范围非常广泛、学科界限比较模糊的综合性人文社会科学。教育对象的特殊性、教育问题的复杂

---

① [美] J. T. 克莱恩:《跨越边界——知识 学科 学科互涉》,姜智芹译,南京大学出版社2005年版,第12页。

② 总体上说,学、科学、学科,都指具有内在逻辑关联的知识体系。分开来讲,学既指分门别类的有系统的知识体系,亦指学术上自成系统的主张、理论。科学指反映人们对自然、社会、思维等的客观规律认识的分科的知识体系。学科是科学的下位概念,一般指分化的科学领域,即一定科学领域或一门科学的分支,亦即自然科学、社会科学、思维科学三大知识系统(也有自然、社会、人文之三分说)内知识子系统的集合概念,如自然科学中的化学、生物学、物理学;社会科学中的法学、社会学、教育学等。根据上面对"学、科学、学科"等概念内涵的解释,教育学是关于教育的知识体系,是研究教育现象及其问题揭示教育规律的一门社会科学;教育科学是反映人们对教育事物认识的知识体系,是以教育现象、教育问题和教育规律为共同研究对象的各门教育学科的总称,是若干个教育类学科构成的学科总体;教育学科是教育科学的下位概念,既是对教育科学所有分支(俗称二级学科)的总称,也特指以某些教育现象及其问题为研究对象的教育科学的某某分支。有时,人们在不同的语境下也把教育科学和教育学科混同使用。在本书中,为行文方便,有时用"教育学",有时用"教育科学"或"教育学科",就是在近似意义上使用的。

性、教育知识的开放性是教育学科的基本特征，也是教育学跨界研究的发生前提。从学科性质来看，教育学绝非是停留于单一"学科"之界而是要依赖于很多学科诸如生理学、心理学、哲学、社会学、文化学等而存在和发展的学科。从教育学是不是科学到教育学科学地位的确立再到教育学的人文科学与社会科学属性分歧，充分说明了教育学界限之复杂性与模糊性，也说明了教育研究方法的特殊性和多样性，更加说明了教育学科的综合性和开放性。因此，跨界研究不仅是学术研究的发展必然，更是教育学科的本质需要。教育学跨界研究究竟要跨越什么界限？根据跨界的点、线、面、体的空间立体认识原则，笔者以为教育学的跨界研究至少应跨越如下几个界限：一是跨越学科之界而进入教育学外部学科之域；二是跨越教育理论之界而进入实践之域；三是跨越单一研究方法之界而进入复杂方法之域；四是跨越教育研究思维之界而进入跨界思维之域。教育学跨界研究不是凭空的想象和演绎，而是具有充分的主客观条件，既是教育学外部环境的需要，也是教育学科内部发展的需求。其中，教育学科的综合性、教育对象的特殊性、教育问题的复杂性、教育知识的开放性是教育学跨界研究得以发生的前提；形成教育学跨界研究共识，组建教育学跨界研究团队，养成跨界思维，整合创新复合式教育研究方法是教育学跨界研究的基本实施纲领。

根据以上对教育学跨界研究的理解，本书试图通过教育学研究与传播学研究的结合，运用传播的基本分析框架和理论基础来分析教师这一传播者的知识传播问题。正如前文提到，本书并非传播学理论在教育学研究中的简单应用，而是结合扎根研究和案例研究的方法，用"跨界"思维方式对教师研究成果传播这一复杂问题进行整体性探索。

第六节 创新之处

本书的创新点主要体现在以下三个方面：

一是从学术传播角度考察中小学教师所做的研究是本书的创新之一。前文提到，关于中小学教师研究有两种思路：一种主要是从改进教学出发而进行的教师研究；另一种主要是从提高传播与分享研究成果效率出发而进行的教师研究。中国现有的教师研究主要集中在第一种思路，较少从第二种思路进行深入研究。本课题研究采用后一种思路，具有一定先进性。

二是提出中小学教学作为学术和教师实践性知识的检验标准具有一定创新。本书根据教学学术思想和实践性知识理论，认为中小学教学作为一种传播知识的学术应与发现知识的学术有所区别，并具有走向公开的特征，教师研究要走向公开，才能称得上学术。此外，发现知识的学术形成的是理论知识，传播知识的学术形成的是指导教师如何传播知识的知识——"教师实践性知识"。教师实践性知识与理论性知识在来源、本质和形式上存在区别，其检验标准也不同。本书指出教师实践性知识是教师个体与可及的实在相交互并产生有效的认识，其检验标准应包括个体性、可及性、交互性、有效性四个方面。这一检验标准的提出具有独创性。

三是揭示了教师研究成果三种传播途径的内在区别及其与教师专业发展的关系彰显一定创新。本书采用个案研究的方法，具体探讨和回答了中小学教师研究成果如何传播的问题。具体包括中小学教师如何将这些研究成果呈现出来，形成可见的知识形态；如何将这种知识传播给其他教师；在传播过程中不同途径受何种因素影响，教师选择不同传播途径的价值诉求是什么等。本书提出了教师研究成果传播有面对面传播、出版传播和网络传播三种不同途径，教师应选择适宜途径传播研究成果；教师选择传播途径受多种因素影响，但通过不同途径传播研究成果都能够有效促进教师专业发展。深入细致分析教师研究成果传播在国内开辟了新的研究领域，具有一定开创性。

第一章　教师研究成果传播的理论基础

场景2：校园里弥漫着孩子们的嬉闹声，而教师办公室却异常寂静。又是一上午的课，王老师（化名）拖着疲惫的身躯回到办公室，径直坐在椅子上。休息片刻之后，王老师随手拿起一本教育杂志，漫无目的地翻着，纸张在跃动，如同被秋日里下午的风吹过一般，有一丝凉意又软弱无力。他的手如秋风顿足，翻几页，又看几眼。还喃喃自语道"都是些博士、教授的文章，我何时能发一篇在上面啊！"他似乎很在意论文的作者！[①]

教师研究是教师研究成果形成的前提，没有教师研究，教师研究成果就形同无源之水，无本之木。在探讨教师研究成果传播问题之前，有必要先探讨教师研究的源与流。因为如果教师研究无法继续发展，教师研究成果及其传播问题就是假命题，失去研究意义，所以明确教师研究的"源"与"流"，有益于更好地把握教师研究的"用"，进而为教师研究成果传播研究提供学理依据。此外，探讨教师研究历史发展过程还从内容上回答了教师研究成果来源的认识论基础问题。在确定教师研究发展可能的前提下，本章继而探讨教师研究成果是否存在，何以存在的问题，也即教师研究成果之形成过程。显然，解决这个问题也是完成教师研究成果传播研究的理论前提之一。实际上，本书中讨论的教师研究成果的来源或者基础，也即探讨教师研究的认识论基础问题。如果中小学教师的研究称不上学术研究，教师研究成果就没有传播和公开的必要。因此讨论教师研究作为学术的认识论基础，便是要解决教师研究成果的发生认识论原理。在明确教师研究作为学术得以存在之后，本章继而深入探讨了实践性知识的检验标

[①] 资料来源于研究者2015年7月10日观察注记。

准问题。教师开展教学研究必然产生一定的成果,这些成果如何被检验和正名呢?显然,这与知识检验标准有关。教师的教学研究无疑属于一种认识活动,认识的结果促使知识的产生。既然如此,那么这种知识既已存在又何以确证,这就涉及知识检验标准问题。概言之,就是要为实践得来的教师研究成果建立一个标准,达到这个标准的才能称为实践性知识,才能算得上是教师研究成果。实际上,这也是在解决教师"传播什么"成果的问题。总之,教师研究继续向前发展,将产生大量的研究成果;这些研究成果来源于实践,区别于理论性知识,应该有新的认识论基础;在新的认识论基础上形成的是一种新的知识形态,这种新的知识形态应当用实践性知识的新检验标准来衡量。据此,本章的讨论主要涉及教师研究的演变历程,教师教学学术的认识论基础,教师实践性知识的检验标准三个问题。

第一节　教师作为研究者的演变历程

科学研究因对日益复杂的教育问题解决不力而受到质疑和批判,引发人们对"真实情景""现象世界"和"实际存在"的关注以及对理论与实践二元关系的再思考。在此背景下,以行动研究为主要研究方法的教师研究,在西方作为一种教育运动得以轰轰烈烈地开展,勒温、斯腾豪斯、施瓦布、舍恩等人为此做出了积极努力。在国内,教师研究同样受到关注,经过多年实践,当前教师研究的主体性日益彰显,研究内容日渐广泛,研究方法逐渐成熟。随着教师研究水平的提高,教师作为研究者的身份愈发重要。对此,本书以教师研究的身份变化为切入点,以教师研究的历史演变为时间线索,从教师作为研究者"究竟是谁""从何处来""向何处去"等方面论述教师研究的发展历程。[①]

一　教师作为"行动研究者"的萌芽阶段

教师研究最先体现在行动研究上,开展行动研究伊始,教师就被视为"研究者",从而使"教师作为研究者"具有了深深的"行动"烙印。

在 20 世纪二三十年代,心理学家勒温首先提出行动研究,并在美国

---

① 欧阳修俊、徐学福:《论教师作为研究者的身份认同过程》,《教育导刊》2014 年第12 期。

逐渐发展和传播。理解行动研究应掌握四个关键词——参与、改进、系统和公开。①"参与"主要强调教师研究的主体地位,"改进"主要强调教师做研究的目的,"系统"强调行动研究作为一种科学的研究方法,"公开"旨在强调行动研究的合作要求和成果体现形式。从以上对行动研究的定义可以看出,受实证主义的影响,教师在开展研究初期,更倾向于定量的研究方法。又由于强调研究的系统性和科学性,从而对教师研究的方法做出了严格甚至苛刻的要求。总之,最初教师作为研究者以行动研究为根本的研究方法,追求的是专业化的教师研究,教师作为"专门"的"行动"研究者。笔者称这一阶段为教师研究的萌芽阶段,在这一阶段,教师作为"行动研究者"存在。

实际上,在这一阶段,受主导认识论影响,教师的研究是一种机械的"行动"研究。因为主导认识论认为能够给所有学科提供关于理论与实践关系的一致性说明,应当"认识了再行动",是一种"自上而下"的认识过程,教师是被动的研究者。所以这一阶段的教师研究是"行动"的研究而不是"反思"的研究,是"预设"的研究而不是"生成"的研究,是"离心"的研究而不是身心俱参的研究,是"一般"的研究而不是"特殊"的研究。这些因素导致教师仅仅是身体上的"行动研究者"。曾经有学者认为"无论教师研究、参与性研究、反思性教学,还是实践研究、实地研究,都不足以开放和拓展行动研究的本意,行动研究除了是一种教师研究和实践研究的方式,它还以自己独特的方式执行参与、改进、公开而系统的承诺"②。然而,就目前来看,要实现这一承诺还稍显艰难。于是有学者提出了"行动研究为什么搁浅了"的追问,认为"内部发展动力的缺失是教师丧失研究兴趣的根本原因"③。

实际上,笔者以为导致教师反思性实践缺乏的原因是多方面的。首先,教师作为研究者初始是被"授权"的过程而非内在的研究自觉。行动研究是由"理论研究者"从国外引入的,继而推荐给教师。教师开展行动研究是一种"授权"的过程。既有"授权",就必然伴随着"受权"的存在。显然,教师作为"行动研究者",是被动地接受这种思想,而非生发

---

① 刘良华:《行动研究:是什么与不是什么》,《教育研究与实验》2001 年第 4 期。
② 刘良华:《行动研究的史与思》,博士学位论文,华东师范大学,2001 年,第 37 页。
③ 牛瑞雪:《行动研究为什么搁浅了——大学与中小学合作研究的困境与出路》,《课程·教材·教法》2006 年第 2 期。

自教师的内心。其次，教师作为研究者，是"行动"者，而非"思想"者。这里的"行动"是相对于"思维"而言。教师开展行动研究是从"行动"开始，而并非源于自己的思想，即教师作为行动研究者仅仅拥有自己的"肉身"而没有获得作为实践者的"真身"。再次，教师作为"行动研究者"是教师研究发展初期的必然结果。教师由外在"行动"转化为内心的"反思"需要一个过程。从教师研究发展历程来讲，是由不成熟走向成熟的历程；教师对行动研究的认识是由外向内，由"陌生"到"熟悉"，由身体的行动到思想的行动的发展的必然。因此，当教师逐渐掌握研究的基本技能之后，就不再仅仅甘愿作为"行动者"存在。

从教师研究的结果来看，在这一阶段教师并未形成所谓的"成果"。其原因在于这种"成果"被固化为"理论性知识"，例如论文、著作或者其他书面形式的系统理论。诚然，按照传统的知识检验标准来看，中小学教师确实并未形成研究成果。然而，又不得不承认中小学教师在这个过程中确确实实参与了"行动"，如果我们愿意将这种"行动"看作教师研究成果，那教师研究成果诚然是既已存在了的。

二 教师作为"反思实践者"的发展阶段

20 世纪 60 年代，美国的课程改革面临理论与实践脱钩的问题。中国新一轮课程改革也面对着同样的困境。尽管两国课程改革时间不同，但从教师研究发展历程来讲，课改都面临来自中小学教师对理论的质疑和对"自上而下"的研究指令的阻抗。在此境遇下，教师开始反思定量的、专业化的科学研究的局限，同时考虑人文因素的影响，并尝试在"过程"中开展实践研究。到 20 世纪七八十年代，"过程模式"的教师研究逐渐形成，教师进入"反思实践者"的身份角色。至此，行动研究再次"复活"，并走向深入，实现了由"行动"到"反思"的转向，笔者称为教师研究的发展阶段，这一阶段的教师作为"反思实践者"存在。

施瓦布在《实践：课程的语言》一文中提出课程改革的"'实践模式'、'准实践模式'和'折中模式'"[1]，并希望以课程实施为依托，进行"反思性实践"研究。舍恩在其著作《反思性实践》中，认为"反思实践者"应"在行动中求知"，而非过去的"理论逐渐下行到实践"。教师研

---

[1] Schwab, J., "The Practical: A Language for Curriculum", *School Review*, No. 78, 1968.

究的"反思转向"推动了反思性教学的发展,教师研究从定量研究转向定性研究,更加关注行动研究的过程,强调合作与协同,并最大限度地发挥主体性。教师成为地道的"反思实践者"而非"身体"上的"行动研究者"。

教师研究之所以能够继续发展,实际上与教学研究的"实践转向"有关。教育理论研究者和实践者逐渐认识到,"在行动中认识",是一种"自下而上"的认识过程。基于教师作为"反思实践者"的研究,关注教师的"生成性""具身性"和"特殊性",并更加关注教师的实践性教学知识形成过程。教师参与研究的过程不是单一的身体参与,而是身心俱参的过程;不仅关注教师研究的领域一般,还注重领域特殊,这是教师研究的一种实践认识论转向。

然而,无论是在实践认识论还是主导认识论下开展教师研究,都不能摆脱"二元论"的怪圈。主导认识论下的"行动研究者"被摆在理性主义的立场,中小学教师(行动研究者)做着与理论研究者一样的科学严谨的研究。实践认识论下的"反思实践者"处于经验主义的立场,意图从实践中突破理论的束缚,超越教学理论的框架。"行动研究者"和"反思实践者"都纠结于理论与实践之间的平衡而未能跳下这个"跷跷板"。

在实践认识论指导下,教师进行反思性实践的过程并不是立足于教师本身,而是关注教师反思的对象和反思的效果;虽然也强调研究过程的生成性,但是这种生成是指向对象而非主体的。教师作为研究者关心的仍然是研究成果的多少,而非研究。并且,这里的"研究成果"仍然移植着理论研究和理论性知识检验标准。教师虽然形成了大量的"教学反思""教学日志"和"教育叙事",但这些由于语言表达的"不合格"、理论程度不高等原因而再次被拒绝在教育话语体系之外。因此,教师作为"反思实践者"并未解决教师研究中的二元对立问题,理论与实践和教学与研究的关系问题仍然困扰着教师研究者。

三 教师作为"批判实践者"的深化阶段

无论是"自上而下"的被动研究,还是"自下而上"的反思性实践,其对理论与实践的关系问题的探索都是不彻底的。在"行动研究者"和"反思实践者"难以确认自己身份和认识论标准时,教师研究需要进一步发展，来确认研究者的身份。批判性理论和后现代主义倡导者提出了教师的"批判性实践"设想。

批判性实践是一种新兴的教师研究流派。该流派源于澳大利亚而勃兴于美国。受批判理论和后现代思想的影响，该流派针对美国的民主信奉与实际上的被统治和压迫的矛盾提出批判，并对这种矛盾的现实开展积极地反抗。教育领域受这一思潮地影响，逐渐将这种批判思维运用于教师研究之中，促进了教师研究思潮的多元。笔者认为这一阶段是教师研究的深入阶段，教师作为"批判实践者"存在。

教师作为批判实践者，其试图跳出理论与实践关系的钟摆怪圈。站在批判立场上，教师研究更加关注作为一种系统的教育和作为一种职业的教师如何从内部产生知识的可能，更加强调教师的能动性，试图引发"由内而外"的教师实践研究。很明显，这是从问题研究转向教师本身，是一种教师自我能力地觉醒。批判实践学派认为"批判性的教育科学不仅意味着'从事教育'，而且也意味着研究教育和改变它的结构，同时改变教师的教育角色"[1]。即从研究对象上来看，教师研究的关注点不再是外在于教师本身的教学问题，而内在于教师个体职业应有的角色定位问题。总而言之，教师作为批判实践者，既不是始于理论而终于实践，也不是始于实践而终于理论，而在于调和行动研究的理论偏向和反思实践者的实践爱好，意图在批判性的教育实践中给"理论与实践的动态关系带来理论与实践的共同发展"[2]。

显然，批判性实践带有浓烈的后现代主义色彩。激进的美国教育家霍林斯沃斯、米勒等认为，"教师这个群体受到压抑和控制，需要效法女权运动，像解放妇女那样解放教师"[3]。他们提出把教师研究作为解放教师的武器，研究可以把教师从无效的知识中解放出来，意味着教师确信自己有能力构建知识和改进实践。可见，教师作为批判实践者，其解放自身，追求"民主"与"公平"的目的是很明确的。

进一步思考会发现，教师作为批判实践者，似乎做了一个调和折中的"老好人"——期望理论与实践能够"和平相处"，并将更多的希望寄托在

---

[1] 孟卫青、邢强：《西方教师研究的历史演变》，《外国教育研究》2001年第5期。

[2] 李方安：《二十世纪西方教师研究运动发展脉络与启示》，《华东师范大学学报》（教育科学版）2009年第4期。

[3] Mary L. Rearick, "Orientations, Purposes and Reflection: Aframework for Understanding Action Research", *Teaching and Teacher Education*, Vol. 15, No. 4, 1999.

"教师"这一主体上,希望教师在整个研究中发挥更大的作用。然而,反观现实却事与愿违。教师作为批判实践者,进一步膨胀了教师的能力和地位,认为"教师具有挑战和改变那些限制他们自身和学生的现存教育状况的能力"[①]。却忽略了教师最根本的任务,即来自教学方面的压力,来自学生的兴趣的压力和家长对学习成绩要求的压力等。

虽然教师作为研究者的发展历程在各个阶段存在不足,但总体上推动了教师研究的发展,逐渐彰显出教师研究"主体"地位,凸显出教师追寻"个性解放"的热切希望和教师自我实践的专业回归。也说明教师专业化的迫切诉求和教师实践性知识地位合法化的必要。教师研究相关理论表明,通过教师研究活动来突破理论与实践之间的藩篱,使处于本土实践的知识充分发挥其应有的指导是可能和可行的。

第二节 教学作为学术的认识论基础

对教师研究历程梳理表明教师研究作为教学实践认识过程对教师和教学的积极意义。但这种活动的内在运作过程究竟以什么为基础,教师能否在所谓的"研究"过程中认识教学并运用这些认识指导他者实践,就有必要讨论教师研究的认识论问题。故而本书中的教师研究主要指教学研究,探寻教师研究的认识论基础实际上是倡导教学作为一种新的学术,并探明这种学术在认识论上的可能性,因此称其为"教学学术的认识论基础"。

教学学术由美国学者博耶于20世纪90年代提出。21世纪初,中国高等教育研究领域引入了这一概念,并展开了深入的研究与实践,取得一定成效。然而教学学术研究并不应仅仅局限于大学领域。实际上,根据教学学术的内涵界定,中小学教学也可称为学术,中小学教师应当更关注教学学术发展。一些学者已经敏锐地认识到教学学术在中小学的可为之处,并在探讨中小学教学学术的可能与必要,[②] 基于大学教学学术运动重构中小

[①] Sworth, S. H. and Sockets, H., *Positioning Teacher Research in Educational Reform: An Introduction*, Chicago: The University of Chicago Press, 1994.

[②] 冉娟:《中小学教师教学学术:可能与路径》,《教育理论与实践》2013年第23期。

学科研概念，① 提出教学学术视野下教师教育的发展方向②等方面做出了有益的探索。可见，中小学教学学术已然走上了探索之路并取得了一定成果，但仍处于探讨阶段，还有很多理论与实践议题值得深思。

一 走向公开：中小学教学学术意蕴解读

学术一般被认为是较为专门、系统、公开的学问，指向高等教育研究领域，被视作理论研究者的专利，属于理论性知识的范畴，并严格遵循知识（真理）必须是真的、可确证的信念这一认识论标准。在这种传统认识论指引下，学者们更热衷于探求"真理"，而把传播应用"真理"看得并不那么重要，缺乏对知识实效性的关注。正如舍恩所言"专业并未表现出符合他们信奉的价值和规范；再者，因为它们无效"③。泡尔生认为"科学有二别：一主理论者；二主实践者。前者谓之学，后者谓之术。前者属于知识而已，后者又示人利用其能力以举措事物。"④ 泡尔生的观点实际上为"教学学术"的提出奠定了基础。就教学研究而言，这种学术观念体现为理论的"超前"与实践的"滞后"，出现"专业知识的信心危机"，并进一步导致教学理论知识的"合法性被质疑"，严重影响了基础教育教学质量提升和教师专业发展。

美国学者欧内斯特·博耶认识到了这一问题，他将教学上升到"学术"的高度，强调教学作为传播知识的学术之重要性。从而对传统"学术"定义进行了重新界定。他认为"学术意味着通过研究来发现新的知识，还意味着通过课程的发展来整合知识，还有一种应用知识的学术，即发现一定的方法去把知识和当代的问题联系起来，还有一种通过咨询或教学来传授知识的学术。"⑤ 换言之，学术不仅意味着探究知识、整合知识和应用知识，而且意味着传播知识，通过知识的传播，才能确保学术之火不断燃烧，因此，他把传播知识的学术称为——教学学术，并将教学视为学

---

① 吴义昌：《中小学教科研概念重构与规范化——大学教学学术运动的启示》，《中国教育学刊》2012年第11期。
② 邢红军、刘锐、胡扬洋：《教学学术的视野：我国教师教育的发展路向》，《教育科学研究》2015年第2期。
③ [美] 唐纳德·A.舍恩：《反映的实践者：专业工作者如何在行动中思考》，夏林清译，教育科学出版社2007年版，第12页。
④ [德] 泡尔生：《伦理学原理》，蔡元培译，北京理工大学出版社2013年版，第1页。
⑤ [美] 欧内斯特·博耶：《关于美国教育改革的演讲》，涂艳国、方彤译，教育科学出版社2002年版，第6页。

术涉及其走向公开和面对面交流，接受同行评议的过程。只有将教师实践所悟公开，接受同行的评价和检验，方能称为完整的学术。就中小学教师研究而言，如果要将其平时的教学研讨和探析视为学术，就需要将这些成果公开出去。斯腾豪斯也强调，"行动研究首先必须是一种公开的研究，研究就是公开而系统的探究"①。他甚至宣称，没有公开的研究算不上真正的研究。"'公开'（to be made open）意味着教师向公众表达自己的研究过程和研究成果，使自己的研究成为'公开的'探究而不是私下琢磨。"②从实质上来讲，教学学术与中小学教师研究的最大区别就在于是否公开。学术的重要特征即是将成果公开，接受同行评议，教学学术作为学术的子系统，同样拥有这一特征。此外，中小学教师的研究是一种自由和极具个体化的研究，这种研究具有特殊性、情境性、复杂性和封闭性。其中封闭性问题体现得最为明显，原因在于，中小学教师研究以个人自身教学问题为逻辑起点，没有严格的公开要求，大多教师的研究是封闭的研究而非公开的研究。这也表明，教师研究要上升到学术高度，还需完成公开这个重要环节。

基于以上认识，笔者以为，中小学教学是一种学术形态。长期以来，中小学教学被简单地看作书本知识传授的过程，这一偏见"窄化"和"轻视"了教学的学术性。实际上，中小学教学不仅是教师传授知识的过程，还是教师教学知识的不断生成、应用与公开的过程。换言之，教师不仅仅是在"教知识"，同时也在"生产知识""整合知识""应用知识"和"传播知识"。有学者甚至认为"优秀的教学本身就是一种教师的实践教育学，不仅如此，它还是有生命力的理论教育学之源头。"③ 教师能在他们的教学活动中表现出创造性，通过分析、综合把知识以一种新的、更有效的方式呈现和传播。这个过程是教师探索、生成和完善知识传播智慧的过程，是教师丰富个体知识的公共化过程，是丰富和发展教师教学的知识基础之过程。

进一步讲，中小学教学学术，实际上就是从新的视角看待教学活动的本质，有利于将教学上升到学术高度，化解教学与研究之间的矛盾，是沟

---

① Stenhouse, L., "The Problems of Standards in Illuminative Research", *Scottish Educational Review*, No. 1, 1979, p. 39.
② 刘良华：《重申"行动研究"》，《比较教育研究》2005年第5期。
③ 邓小华：《"学术的教学"与"教学的学术"——论中小学科研与教学的关系》，《教学与管理》2013年第27期。

通理论与实践的有效举措。"学术视野下的教学要求教师在教学过程中注重研究，提高理论水平，同时又把理论与教学实践紧密结合，体现教学的学术性，即教学的研究性、成果的创新性与可交流性以及实践的有效性。"① 具体而言，将中小学教学视为学术，就是基于教师教学实践本身面对的问题，反思教与学的过程，形成以"优秀教学"、创造性教学成果、教学反思等为结果的实践性知识并将其公开传播出去，接受同行评议，为同行提供借鉴。

概言之，中小学教学学术是基于教学，在教学中，为了教学，并走向公开的教学研究的总称。中小学教学学术是促进教学有效，提高教育教学质量和促进教师专业发展的重要途径。当然，主张关心教师个体的学术能力和个体经验并非丢弃基本的学术规范。教学学术既是一种学术，就应保持基本的学术规范，不可放大中小学教学学术的随意性，丢掉学术的根。因此，将中小学教学定位于学术，是基于理论与实践同一性原则之下对教学研究提出的更高要求和对教师专业发展提出的更高目标。此外，笔者并无意于构建一个新的"教学学术"概念（实际上也没有必要），而是沿用当前对教学学术的界定来审视中小学教师的教学及研究，把中小学教学和研究作为一种学术看待，称其为"中小学教学学术"，使其与"大学教学学术"在对象上相区分，并在此基础上讨论走向公开的中小学教学学术的认识论基础问题。

二 实践指导实践：教学学术的认识论基础

认识论问题是哲学的基本问题，经历上千年之探讨，其内涵深刻，外延广泛。认识论的发展对学科建立和社会发展产生着重大影响，对当前中小学教学和研究同样起着不可忽视的作用。在对当前教学学术的认识论基础探讨之前，笔者首先澄清过去的认识论对教学实践的指引作用和局限之处。

（一）理论指导实践：传统认识论指导教学实践的限度

传统认识论对教学发展产生了重大影响，然而当传统知识论遭遇不确定性时，其效用极其有限。产生这种困境的根源在于传统认识论主体的技术理性取向和传统认识论客体的复杂本性。

---

① 时伟：《大学教学的学术性及其强化策略》，《高等教育研究》2007 年第 5 期。

第一,传统认识论将人们引向技术理性之路,导致"理论不及之地"不断蔓延。传统认识论认为知识应当是确证无疑的。这种认识论将人们引向"理性"的道路,走上了"技术理性"的征程。在技术理性掌舵下,人们追求技术革新,科技进步,谋求发展。然而,技术理性导致了专业理论依赖,理论与实践区隔,话语体系分离,理论知识优位和实践发展缺失,进而导致了"理论不及之地"的产生和蔓延。"理论不及之地"与舍恩提出的"不确定性区域"所指类似。舍恩用"高硬之地"和"低湿之地"的隐喻来阐述了理论知识的限度和对实践知识的忽略。[1] 他认为在"高硬之地",问题是明确的,这些问题可以通过理论(研究)来解决,可以通过技术来控制;而在"低湿之地",问题是复杂的、模糊的、不确定的、是实践的"不确定性"领域。面对这种境况,理论很难介入,技术也会束手无策,只能通过实践者的亲身实践方能解决问题。当下的教学无疑存在诸多"理论不及之地",例如教学究竟应该关注一般领域还是特殊领域,应该关注学生"获得"知识还是关注学生"参与"学习,教学活动中的学生应是"离身"的存在还是"具身"的实践等。这些教学中的"理论不及之地"充分说明教学实践面临不确定性、复杂性、特殊性和冲突性的境遇。传统认识论主导下的"理论不及"不是偶然,甚至有继续扩大和蔓延之势。因此,有必要在承认传统认识论指导下的技术理性观的同时对其进行细致审视和反思,勇于面对实践,解决"理论不及之地"的限度问题。

第二,传统认识论对情境复杂性的忽视,导致理论的栖息之所遭遇信任危机。专业理论知识固然具有有效性特征,但这并不意味着人们完全信赖于理论。恰恰相反,当前出现了理论知识的信任危机。教育认识论认为"教育是帮助学生增进理性的过程,'理性'是其核心范畴之一。"[2] 然而,理性是总体和抽象的存在,并非直接存于具体的情景之中,这成为众多认识论专家批判理性局限的突破口。现代认识论发展过程中的"知识的确定性要求和证明的相对性实现"这一悖论解决的失败使当前的哲学家陷入批判和重构知识论的双重困境。具体而言,首先在于对传统基础主义认识论的认识和批判的不彻底性,其次话语方式混乱及其在认识论重构过程中的

---

[1] D. A. Schon, *The New Scholarship Requires a New Epistemology*, New York: Basic Books, 1983, p. 40.

[2] 雷云:《教育认识论的危机——论雅斯贝尔斯的"生存论"教育哲学》,《四川师范大学学报》(社会科学版) 2011 年第 5 期。

非融贯性和建构知识观的路径的不确定性,二者直接导致了其批判旨趣的放逐和重构诉求的无效。① 究其原因,主要在于实践是一个极其复杂的场域,过去对知识的普遍性追求已经无法满足当前需要。例如当前教学实际中各种难以解释和难以复制的特殊现象(杜郎口中学模式,谢家湾小学课程整合,管建刚作文教学等);又如教学理论的完整性和抽象性与教学实践的复杂性和具体性不切合而形成的巨大鸿沟(理论与实践,特殊与一般,主体与客体)等。概言之,教学理论与教学实践二元对立,主客分离,具体表现在,实践工作者缺乏理论自觉,理论工作者缺乏现实关照,这一现实最终导致实践者对理论的质疑和批判,理论对实践的劝导和无奈。笔者以为理论的栖息之所将注定在人的生存之中被放逐于实践,而实践终将能走向新的实践。正如马克思所言"哲学家们只是用不同的方式解释世界,问题在于改变世界"②。

(二) 实践认识论:在实践中"行动—认识—反思"

理论不及之地和理性栖息之所的困境提醒我们,理论(知识)仅仅是知识系统中的一种,我们有必要寻求有效的解决之法来面对危机。娴熟的裁缝,技艺精湛的手工业者,充满智慧的教师提醒我们,知识不仅仅是理论的存在,实践中同样蕴含丰富的知识,不仅理论可以指导实践,实践亦可指导实践;例如对教学行动的认识、判断和隐性表达无不彰显出知识的特性。故此,实践认识论要充分考虑情境的不确定性、复杂性、独特性和冲突性等特征。人的实践认识正是在不确定性情境中伴随复杂行为而发生和发展。正如有学者所言"知觉与信念之间所具有的逻辑关系,在实际的认识过程中是通过其可操作性而体现它的存在,并且这一点在知识论上是可以辨明的。"③ 这表明认识的最初来源是行动性和情境性的,其后才通过概念或者其他的编码方式来提供知识的确证问题。因此,讨论教学学术的认识论基础应从教学学术所涉及的实践性知识从何而来,如何被理解,如何继续发展等认识论的基本问题开始。基于实践认识论的研究,笔者以为实践认识论是一个实践指导实践的过程,其知识从行动中来,并在行动中被理解,进而通过反思来发展知识,是在实践中"行动—认识—反思"的

---

① 姬志闯:《从"知识"到"理解":认识论的重构何以可能?——兼论当代西方认识论的困境及其出路》,《自然辩证法研究》2013 年第 5 期。

② 《马克思恩格斯选集》(第 1 卷),人民出版社 2012 年版,第 140 页。

③ 陈嘉明:《经验基础与知识确证》,《中国社会科学》2007 年第 1 期。

发生认识过程。

1. 认识于实践：在实践中认识作为知识的主要来源

实践认识论的首要任务是解决知识从何而来的问题。我们认为人们的日常生活是在行动中认识，知识存于行动之中的，这是非逻辑的、判断性的在行动中知道的知识。因此，认识始于实践，认识存于实践之中。人的实践充满着特殊性、个体性、实用性、不确定性、复杂性、非还原性与冲突性。故而可以确定"知识不仅具有公共性、普遍性，是一种公共拥有的、得到普遍证实和接纳的可靠信念，而且具有个体性，存在于特定的时间、空间、价值体系、语言符号、生活习惯、文化背景等具体的境遇之中，为个体所独有"[1]。这"个体所独有"的知识即是我们所谓的"实践"本身，而人的认识正是始于并存于实践之中。

首先，认识存于实践的前提是认识源于行动。认识始于实践是对先验论和不可知论的"反叛"，是对实践世界的关照，也是对人的内在德性和外在行为的洞察。这一认识论表明知识来源于实践的知识观，并明确了人类改造世界的神圣使命。毛泽东同志在《实践论》一文充分论述了理论来源于实践这一事实；根据马克思主义哲学的实践性格，毛泽东特别强调理论对实践的依赖关系，认为人的认识是从实践发展。[2] 在确立认识始于实践的事实之后，需要明确实践的具体所指。实践存在三个层次的概念，一种是形而上的实践概念，一种是道德实践概念，另外一种是经验实践概念。在此我们要讨论的是经验实践的概念。换言之，实践指的是具体的行动或行为。因此恰切的说，认识源于实践中的行动。陶行知先生在这方面提出了恰切的解释，他认为"行是知之始，知是行之成"[3]。他这种知识观是对王阳明的"知是行之始，行是知之成"这一唯心主义先验论的反叛，并同时受美国实用主义者杜威的影响，是中西哲学思想融合达成的"知行合一"的认识论。"行是知之始"是指行动是认识的开端，是认识的来源，这种认识论为"认识始于实践"提供了有力的支撑。可见，认识始于实践（行动）并不是新近的提法，而是对前人研究的梳理和在实践中的继续关照与发展。这种认识论肯定理论来源于实践这一事实，也警示理论脱离实践的危害。因此，强调认识始于实践是理论的抉择之果，同时也是实践的

---

[1] 辛继湘：《课程评价改革的当代知识论基础》，《课程·教材·教法》2005年第6期。
[2] 《毛泽东选集》（第一卷），人民出版社1991年版，第284—285页。
[3] 《陶行知全集》（第2卷），湖南教育出版社1985年版，第152页。

既存本性。

其次，认识存于实践源于语言表达的限度。语言是知识的主要表征形式，语言表达在不断地进步，但有些知识仍然无法用语言准确的表达出来，其主要存于实践之中。例如在千万人中认出一张脸，但却难以准确的描述清楚这个人；又如一些教师知道怎么教好学生，但却不能说清楚怎么教而只能通过教学行为来展现。波兰尼最先认识到这一点，提出"缄默知识"的概念。他认为"人类有两种知识，通常所说的知识是用书面文字或地图、数学公式来表述的，这只是知识的一种形式。还有一种知识是不能系统表述的，例如我们有关自己行为的某种知识。如果我们将前一种知识称为显性知识的话，那么我们就可以将后一种知识称为缄默知识"[1]。这是一种"只可意会不可言传"的知识。波兰尼甚至认为人所认识的多于所能言说的。波兰尼提出缄默知识的意义不仅在于区分了两类不同的知识，更重要的是从根本上超越了知识的"客观性"，使"知识"从客观唯一性走向"主观性"的新身份，这为实践认识论提供了知识假设。舍恩也认为在科技理性指导下的实践是一种"智性实践"。虽然这种实践事先订立了周密的计划和理智的操作，但是在实践中许多熟能生巧的行为却都是自发的。故而舍恩提出"有些行为、认知和判断是我们知道如何自发性地执行的，而无须在事先进行思考"[2]。并进一步认为，行动是日常行为中的一种基本的认知方式，我们常常在"行动中认识"。"行动即知识"的观点允许"常识"进入专业实践，它超越技术理性，把人引向实践体验之中。波兰尼的"隐性知识"，舍恩的"在行动中认识"，陶行知的"行是知之始"都属于实践认识论的范畴，他们的观点都共同指向"认识始于实践"和"认识存于实践"的实践认识论。

2. 反思于实践：在实践中认识以获得知识增长

如果认为"认识存于实践"是实践性知识的发生过程，那么在"在实践中反思"和反思"行动中的反思"就是理解和增加实践性知识的重要条件。

第一，反思实践本身以增加知识基础。反思实践是增加知识基础的重要条件，因此我们主张"在实践中反思"。个体在描述一件事情如何做时，

---

[1] Polanyi, M., *The Study of Man*, London: Routledge & Kegan Paul, 1957, p. 12.
[2] [美]唐纳德·A. 舍恩：《反映的实践者：专业工作者如何在行动中思考》，夏林清译，教育科学出版社 2007 年版，第 54—55 页。

受众往往只能得到一个答案，要真正了解"实践中的知识"只有通过认真的观察和反思来实现。这一观点源于批判教育哲学、认知心理学以及新的科学哲学的进步。批判教育研究的目的在于解放教育主体，而解放的方法就是行动和反思；正如批判教育学的代表保罗·弗莱雷所言"人们只有在行动中对自己的猜想重新进行思考，他们才能改变。人们提出自己的想法，把自己的想法付诸行动，而不是简单地消化别人的想法。行动与反思是同时发生的，批判性的反思也是一种行动"[1]。认知心理学的不断进步体现为对教师认知过程研究的发展。教师认知研究试图通过观察教师的外在行为来明确认知加工过程，这类研究直接引发了教师作为"反思实践者"的概念。如美国教师教育专家肯尼斯·泽克纳等的观点，对教师实践理论和教师思考研究的研究直接引发了"反思性实践者"，并成为教育界一个新的时代思潮。[2]

舍恩站在科学哲学上明确提出"在实践中反思"的实践认识论；但是他是针对整个实践领域而言，所举案例涉及心理治疗、城镇规划和管理艺术等领域。就教学领域和教师教育领域而言，教师作为"人类灵魂的工程师"，具有实践特殊性。这种特殊性在于教学是面对人的实践，需要考虑教育意义、社会价值以及道德和伦理偏好等问题。这些影响因素要求教师的实践不仅仅是反思，还特别强调批判性的反思。这是一种要求教师作为人应考虑人的本性的建构性工作。此外，"在实践中反思"应是自发的，唯有躬身实践中反思才能获得知识的增长。因为，在反思过程中，实践者的"反思"不仅仅在思考和回忆他的行为过程以及结果，还在于更加精确的修正自己的"实践"，这是增加基础知识的重要途径。

第二，反思"行动中的反思"以增加知识基础。实践认识论不仅包含反思行动，还暗含"反思'行动中的反思'"，这是在拥有基础知识之上增加知识基础的重要途径，是对行动中认识的进一步分析和具体化，指向的是具体的策略、判断或者假设。关于在行动中反思和反思行动中的反思的认识论，杜威的探究思想和勒温的行动研究思想给我们提供了很好的依据。

---

[1] [巴西]保罗·弗莱雷：《被压迫者教育学》，顾建新译，华东师范大学出版社2001年版，第71页。

[2] Zeichner, K. M. and Tabachnick, B. R., "Reflections on Reflective Teaching", in Tabachnick, B. R. & Zeichner, K. M. (Eds.), *Issues and Practices in Inquiry – Oriented Teacher Education*, London: The Falmer Press, 1991, pp. 1–21.

在杜威的实用主义哲学中,探究和行动是两个重要的概念。在实践这一特定领域中,杜威所谓的探究是指"从一种不确定情境向确定情境的受控的或者定向的转变"①。探究的情境性决定了他是思想与行动的交织,反思和行动的融合,是用疑问解决疑问,并生成新的疑问的过程。探究中的怀疑不是为了形成思想,而是为了解决问题。因此,探究始于复杂的、不确定的情境或令人费解的冲突。探究的目的在于阻止这些复杂的自由流动,让事物"定向的转变"。然而,探究又往往不止于此,而是要结合新的情景创造新的问题。探究不仅是要问"我解决这个问题了吗?",还要问"我创建了新的问题了吗?"此外,从结果上来讲,杜威的探究还必须强调其"有效性"。因为从实用主义立场看,知识何以谓之知识是"因为它产生了真正的效果,它解释探究者正在做什么"②。这里的"效果"又往往是通过"在行动中反思"和反思"行动中反思"来实现。显然,杜威的探究设计过程充分说明人的实践之程是在"反思"中得以理解和发展的。

库尔特·勒温是著名的社会心理学家,也是一位提倡在行动中研究的"实践理论家"。勒温利用他的团体与行为改变方面的研究来解决一些社会问题,其研究集中于探究社会问题同引起变革的观念之间的关系,他把这种解决社会生活实际问题的研究称为行动研究。③ 勒温提倡的行动研究是一种强调"行动"的知识观。他注重"研究行动","研究行动"就是对研究本身的研究。故而这里的"研究"带有深刻的"反思"意味。关于这一点,可以从他的社会学研究中以"问题"为逻辑起点来推导;因为"问题"是源于一个特殊情境之中,这个特定情境中包含着各事物间的交互作用,这种交互构成了某种行为(行动),对行动的研究和研究行动的研究就构成了反思中的反思。所以研究行动意即对行动的反思,反思的目的在于改进,改进的同时产生了关于改进事物的知识,这就是反思行动中的反思的目的所在。总之,"反思实践"和"反思行动中的反思"是实践认识论的重要组成部分。

(三) 实践指导实践:教学学术应在行动中认识和反思

在教育教学中不必趋避技术理性,但也不能阻止行动(研究)的发

---

① Dewey, *Logic*, *The Theory of Inquiry*, Carbondale and Edwards – ville: Southern Illinois University Press, 1991, p. 108.
② [美] 诺丁斯:《教育哲学》,许立新译,北京师范大学出版社2008年版,第37页。
③ 刘宏宇:《勒温的社会心理学理论评述》,《社会心理科学》1998年第1期。

生,虽然进展艰难,但毕竟已经发展并将继续发展下去。因此,教师的教学会继续向前,关于教学的学术也将继续发生。如果教学被视为学术,这种学术将产生关于实践的认识——实践性教学知识。这种知识的获得不可能是在实验室反复的实验或者统计分析,也不仅仅是反思性批判或乌托邦式的人文情怀假设,而是需要教学学术"实践"和"反思"以促进教学发展和教师专业发展。

1. 教学学术是在教学实践中认识的过程

在日常教学之中,教师往往以自己独特的直觉和感受来开展教学。例如,当我们邀请教师细致描述他们的教学为何如此优秀时,教师恐怕难以言明;用波兰尼的话来讲,这是一种内隐的知识形态,范梅南却将其称为教学智慧,舍恩则称为"艺术"。无论如何,这种教学中的现象,无法言喻,但确实存在,并且只在行动中存在。换言之,教学学术(知识)存于教学行动之中;这种行动的知识伴随在教师的日常教学之中,当其需要的时候,自然地呈现在教师的脑海里。正如我们平时观察到的,老教师能够判断实习生的某一堂课是否优秀,但是却无法说出具体标准,他们依靠的是一种内隐的判断和娴熟的专业习惯。

另外,教学的复杂性也要求教师应当把教学作为一项学术活动来看待。教学活动是有计划的活动,但很少原原本本的按照教学计划行事。有经验的教师都会体会到这一点——几乎没有一节课是能够原原本本的按照计划来完成。这源于教学活动的复杂性,教学活动往往会有无序事件的发生,比如某个学生突如其来的问题,教室之外的一件意外之事,某个奇特的声音等,这些因素有可能影响整个教学。在遇到这些事情时,需要教师做出反应,并在这个行动中认识问题和处理问题,以保证教学的继续开展。新教师在遇到突发教学事件时往往不能像老教师那样淡定自若的解决,甚至会因为突发事件的发生影响整个教学的开展。显然,如此巨大的差别是由两类教师的教学学术"实践"决定的。因此,教学需要教师不断地思考和面对实践,才能得以维系。这些日常教学中的惯例充分说明教学学术作为在行动中的认识发生原理,也表明了教学学术即是在实践中发生教师教学知识的过程。

2. 教学学术成果形成是在教学中反思和反思"教学反思"的过程

在教学中认识是教师的惯习也是教学反思和反思"教学反思"的前提。以前期的教学认识为基础,教师会继续反思自己的教学认识,并改进这种认识，以促使自己从一名新手教师到一名娴熟教师的转变。教师的专业自觉和教学也驱使他们不断地在行动中解决教学中的突发事件，以优化自己的教学，提升专业水平。具体而言，教师在教学中反思自身的教学会常常问自己，我正在做什么，做得怎么样？哪里做得不够好？这即是教师在教学行动中反思自身，反思教学活动，通过不断的自身调整，来完成教学活动的真实过程。如教学中某个难题在计划时间内无法让学生明白，教师需要下意识地迅速反思自己的方法，试图及时转变方式，不然就会影响后续的教学。当然，我们说的"反思"不仅仅指教学中，也可以是教学之后。在课后，教师可以反思课堂中的反思，或对"教学反思"文本的反思。这种反思是对行动中的反思的优化，即对优化的再优化过程；其目的是为了使后续的教学得到有效优化，并在"新的行动"中形成"新的认识"，即在实践中走向新的实践。教学实践作为一种学术还体现为在行动反思和反思行动中的反思的认识过程，这个过程无疑有利于教师教学知识的增长。

对教学学术认识论为教师研究成果走向公开提供了理论基础，为教师源于实践的知识直接指导实践提供可能性，也表明了教师研究成果传播的过程也即是教师实践知识增长和实践知识升华的有效途径。

第三节 教师实践性知识的检验标准

明确教师研究成果走向公开的必要性及其发生认识论之后，需要进一步确立的是这些成果的标准问题，即究竟哪些属于教师研究成果。本书认为教师研究成果直接指向的是教师实践性知识，通过教师研究形成的理论性知识是教师实践性知识通过公开化过程来实现的。基于这一认识基础，本书中需要确立的另一个问题即是实践性知识的检验标准。[1]

当系统的教育理论因解决实际问题有限而备受诟病之时，教育研究者开始反思教育理论并认为"现代教育学体系需要实现更为彻底的实践取向"[2]。教师实践性知识正是在这一背景下产生并被认为是"搭建实践与理

---

[1] 欧阳修俊、徐学福：《论教师实践性知识的检验标准》，《现代远程教育研究》2015年第12期。

[2] 余清臣：《现代教育学体系的实践取向与逻辑成分》，《教育学报》2014年第1期。

论之桥"①。教师实践性知识关涉的是实践问题,具体到教学而言,是探讨教学实践活动的实践规律和行动规律的认识;相较于理论知识,这是一种新的知识形态,它在知识来源、形态和本质上都与前者有本质区别。显然,这种知识需要一种新的知识检验标准,以促成其合法化。知识的检验标准是对某一知识的资格确证或验证,这是实践知识论要解决的基本问题。这一问题的讨论有益于揭示教师实践性知识的本质,形成知识合法化前提,丰富实践性知识的哲学认识论基础,为教师研究成果的合法性地位提供理论基础。

一 传统知识检验标准的发展脉络

知识的检验标准问题是一个历久弥新的哲学话题,早在中国古代和古希腊时期就已有先哲论及,并在随后的历史长河中得到不断发展。对传统知识检验标准发展脉络的梳理对新的知识检验标准的探究具有积极意义。

(一) 真理标准:以"真"为追求的哲学认识论标准

古代哲学认识论对知识检验标准问题的讨论其实就是"真理标准"问题的讨论,并认为只有被证实是"真"的认识才是真理。"真理标准"是衡量认识是否真理的标准,可以更为明确地表达为"衡量标准"或"对照标准"②。对真理标准的探索展示了传统哲学认识论的唯理论主张,即从知识本身入手,去规定知识的标准问题,认为真理之真是可以自明的。

柏拉图在《理想国·泰阿泰德篇》中专门讨论了"什么是真理"的问题。书中谈到,在苏格拉底看来,某人若声称自己拥有关于某事物的知识,那这个事物必定是真实存在的。例如,如果声称"x 懂得 y",那么 y 必定是真的,哪怕 y 是一种假设,这个假设也必须要被证实是真的,否则就不能承认"x 懂得 y"这一事实。因此,在柏拉图的著作中将知识描述为"知识是经过证实了的真的信念。"这个定义得到了广泛的认同,并一直沿用至今。这个定义规定了知识的三大标准:第一,知识必须是一种信念;第二,知识必须是真的;第三,知识的真必须是经过证实了的。这实际上成为了知识的标准,推动科学知识的发展,是系统知识建立的基础。这种知识标准也一直受到理论研究者的推崇和遵守,但也不断受到质疑和

---

① 陈向明:《搭建实践与理论之桥——教师实践性知识研究》,教育科学出版社2011年版,第1页。

② 巨乃岐:《也谈真理标准与实践标准》,《齐鲁学刊》2001年第5期。

批判。例如科学哲学的发展对这一定义的直接挑战在于"知识永远是真的吗"？诚然，科学的发展告诉我们，新的科学知识的发现总是站在对既有科学知识的否定之上的，从牛顿的万有引力到爱因斯坦的广义相对论的发展就是一个例证。此外，关于"信念"究竟是什么，这个问题苏格拉底和柏拉图都没有给出明确、可操作的回答，进而降低了这种真理标准的可靠性。这些对最古老的知识标准的质疑，促使近代哲学家对知识标准问题继续深入探讨。

（二）认识标准：主观认识与"客观"相合的认识标准

近代以来，对知识标准的讨论实质是主观认识与客观实在的关系问题，并把主观认识符合客观实在的程度作为认识的标准，主观认识越接近于客观实在，也就越接近真理，其基本方法是通过实证来实现，这实际上是经验论的立场。这里对知识标准的拷问同样关注知识的"真"的问题，但更关注知识的"客观性"前提。换言之，只要是符合客观的即为真的。经验论与唯理论关于"真理标准"的区别在于，前者关注的是感性认识和这种认识与外界的关系，后者更加关注知识本身，故而将关注认识过程及其与客观实在的关系的知识标准称为"认识标准"，其主要任务是判断主观认识（个人感受）是否符合客观，并以此作为检验知识的唯一标准。关于主观认识是否符合客观有三个代表性的观点，分别是符合论、融贯论和实用论。符合论主张知识与客观实在的一一对应，即人对客观世界的反映如何确证与客观实在是相符的，表达的是"一种认识与对象、思想和实在之间的契合关系"[1]。这是从直觉经验的可靠性出发来解决知识的客观实在问题。融贯论则认为真理是部分之间的相互联系进而形成的整体，这个整体有两个条件，一是只有当信念在逻辑上一致的时候，信念之间才是融贯的；二是信念体系的融贯与它的概率的一致成比例。因此，说一个命题是真的，即是说它与其他部分之间是相融的，和谐的，并相互影响的，这种观点也被称为"内在主义"[2]。而实用论则避开主体认识与客观实在的关系问题，转向关注知识的实践价值，认为只要是对实践"有效"都可称为知识。实用论将经验向实践延伸，这也预示着一种新的知识标准的出现。

---

[1] 曾志：《真理符合论的历史与理论》，《北京大学学报》（哲学社会科学版）2000年第6期。

[2] 胡军：《知识论》，北京大学出版社2006年版，第235—239页。

(三) 实践标准：以"有效"为核心的知识检验标准

现代实用论的提出转变了讨论知识标准的方向，其独特之处在于更加关注"实践"，并有意避开主观认识与客观实在的关系问题。笔者以为，这种转向实际上是将"认识标准"问题转换为"实践标准"问题，是经验论的延伸。实践标准更加关心认识的"有效性"而有意淡化知识的"客观性"。

詹姆斯和杜威是实用论的代表人物，他们的独特之处在于放弃对知识"是什么"的追问，避开知识的主客体关系问题的旋涡，将目标转向现实生活，认为面对事物，需要获得的是对它的"理解"。如詹姆斯所言，"在面对一事物时，要获得对它的最清楚的理解，我们只需要考虑它可能会导致什么样的实际效果"[①]。显然，实用主义抛弃了过去哲学中晦涩难懂的词汇，远离抽象和空谈，抛弃纸上谈兵和预设的思维，抛弃保守和封闭，转向具体事实和行动，回归到开放复杂的生活本身，追求认识的有效，凸显了认识的外部价值和功用。杜威也认为，思想、观念、理论是人的行为工具，它们的真理性标准在于能否指引人们的行动取得成功。他认为"有产生于过去的经验，按照现在的需要和缺陷发展并成熟起来，用作特殊改造的目标和方法，用完成重整任务的成败来检验具体的建议就足够了"[②]。他甚至认为知识与真理的程度同现实的程度点相对。现实越高越完整，涉及它的知识就越真实越重要。实际上，实用主义将理论变为了人类可以依赖的工具，而不是去关注最本质的答案，据此进一步认为，只要观念（他们本身只是我们经验的一部分）能够使我们与经验的其他部分保存完满的关系，能够以概念的捷径而不是个别现象的无限接续，来归纳、运用它们，那么这样的观念就可以是真的。

然而，我们也应该清晰地认识到，虽然实用主义在知识检验标准上有所突破，但他们并没有跳出知识是否为"真"这一古老的认识论藩篱。因为在他们的论述中不断地提及"真理"，如詹姆斯就认为"除了与具体的实在相符合之外，不存在其他的什么真理"[③]。这里实际上还是强调实用的知识仍然是作为真理存在而不是其他。此外，杜威在区分实证知识与实际知识时也认为"实证知识关注的仅仅是物质的功效，缺乏由于先辈的牺牲

---

① [美] 威廉·詹姆斯：《实用主义》，陈小珍译，北京出版社2012年版，第23—24页。
② [美] 约翰·杜威：《哲学的改造》，张颖译，陕西人民出版社2004年版，第55页。
③ [美] 威廉·詹姆斯：《实用主义》，陈小珍译，北京出版社2012年版，第40页。

和同辈的崇拜而变得神圣的信念的热烈联想"①。甚至,实用主义还毫无避讳地提出"有用即真理"的观点。可见,实用论并没有摆脱传统知识检验标准的框架,其强调实践的"有效"作为知识检验的标准仍然是真理标准的范畴。

总之,无论是"认识标准"还是"实践标准"都始终没有走出"真理标准"关于知识为"真"的追求。"真理性"一直是知识的重要标准。在这种知识检验标准的影响下,教育学发展偏重于理论建构而较少关注"实践",从而使教育理论自其体系成型以来就一直处于优势地位,很少把直接来源于实践的教师知识作为知识基础,对教学"活动"或"行动"本身规律的认识很少涉足,"实践"和实践中产生的知识只是在"口号上"显得重要。

二 实践性知识的探索历程

传统知识标准讨论知识是否为"真"对实践的有限推动和知识的"客观性"对个体知识的忽视都促使教育者去思考另外一种知识——实践性知识。实践性知识的产生主要受实用主义、知识社会学、科学实践哲学等思潮的影响,并与当前教学研究的实践转向息息相关。实践性知识的整个发生发展过程伴随着许多学者对"实践"的探索,对"行动"的关注和对"反思"的反思,"这是从哲学角度去研究实践规律的理论"②。就笔者所掌握的资料来看,波兰尼、范梅南、舍恩等人对实践性知识的探索相对深入,成果具有一定代表性。

在人类历史发展长河中,即便我们的语言表达在不断地进步,但是有些知识仍然无法用语言准确地表达出来。波兰尼认识到了这一点,于1958年在《人的研究》一书中首次明确提出"缄默知识"的概念。他认为"人类有两种知识,通常所说的知识是用书面文字或地图、数学公式来表述的,这只是知识的一种形式。还有一种知识是不能系统表述的,例如我们有关自己行为的某种知识。如果我们将前一种知识称为显性知识的话,那么我们就可以将后一种知识称为缄默知识"③。这是一种"只可意会不可言传"的知识,正因为如此,波兰尼甚至认为"我们所认识的多于我们所言说的"。波兰尼提出缄默知识的意义不仅仅在于区分了两类不同的知识,

---

① [美]约翰·杜威:《哲学的改造》,张颖译,陕西人民出版社2004年版,第9—10页。
② 王永昌:《研究实践规律,发展实践认识论》,《教学与研究》1988年第1期。
③ Polanyi, M., *The Study of Man*, London: Routledge & Kegan Paul, 1957, p. 12.

还从根本上超越了知识的"客观性",使"知识"从客观唯一性走向"主观性"的新身份,这为教师实践性知识的存在提供了理论前提。这种知识在教师教学实践中并不鲜见。例如我们常常发现,许多中小学教师通常知道怎么去做,但不知道怎么说出来;一些教师照着特级名师的样子去做了,但是并未能做出名师的效果来。这些现象表明教师并不知道这种知识是否为真,甚至无法证明它的存在,却能通过教学体现出来。

美国学者唐纳德·A. 舍恩（Donald A. Schön）受波兰尼影响,根据波兰尼的知识分类理论构建了"在行动中认知"的实践认识论。舍恩提出实践认识论的逻辑起点是基于"专业"的批判。他认为当前知识学习过程受"科技理性"的错误引导,导致"专业知识的信心危机"。之所以存在这种危机是因为在科技理性指导下形成的"真理"知识观。这种知识观认为"一门专业的系统化知识基础,需要具备四项基本属性:专精化、界限明确、科学化和标准化,其中标准化尤其重要。因为依据科技理性模式,标准化是维持、影响专业知识基础与其实践之间范式关系的重要成分"[1]。实际上,舍恩认为这种传统的知识标准恰恰成为"专业"知识发展的羁绊。他也因此认为这是当前"专业"知识难以处理现实生活中不确定性、不稳定性和特殊性问题的根本原因。为此,舍恩提出了新的实践认识论。他认为"我们的认识通常是内隐的,内隐于我们的行动模式中,潜在于处理事务的感受里"[2]。故而"认识存在于行动之中",实践者应当在"行动中认识",在"行动中反映（反思）",在"实践中反映（反思）"。舍恩的实践认识论并不关注认识与客观实在是否相符的问题,而是关注实践中生成的知识的重要意义。他并不强调知识的客观性和真理性,只强调认识在实践中如何可能。舍恩的实践认识论为教师开展教学实践提供了一个极具说服力的参照。例如新手教师和老教师存在较大差别,他们在教学技能、处理教学事件的能力上存在巨大差距。这是由于老教师在教学实践中积累了许多"行动中"的知识,正是这些"行动知识"的积累为老教师的教学提供了保障,而新教师由于行动的机会少,积累的仅为"专业"知识而面临诸多教学困境。

---

[1] ［美］唐纳德·A. 舍恩:《反映的实践者:专业工作者如何在行动中思考》,夏林清译,教育科学出版社2007年版,第21页。

[2] ［美］唐纳德·A. 舍恩:《反映的实践者:专业工作者如何在行动中思考》,夏林清译,教育科学出版社2007年版,第21、40页。

范梅南站在前人对实践性知识研究基础上继续探讨了"实践智慧"的问题。他以现象学为理论基础进行教育实践研究,为实践性知识的发展做出了积极的努力。以现象学的"生活世界","生活体验"以及"面向事物本身"的方法论规则为基础,他探讨了教师"实践智慧",并细致探讨了"实践性知识"。他认为,"实践性知识体现在教师和学生的交往活动中,不在乎具体的方法和技巧,而在于教育的敏感性、教育价值和教育效果"[1]。进一步阅读范梅南的著作,会发现"机智""体验""接触"这些字眼,这正是他建立以现象学的认知结构为基础的实践认识论,他称这种认识论为作为行动的教育敏感性和教育机智的实践认识论。这种知识观与以往的知识观的最大区别在其对事实和感觉的共同关注,而非探讨知识的真假和对错。范梅兰的研究在教师教学实践中主要体现为教师对突发教学事件的处理以及在教育教学中生发出精彩而充满智慧的教学案例。

当然,对实践性知识做出积极贡献的并不止于上述学者,在此仅以三位为代表,管窥教育教学领域对实践性知识的探索历程。从上述分析可见,无论是波兰尼的"缄默知识",还是舍恩的"在行动中认知",抑或范梅南的"实践智慧"都充分证明一种新的知识——"实践性知识"的存在。

三 新的知识需要新的检验标准

尽管前文述及多位学者关于实践性知识的相关思考,但第一个提出"实践性知识"概念的是加拿大学者艾尔贝兹,此后加拿大学者康奈利和柯兰蒂宁在"教师个人实践性知识"方面做出了突出成就。在国内,初期对教师实践性知识实现了引入,中期许多学者对此进行了本土化探讨,进而发展形成了一些具有代表性的专著。[2] 教师实践性知识是指"教师对自己的教育教学经验进行反思和提炼后形成的,并通过自己的行动做出来的对教育教学

---

[1] 陈向明:《搭建实践与理论之桥——教师实践性知识研究》,教育科学出版社2011年版,第5页。

[2] 初期涉及教师实践性知识研究的有辛涛、申继亮、林崇德的《从教师的知识结构看师范教育的改革》,《高等师范教育》1999年第6期;鲍嵘的《教师实践性知识初探》,《现代大学教育》2002年第2期等。中期继续深入探讨教师实践性知识的有陈向明的《实践性知识:教师专业发展的知识基础》,《北京大学教育评论》2003年第1期;钟启泉的《"实践性知识"问答录》,《全球教育展望》2004年第4期等。此后对教师实践性知识的进一步探讨形成了一批具有代表性的专著,如陈向明的《搭建实践与理论之桥——教师实践性知识研究》,教育科学出版社2011年版;姜美玲的《教师实践性知识研究》,华东师范大学出版社2008年版;陈静静的《教师实践性知识论》,华东师范大学出版社2011年版;李艳红《小学教师实践性知识发展研究》,科学出版社2014年版等。

的认识"①。显然,实践性知识来源于实践,是在行动中发生与发展的新的知识形态,这种知识形态不同于论文和书籍等理论性知识,其检验标准也应有所差异,需要进一步探讨。需要说明的是,知识的检验标准不同于科学量化的标准,也不同于事物性质的标准,它跟排除谬误这种任务也有本质区别,更不能够用"量物体的长短"来比作知识标准,②而是对知识的实践可能性做出定性的描述和分析,使其走向合法化。

对"实践性知识"的认识论标准问题做出回答,是当前教学知识领域迫切需要解决的问题。比如教师实践性知识从何而来?这种认识与客观实在的关系是怎样的?这种知识能否被传播(普遍化)?这种知识如何发生发展?这种知识是否有效?鉴于这些问题及其逻辑,笔者从认识论标准的内涵出发,以认识来源及其主体确立、认识的客观实在性、认识的主客体关系以及认识如何检验四个方面为分析框架,尝试构建实践性知识的检验标准。

(一)个体性:从认识来源上确立实践性知识的合法地位

关于知识的主观性与客观性或者说是个体性(地方性)和普遍性问题实际上属于知识的来源问题。知识来源不同其属性也相应不同。理论性知识严格遵循知识客观性的认识论标准,实践性知识因来源于个体、情境和地方而被区隔。正因如此,"来源于个体及其情境之中"成为教师实践性知识的独特之处,故而"个体性"可以成为其存在的检验标准。波兰尼提出的"缄默知识"毫无疑问是需要以"个体"作为载体而存在,也是以个体为基础而产生;舍恩提出的"在行动中认识"使个体成为"反思的实践者"也充分说明实践性知识需要通过个体的反思和行动才能产生和发展;范梅南的"实践智慧"更是强调个体的重要性,因为智慧是以人的大脑为依托,以处理复杂的事实为行动标志,个体能够发挥的作用是巨大的。显然,三者都将个体性作为实践性知识存在的前提和假设。

不仅如此,科学实践哲学的研究也为实践性知识的个体性提供了理论依据。科学实践哲学提出了"地方性知识"的概念,强调知识形成的情境性,认为知识来源受个人特定文化背景、价值观和历史观的影响。这种观

---

① 陈向明:《搭建实践与理论之桥——教师实践性知识研究》,教育科学出版社2011年版,第64页。

② 艾众、李唤:《建国以来哲学问题讨论综述》,吉林人民出版社1983年版,第200—201页。

点并不是否认知识的普遍性,而是认为知识的普遍性根本不存在,所谓知识的普遍性只是个体的、情境的知识传播的结果。科学实践哲学的代表人物劳斯明确指出,地方性知识吸收了库恩关于当缺乏一致性解释时科学知识包含于使用具体范例能力之中的主张,也吸收新经验主义的洞见,即科学中的技术控制的扩展并不依赖于对这种控制所做出的理论扩展的特定发展;还特别吸收了海德格尔关于处理地方性、物质性和社会性情境中的技能与实践对所有的理解和解释都是重要的说明。[①] 库恩的"具体范例",新经验主义者的"不依赖技术控制的实践扩展",海德格尔的"情境技能和实践"都异常一致地强调知识的实践性与情境性,实际上这些都可归结为实践性知识的个体性。当然,片面地强调知识的个体性难免会受到学者的质疑,因此在处理地方性和普遍性的矛盾问题上,有学者直接指出"所谓普遍性的知识是一种虚构,一种理想,看似普遍性的东西实际上是一种地方性知识经过标准化过程导致的表面的普遍性。……我们反对有放之四海而皆准的真理,一切知识,都是特定情境中的人的创造性参与生成的东西"[②]。可见,科学实践哲学坦然接受知识的个体性,并认为知识的普遍性不过是地方性(个体性)知识的标准化过程。

就教师的实践性知识而言,我们固然不能否认教师学习理论知识的意义和价值,但也很难反对它来源于个体经验的事实。虽然教师的认识需要依赖于"标准化"了的具有"普遍性"的教育理论知识,但根据科学实践哲学的观点,教育中的普遍的知识是来源于教师个体的,是教师个体实践性知识的理论化过程。换言之,近代中国教育学的崛起和发展实际上是一个实践性知识的理论化过程。鉴于此,我们应当承认实践性知识的个体性,并直面和认真对待教师的实践性知识,继续接纳这种知识到教育教学基础知识之中来。进一步而言,教师实践性知识实际上是外在的教学活动事实或事件在教师头脑中的反映,不同的教师基于自身的文化和社会背景会形成对教学的不同认识,这种实践认识能够直接指导教师的教学实践。换言之,教师实践性知识的普遍存在具有个体意义,是由无数个体的共同特性才组成了普遍的知识。因此,从根源上来讲,教师实践性知识是一种

---

① Rouse J., *Knowledge and Power*, *Toward A Political Philosophy of Science*, Ithnca and London: Cornell University Press, 1987, p. 72.

② 吴彤:《两种"地方性知识"——兼评吉尔兹和劳斯的观点》,《自然辩证法研究》2007年第11期。

个体性知识。

（二）可及性：在"第三世界"澄清实践性知识传播可能

如果完全依赖于知识的个体性，教师实践性知识很难站得住脚。如前所述，我们"并不否认"知识的客观性，而是"强调"知识的主观性，但这种主观性如何体现出来，则需要处理好主观认识与客观实在的关系。由于教师实践性知识的个体性赋予了其主观性色彩，但是这种主观并不能独立存在于个人的脑海中，还需依靠外在的方式加以表征。因此，笔者以为实践性知识应该具备另外一条检验标准，即可及性。英国学者罗伊·巴斯卡基于实在论视角，进一步将人对世界认识的知识区分为不可及（Intransitive）和可及（Transitive）两个层面。所有科学研究的对象（如物质组成）皆属于不可及层面：他们独立于人类的知识活动而存在；所有的科学知识、理论或论述皆属于可及层面：它们可以被援用、被综合、被修改。前一种知识对象乃是不变的存在，后一种知识对象则是属于可变的存在。巴斯卡从知识对象维度论述知识的可及与不可及性为教师实践性知识的检验标准提供了启示。虽然实践性知识具有个体性，但是绝不能否认其客观性，这种个体性与客观性的统一可通过可及性来实现。

然而，个体认识与客观世界如何统一？波普尔的"三个世界"理论给我们提供了重要启示：[1] 物理世界（简称世界1）、精神世界（简称世界2）和客观知识世界（简称世界3）。世界1指客观世界的一切物质和现象，包括物质（有机物和无机物）、能量，也包括我们的肉体和大脑。世界2是指人类一切主观精神活动，主要指活动的行为意向的世界。世界3是指人类精神产物的世界，它既包括思维观念、语言、文字、艺术、神话、科学问题、理论猜测和论据等，也包括工具、图书、建筑物、计算机、飞机和轮船等。波普尔提出"三个世界"理论主要是为了解决知识问题上的主观主义倾向，调和主客体分离的知识观。在他看来，"'第三世界'的各成员中尤为突出的是理论体系，但同样重要的还有问题和问题境况"。"客观知识、猜测知识和进化知识合而为一"，是本体论、方法论和进化论的融合。这里能够将三者合而为一的就是"世界3"。他认为世界3属于"客观知识"的范畴，这种客观的知识源于第一世界，进而上升到第二世界，最终达到第三世界。这种知识并没有主观和客观之分，因为作为

---

[1] ［英］波普尔：《客观知识：一个进化论的研究》，舒炜光译，上海译文出版社1987年版，第114页。

精神的产物既是客观存在的，然而此前又依附着主观的加工。波普尔的知识观很好地解决了教师实践性知识的个体性和客观性分歧问题。因为实践性知识实际上最初是来源于客观实在的世界，但这种认识又是经过精神世界加工了的结果。这个加工的过程是个体在实践中反思的结果而不是凭空的理性推导，是为得到正确的认识和促使实践发展而努力，而不是为求真而努力，这与唯理论认识论具有较大区别。那么究竟怎么解决教师的主观认识与客观实在的关系呢？波普尔认为世界2是为世界3做准备，人类的个体认识终归要走向世界3，即"客观"的知识存在。事实上，教师的实践性知识正是波普尔所谓的"精神的产物"，是一种可及的知识类型，即教师的"行为"或"活动"不是虚无缥缈的。根据波普尔对世界3的定义，教师实践性知识既可以通过"物化"的形式呈现（如教学反思、教学录像），也可以通过"教师"这一主体的"行动"（如一堂精彩的公开课，一次成功的教学展示）来承载。因此可以说，教师实践性知识是一种人人可及，能够传播的知识形态。

此外，从探索实践性知识的几位学者那里也能反映出"可及性"的本质。波兰尼认为"缄默知识"是一种只可意会不可言传的知识，但这不是否认实践性知识是可及的，而是认为可以"意会"，这种能够被"意会"到的一定是以某种形态存在的，并且可以通过面对面交流来实现。舍恩提倡在"行动中认识"和"在行动中反思"，这里实际上蕴含了两个不同形式的结果，一种是以"行动"作为一种可及的知识形态，例如当前新入职教师与老教师之间形成的"导师制"即是通过观察和体会在"行动"中传播教学知识；另一种是通过反思和行动形成的可视化材料，例如视频、教学反思、教学日志等，毫无疑问，这些都是可及的知识形态。范梅南谈到"实践性知识"时更是直接讨论它的表征形式，他认为教育的机智可以表现为"克制、对孩子的经历的坦诚以待、尊重孩子的主体性、潜移默化的影响、在情境中充满自信、还可以表现为一种临场的天赋"[1]。以上提到的"意会""行动"和"机智"更多的指称一种"思维观念"并以此作为实践性知识的表征形式，进而完成其可及性的知识本性。据此我们应该认识到，理论性知识通过语言文字来达到知识的可及性，然而其真正的内涵却是不可及的，因为"真理"和"客观"无法被证明。教师实践性知识的本

---

[1] ［加拿大］马克斯·范梅南：《教学机智——教育智慧的意蕴》，杨树英译，教育科学出版社2001年版，第196页。

质是可及的，因为他是一种可视化的"行动"，是认识与实践合而为一的，是可以上升到世界 3 的知识形态。

（三）交互性：在认识形式与过程中明确实践性知识发展

"交互性"也应成为检验实践性知识的一条重要标准。基于个体可及的教师实践性知识产生于情境之中，情境是认识教师实践过程的基础，以情境为基础，人与人、人与环境以及人自身发生交互作用是产生实践性知识的根本前提。无论是"缄默知识""个体知识"抑或"教学智慧"都离不开特定的情境，实践性知识是人与情境的互动产生的结果，因此"交互性"应成为检验实践性知识的一条标准，从而与理论性知识相区别开来。范梅南在《教学机智》一书中提出了教育体验的三种性质，分别是教育情境、教育关系和教育行动。[①] 教育情境是构成教育行动的场所，人与情境和人与人构成了教育关系，教育行动促使教育情境和教育关系的产生。以上三者关系的理解充分说明了教育的交互性。

实用主义哲学也对"经验"的交互性作了细致的阐述。杜威认为，连续性和交互作用是经验形成和发展的两个最基本的原则，也是经验之所以称为经验的重要标准。首先，杜威认为在任何情况下，经验总有一定的连续性。因为每一种经验的形成都以已有的经验为前提，并在已有经验基础上发展，形成新的具有进步性的经验。经验的这种连续性防止了经验的碎片化，预防片面地看待问题和处理实际问题。其次，杜威认为，经验不可能凭空发生，常常需外在的环境作为基础，因此进一步认为经验形成过程即人与环境的"交互作用"。如果说连续性是经验存在的一个条件，那么这个条件也可以认为是为杜威所言的"交互作用"服务的。"教育者的主要责任，不仅要了解周围条件形成实际经验的一般原理，而且也要认识到在实际上哪些周围事物有利于引导经验的生长。最重要的是，他们应当知道怎样利用现有的自然和社会环境，从中吸取一切有助于形成有价值的经验的东西。"[②] 以上尽管是对"经验"的交互性的论述，但在笔者看来，杜威所谓的"经验"正是实践性知识的原型，实践性知识是杜威经验思想的一部分，他关于经验本质的论述，对实践性知识本质认识具有借鉴

---

① ［加拿大］马克斯·范梅南：《教学机智——教育智慧的意蕴》，杨树英译，教育科学出版社 2001 年版，第 95 页。

② ［美］约翰·杜威：《我们如何思维·经验与教育》，姜文敏译，人民教育出版社 1991 年版，第 264—265 页。

意义。

交互作用作为经验形成的重要标准,指向主客体关系的最终解释上,也回到人的认识与客观世界的关系问题。"先验"的人总是依赖原有的经验。将这种情形移情至教师教学活动之中的认识过程来看,教师无疑是基于既有的经验来产生新的对教学的认识。但这个认识是否与外在世界一一对应并不是杜威关注的焦点。他跳出经验论的藩篱,转而关注人如何与外在世界交互的问题。因此,杜威虽然关注人与自然和人与社会的关系,但是他将这种关系之间的"动态性""生成性"作为关注的焦点。他认为这样能够更好地解决现实生活中的诸多问题。就教师实践性知识而言,作为一种在"行动中"的知识,是一种"动态"的知识,是一种"情境性"的知识。教师如果不与对象交互,就无法产生实践性知识,因此,交互性应当成为教师实践性知识形成的又一重要标志。

(四)有效性:在认识过程与结果中实现实践性知识确证

过去衡量知识的标准在于"真理性"和"客观性",然而,无论是詹姆斯所主张的实用主义,还是杜威提倡的经验主义,甚至包括后来的舍恩和范梅南等对"实践"认识的追寻都异常一致地认为,实践的终极指向在于"有效"而不是拘泥于"客观"和"真"。从实用主义立场看,知识何以谓之知识是"因为它产生了真正的效果,它解释探究者正在做什么"[1]。美国学者安德森等站在实用主义哲学基础上,分析了"实践"的有效性(如何认识实践的有效性问题)并确立"有效"作为实践研究特别是教育实践研究成功与否的重要标准。"有效"是检验教师实践性知识的重要标准。

毋庸讳言,教育实践研究是一种认识过程,其产生的是教师实践性知识。安德森与赫尔认为,教育实践研究的客观性应体现在有效性上,具体而言是指过程有效、结果有效、民主有效、变化有效和传播有效。[2] 实际上,研究结果的有效性取决于实践者对教育的"认识"过程,因此需要首先确认认识过程的有效性;在过程有效的基础上继而讨论认识结果(知识)是否有效也显得极其重要。安德森等又认为,不应仅仅关注研究的过程与结果,还应考虑整个研究(行动)作为一种知识形态的效用,也即是

---

[1] [美]诺丁斯:《教育哲学》,许立新译,北京师范大学出版社2008年版,第37页。
[2] Anderson, G. L., and Herr, K., "The New Paradigm Wars: Is There Room for Rigorous Practitioner Knowledge in Schools and Universities?" *Educational Researcher*, No. 5, 1999.

"实践性知识"的效用。具体而言，一是"行动"有没有促成"研究事件"发生积极的变化，即有没有解决实际问题；二是"行动"是否体现出民主性，即是否体现了对主体性的关照以及对各方利益的关照；三是"行动"是否起到沟通主体的作用，能否有效地将各方关系紧密相连，包括理论与实践的沟通，研究主体相互对话，研究范式的相互融合等。

实践性知识作为教育实践研究过程和结果的产物应将"有效性"作为其走向合法化的重要标准。试想作为一种知识形态，如果它无法对实践产生效用是不可想象的。如果认为"通过教师行动表现出来的认识"确实存在，要去证明他的合法性，继续实践不失为一种好的检验方法。如前所述，在教学实践中，可以考察教师实践性知识对教学过程和教学结构是否发生效用，也可以考察教师是否改变了学生，促进了学生的发展，是否在教学中体现出民主，教师传播教学知识是否有效等。

综上所述，教师实践性知识的认识论标准可表述为：教师个体与可及的实在相交互并产生有效的认识。据此，教师实践性知识的检验标准就包括四个方面，即是否个体，是否可及，是否交互，是否有效。

第二章　教师研究成果传播的应然分析

场景3：这次培训别开生面，有大学教授，有特级名师，还有中小学普通教师。今天的场面并不大，就二三十个教师，更像一种研讨，氛围轻松，大家畅所欲言。这让我觉得有些不太适应，但是好像又感觉比以前的培训好很多，我收获了许多东西，这些东西是不能从书里面去寻找的。俗话说，百闻不如一见，确实如此。另外，这次培训让我感觉到一线教师上培训也很有味道，具体怎么教，怎么做都看得清清楚楚。从培训的场面也能看得出，许多教师还是喜欢这种有大学教授和中小学教师共同参与的培训活动。[①]

前文探讨教师研究的发展历程，明确教师研究与学术的关系及认识论基础和教师实践性知识检验标准，旨在阐明教师研究成果传播之可能，为教师研究成果传播确立理论根基。教师研究发展历程表明教师研究继续向前发展的必要和实践指导实践的可能，也说明教师研究从关注过程与方法到关注成果应用的发展向度。中小学教学学术的发生认识过程说明教师研究"走向公开和接受同行评议"之可能和迫切需要。教师实践研究的特殊性和研究成果的实践性表明，个体、可及、交互和有效的教师实践性知识方可称为教师研究成果，才有传播的必要和传播的可能。

在明确教师研究成果传播可能的基础上，本书继而探讨教师研究成果如何传播的问题。本书将其分为应然的理论框架和实然的现实揭示两部分。本章主要探讨教师研究成果传播的应然框架。基于传播学理论的一般原理，本书认为中小学教师研究成果在传播过程整体域确定的基础上，需要在传播路向、呈现方式和传播路径三方面做具体探析。首先是分析教师

---

① 材料来源于一位参与国培项目教师的反思记录。

研究成果传播过程的传统路向之不足及其新路向的可能性。这是为了确立教师研究成果传播新理念和传播新思路。在传播过程层面探讨教师研究成果传播的基本过程问题，是从宏观上确定教师研究成果的传播向度和理论诉求。其次是分析教师研究成果呈现方式。教师研究成果呈现方式直接影响教师研究成果传播路径选择，因此对教师研究成果不同呈现方式的本质属性分析是确定传播路径的前提，也是进一步明确教师研究成果传播规律的先决条件。再次是分析教师研究成果的传播路径，其目的是为教师研究成果微观实然论证提供一个基本视角和分析框架。第三章教师研究成果传播实然考察的个案设计，第四章教师研究成果面对面传播，第五章教师研究成果出版传播，第六章教师研究成果网络传播都将以此分析框架为依据，具体而深入地考察教师研究成果传播的实然景象。

第一节　教师研究成果传播的应然路向

教学理论研究的盛行和教师研究在中国的兴起使教学知识得到前所未有的丰富和完善。然而，这些研究成果并没有引起足够重视，理论知识的实践效益难以彰显，实践知识的学科意义不被重视，从而出现教学领域的二元对立现象。[①] 这实际上与教学知识流向及其产生的影响有关。从传播学视角审视教学知识，其存在两种不同的传播路向。一种以理论为先导，主张理论优位，从理论域向实践域传播知识，笔者称为教学知识的"理论—实践"传播模式；另一种以教学（或实践研究）为先导，主张以理论为基础的实践优位，试图在教学和研究之间形成理论域与实践域的交互信道，使知识在传播中融合与转化，笔者称为教学知识的"教学—学术"传播模式。不同的传播模式蕴含着不同的知识流变特征，对教学知识发生与积累、教师专业发展和教学论学科发展产生着截然不同的影响。[②]

一　"理论—实践"教学知识传播模式的局限

教学知识是一个极具包容性的概念，它既可以指"教什么"的知识，

[①] 徐学福：《超越教学中的二元对立》，《教师教育学报》2014 年第 4 期。
[②] 欧阳修俊、徐学福：《论"教学—学术"传播模式对传统的继承与超越》，《中国教育学刊》2016 年第 2 期。

也可指"怎么教"的知识;既可以是来源于教育理论工作者的教学研究成果,也可以是来源于一线教师的教学研究成果。本书从"怎么教"这一基本问题出发,认为凡属于教育工作者对教学活动的认识,并形成的研究成果都称为教学知识。教学知识传播是指以教师为主体,以教学知识(而非内容知识)为信息源,在一定知识标准指引下,通过不同媒介传递、接受和反馈讯息的过程。例如,教师在专业发展过程中的各种学习行为、研讨活动、个人报告、学术发表以及网络交流等都属于教学知识传播的范畴。又因为传播者、接收者、讯息、媒介和反馈是传播的五大要素,[①]因此可将影响教学知识传播的要素整合为传播主体、传播内容、传播信念和知识流向四个方面。

用传播学理论审视过去的教学知识传播不难发现,尽管教学研究者和教学实践者(一线教师)之间存在不同的传播路径,但都体现出教学理论知识优位倾向,呈现出从理论域向实践域传播知识的"模式",即"理论—实践"教学知识传播模式。总体而言,这种传播模式在传播主体上以教学理论工作者优先,在传播内容上追求教学知识的理论优位,在知识传播信念上遵循第一章所分析的理论性知识的"求真"的知识标准,在传播信道上遵循从高级到低级的传播路向。

(一)教学理论工作者优先导致传播主体间关系失衡

"理论—实践"传播模式的组成人员包括教学理论工作者和一线教师,但实际上教学理论工作者始终处于优先位置,即理论工作者常常以传播者的身份存在,而教师多扮演接收者的角色。教学知识传播的现实也表明,除了极少数教学名师外,教学理论工作者有更多的机会将自己的理论知识传播给教师。正如重庆市沙坪坝区某小学教师回忆说:"我过去参与的培训中,十有八九是聆听'专家'讲座,来自实践的实用知识非常少。"此外,笔者通过两次参加该教师所在学校的"教研周"活动发现,为期五天的教研培训中有三分之二时间是理论专家的讲座。显然,从传播主体上来看,教学知识传播的主体间是一种非平衡的知识流转关系,即教学理论工作者拥有教学知识传播的优先权。

(二)理论优位使教学知识传播被冠以高深学问之名

教学论学科从萌芽到形成经历了漫长的历史发展过程,是无数学者艰

---

① 谭昆智、林炜双等:《传播学》,清华大学出版社2012年版,第54—55页。

辛探索的结晶。这个过程为教学论学科的继续发展奠定了坚实的理论基础，同时也为教学理论知识优于实践知识的"理论优位"现状埋下伏笔。正因为理论知识的来之艰辛奠定了它"高贵"的品质，也因其追求"真理性"而被蒙上神秘的面纱。在此背景下，教学知识流动中"理论知识中心"的传播习惯逐渐形成。现实表明，教师参与的各种教学交流活动多以理论为主，无论是校内研讨，还是校外培训，大家总是喜欢问一个问题，"你这个教学（研究）的理论基础是什么？"这种话语流露出教师对教学知识传播理论优位的不解和担忧。

（三）真理知识检验标准迫使实践者被拒之学术门外

从理论到实践稳定而持久的教学知识传播路向的根源在于教育教学工作者严格遵循理论知识标准。知识标准讨论的是"何谓知识"的问题。柏拉图在《泰阿泰德篇》中认为知识是经过证实了的真的信念。此后，人们始终遵循知识的"真理"观，认为唯有求真向善之信念方可谓真正的知识。这种传统的知识标准观对教学理论工作者和教师都产生了深刻的影响，并上升为一种知识信仰，正是这种知识信仰影响着教学知识的传播路向和传播内容。这样就不难想象，当与中小学教师论及成果时必然会认为是"论文"之类的"知识"。也正是由于这个原因，使得很多教师的实践知识被拒之"学术"门外。

（四）从高级到低级的传播路向导致单向线性化传播

从高级到低级的传播路向是真理知识标准在传播信道上的具体表现。在知识标准映射下的理论优位原则使理论研究者有更多的机会向实践工作者传播知识。也是在这种知识标准的影响下，国际化了的教学知识更容易向本土传播。例如，在笔者的实地访谈中，当问及教学知识传播路向这一个问题时，有教师谈道"我见过的将自己的教学心得传播出去的教师寥寥无几，有的只是不断地对外来的教学理念和新的教学方法的引进和吸收。"同时，根据笔者长期驻校观察和了解发现，一些学校不乏名师，但是能够将教师实践得来的知识传播出去的却非常少。显然，"理论—实践"模式实际上是一种"自上而下"的单向知识传播模式，它并不否认"实践"的重要性，甚至也承认理论来源于实践的事实，但是仅仅试图通过"高级"的理论传播来促成实践的完满。

"理论—实践"模式的基本面貌如图 2-1 所示。在这个演绎已久的传播模式推动下，教学理论知识得到迅速传播和普及，使其对教学实践领域产生了深刻的影响。教学实践也证明这种传播模式快速而有效，应承认和继承这种传播模式。然而，由于教学实践本身日趋复杂，出现了教育的"理论限度"①和"专业知识的信心危机"②，即当前教学实践工作者对理论知识解决教学实际问题有效性的怀疑。因此，"理论—实践"教学知识传播模式所体现出的特性也正是其局限性。"理论—实践"模式是一种"自上而下"的单向线性传播模式，其只能保证传播的可能而忽视了传播的民主；这种"理论优位"的传播模式，显然对实践和本土知识的关注不足；这种单向线性的传播路向很难在传播的可逆性和交互性上有所作为。所以，除了运用传统的教学知识传播模式，还需探索新的传播模式，以便教学知识得到更好的传播和利用。

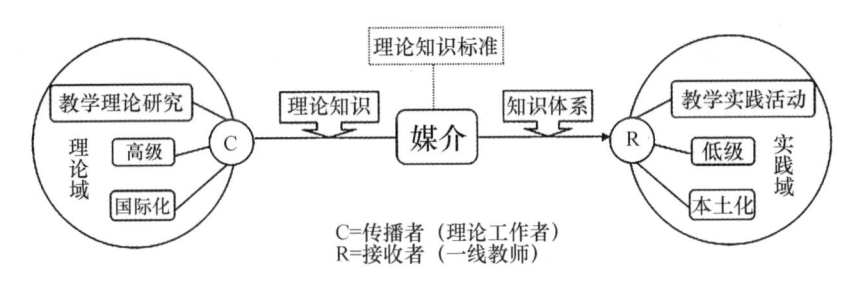

图 2-1 教学知识传播的"理论—实践"模式

二 "教学—学术"模式对传统的继承与超越

为进一步推动教学知识传播的有序和有效发展，消解理论与实践的二元对立，实现两者互融共通，有必要使存于实践中的另一种教学知识传播模式——"教学—学术"模式得以显现并发挥效用。这种模式的提出具有深刻的理论根源。一方面，美国学者欧内斯特·博耶认为学术不仅指发现知识、整合知识和应用知识，还存在一种"通过咨询或教学来传播知识的教学学术"③。舒尔曼进一步指出教学学术是对教和学的问题进行系统的探究，它拥有公开、能面对评论和评价等突出特点。④ 科罗林·克莱博还特

---

① 陈向明：《理论在教师专业发展中的作用》，《北京大学教育评论》2008年第1期。

② [美]唐纳德·A·舍恩：《反映的实践者：专业工作者如何在行动中思考》，夏林清译，教育科学出版社2007年版，第3页。

③ [美]欧内斯特·博耶：《关于美国教育改革的演讲》，涂艳国、方彤译，教育科学出版社2002年版，第65页。

④ Hutchings, P., Shulman, L., "The Scholarship of Teaching: New Elaborations, New Developments", *Change: The Magazine of Higer Learning*, No. 5, 1999.

别指出"优秀教学"也等同于教学学术。①这种视教学为学术并注重其传播、公开和接受同行评议的观点为"教学—学术"模式提供了理论前提。另一方面,加拿大学者普力马·艾尔贝兹基于个体实践提出了"实践性知识"的概念,此后加拿大学者迈克尔·康奈利和简·柯兰蒂宁对"教师个人实践性知识"作了具体深入的研究。舒尔曼的"学科教学知识"、唐纳德·A.舍恩的"在实践中认识"和范梅南的"教学智慧"也为教师实践性知识的产生和发展起到推动作用。陈向明教授认为教师实践性知识是"教师对自己的教育教学经验进行反思和提炼后形成的,并通过自己的行动做出来的对教育教学的认识"②。如前文所论,在实践中的反思、行动以及行动中的认识都属于知识的范畴,这为教师知识的合法化提供了理论依据,也为教师实践性知识的传播提供了认识论基础。总之,基于两大理论根源,借助传播学的分析框架,笔者认为"教学—学术"模式是对传统模式的继承与突破。它在教学知识传播主体、传播内容、传播信念和传播信道上都彰显出新的传播特性。

(一)从"理论者优先"到"民主交互"的教学知识传播生态

在"教学—学术"模式下,中小学教师的教学本身被视为一种学术形态,且这种学术理应得到重视和传播。换言之,来源于教学学术的实践性知识也是一种知识形态,这种知识应具有与理论研究者发现或整合的知识同等待遇。但在过去,教学知识传播的传统模式是以传授教学理论知识为主,中小学教师始终扮演这种知识传播的接受者身份而非传播者角色。教学知识往往是从高级向低级传播而很少由低级向高级传播,即通常是教育专家向中小学教师传播教学基础知识,而很少有将教师个体知识传播出去的案例。在"教学—学术"模式中,中小学教师和教育理论工作者都不仅是传播者或接收者,他们的角色应当是变化不定、民主交互的。

民主交互式的教学知识传播生态能够转变教学知识传播的单向线性模式,使中小学教师的教学学术思想走向公众视野,发挥来源于实践的知识指导实践的优势,实现实践性知识对教学论学科的丰富和完善。这是实现从传播主体上转变传播者和接收者身份,实现主体交互的有效方法。例

---

① Carolin Kreber P. A., Cranton, "Exploring the Scholarship of Teaching", *Journal of Higher Education*, Vol. 71, No. 4, 2000.

② 陈向明:《搭建实践与理论之桥:教师实践性知识研究》,教育科学出版社2011年版,第64页。

如，广西南宁市某小学教师是一名刚毕业不久的语文教师，通过三年的努力，她已经成长为学校的青年骨干教师，而且还获得了作为教师培训主讲教师的机会。据她介绍："我之所以能够在三年时间里迅速成长，这跟我与学校同事及其他校外教师的知识互动分不开。我常常争取机会倾听和分享教学感悟，积极与名师对话，我现在跟许多国家级教学名师成为了好朋友。"从这名教师身上体现的是对实践知识的尊重和对自己在教学知识传播上主体地位的争取，这对教师自身职业发展和教学知识整体传播大有裨益。

（二）从"理论优位"到"互融共通"的理论与实践知识关系

传统教学知识传播多围绕理论性知识展开，对实践性教学知识的关注和传播较少。实际上，来源于实践的知识也能够很好地指导教师教学。例如迈克尔·波兰尼提出的隐性知识就是实践性知识传播的鲜明例子。波兰尼将知识分为显性知识和隐性知识两种类型，显性知识是能够用文字表达的知识类型，隐性知识是"只可意会不可言传"的知识。[①] 中小学教学学术是在实践中开展的，其形成的既有显性知识也有隐性知识，隐性知识的成分远远多于显性知识，因为中小学教师能做的往往比他们能说出或写出来的要多得多。然而，隐性知识并不便于形成论文和著作，其传播很难依赖于出版传播路径。一些教师似乎一开始就认识到这一点，因此选择网络作为实践性知识传播的主要路径，形成数量丰富的"QQ空间日志"，叙述了很多自己的教学感悟和教学困惑，也迎来了许多"好友"的"评论"。从他们的日志内容和评论来看，这种传播路径对教师专业发展具有非常有效的促进作用。故而不同的知识形态应选择不同的传播方式，这样才能适当和有效地运用知识。

当然，提倡传播实践性知识并非摒弃理论性知识。实践性知识是来源于个体的知识，这种知识可以通过传播促成"理论化"，实现从个体知识向公共知识的转化。因此，可以认为教师的实践性知识是教学知识的来源和基础，承认知识的个体性，并传播这种来源于特殊情境的个体知识，能促成实践性知识在传播中的理论化。这样一来，理论与实践就能够在传播中调和，突破理论与实践二元对立的局面。值得欣慰的是，这种观念正在得到逐步实践。笔者通过访谈和观察了解到，一些教师参与的"国培计

[①] 石中英：《波兰尼的知识理论及其教育意义》，《华东师范大学学报》（教育科学版）2001年第2期。

划"和"区培计划"等教师培训都发生了一些变化,即在传授新的教学理论的同时逐渐注重教师实践性知识的传播。如培训单位常常邀请一线教师作为主讲教师或带领培训学员走进中小学现场观摩优质课,使更多的教师能够将教学中获得的知识传播出去,那种纯粹的理论培训现象有所改变。由此可见,从教学到学术实际上提倡理论研究者和一线教师关注教学这一教育中最根本的实践,将教学作为学术并形成教学知识,进而走出"改进实践抑或创生理论"[①]的一元式困惑。

(三)从"真理标准"到"两重逻辑"的知识检验标准转变

"教学—学术"模式和"理论—实践"模式在传播信仰上的差异,实际上源于对如何看待知识这一问题的分歧。"真理标准"指导下的教学理论研究遵循科学的规则,讲究严密的逻辑,追求科学的方法,专注事物的本质,推崇周全的计划。换言之,教学研究的"专业化"要求教师按照"专业标准"开展研究,遵守理论研究者的行业规范,接受专家的临床指导和考核评价。[②] 教育理论工作者运用其惯有的研究思维和研究习惯来审视教师研究,认为教师研究离"真正"的教育研究还很远。因为他们在研究理念上不够"新颖",在研究内容上不够"高深",在研究方法上不够"规范",在研究思维上不够"创新"。因此,在教学知识传播过程中遵循理论知识优先原则,忽视和遮蔽了教师实践得来的知识,使其失去走向公开的机会。例如,当前多数教师承担有教研课题,而最令他们头疼的问题就是如何结题。因为结题需要形成许多"书面材料",如研究报告或学术论文。他们耿耿于怀的是:这种"专业"的结题方式和做这个课题研究的成效之间究竟有什么关系?

教师在研究中的困惑实际上折射出的是教育理论的信心危机。正如舍恩所指出的:"尽管我们全面依赖专业,但是对专业的信心危机却在不断加剧。"[③] 这里的"专业"指"理性主义"指导下的"专业化知识"。教师常常抱怨理论研究者的研究成果没有解决教育中的实际问题,甚至制造出许多新的问题,也没有达到管理者希望看到的改革效果。舍恩认为出现这些结果的原因在于"没有认清实践情境的不断变化的特质——复杂性、不

---

① 张爱军:《"教师成为研究者"的困惑与解惑——基于教育博士的个案研究》,《中国教育学刊》2014年第4期。
② 叶澜、白益民等:《教师角色与教师发展新探》,教育科学出版社2001年版,第208页。
③ [美]唐纳德·A.舍恩:《反映的实践者:专业工作者如何在行动中思考》,夏林清译,教育科学出版社2007年版,第34页。

确定性、不稳定性、独特性和价值冲突性"[1]。可见,教育者应对教学实践有一个全新的认识,这个认识的核心就是确立源于实践的教学知识检验标准,进而确立这种知识的合法地位,这是实现实践性知识有效传播的前提。实际上,多数教学名师能够清晰地认识自己以及自己的教学,拥有一套自己的教学知识体系,并且这些知识是以"效用"作为检验标准的。这就是本书所提出的实践性知识的检验标准。[2] 既然标准不同,教学知识传播就不应仅仅以理论知识标准作为前提,也应以实践知识标准作为前提,在知识标准的两重逻辑背景下实现互相传播才是"教学—学术"模式应有的追求。

(四)从"单向传达"到"上下通达"的教学知识传播路向

"教学—学术"模式主张不仅要关注从高级向低级传播知识,还应当关注从低级向高级传播知识;不仅要关注从国际到本土的知识传播,也要关注从本土到国际的知识传播;不仅要将理论性知识作为教学论学科的知识基础,也要将实践性知识作为教学论学科发展的知识基础。然而,"理论—实践"传播模式是一种"自上而下"的传播方式,其呈现的是从高级到低级的单向线性传播方式。这种传播路向遮蔽了来源于教师个体的实践性知识,对整个教学知识体系建构是一种埋没和遗忘。因此,"教学—学术"模式提倡改变教师教学知识传播的路向,突破当前教学知识传播的藩篱,实现教学知识传播路向的上下通达和内外兼顾。这就要求教师积极主动地寻求传播路径,将自己的研究成果传播出去,实现理论与实践之间知识传播的再平衡。

从教师发展现状来看,作为当前主流传播渠道的"出版"虽然具有举足轻重的作用,但并不是教学实践知识传播的唯一路径。要实现传播路径的上下通达,就应该清晰地认识不同的教学知识传播路径并有效地利用它们。笔者认为当前存在三种不同的教学知识传播路径,即出版、网络和面对面交流(下节详述)。这三种不同传播路径承载着不同的话语方式,呈现着不同的知识类型。因其思维方式各异,故而各具特征,自存优劣,教育理论工作者和教师在发表成果过程中应正确选择适合自

---

[1] [美]唐纳德·A. 舍恩:《反映的实践者:专业工作者如何在行动中思考》,夏林清译,教育科学出版社2007年版,第34、11页。

[2] 徐学福、欧阳修俊:《论教师实践性知识的检验标准》,《现代远程教育研究》2015年第6期。

身特点的传播途径。

根据以上分析，得出如图2-2所示的教学知识传播的"教学—学术"模式。由图可知，在这个传播模式中教学理论与实践共存于"教学学术"共域中，这是对"理论—实践"模式的继承与超越。理论知识标准和实践知识标准通过实践域与理论域的"交互信道"实现传播主体的"民主交互"，进而实现知识互融共通，超越教学中的二元对立。新的传播模式在整体上遵循知识标准的"两重逻辑"和传播渠道上的"上下通达"，以走向教学与学术共同繁荣之路。

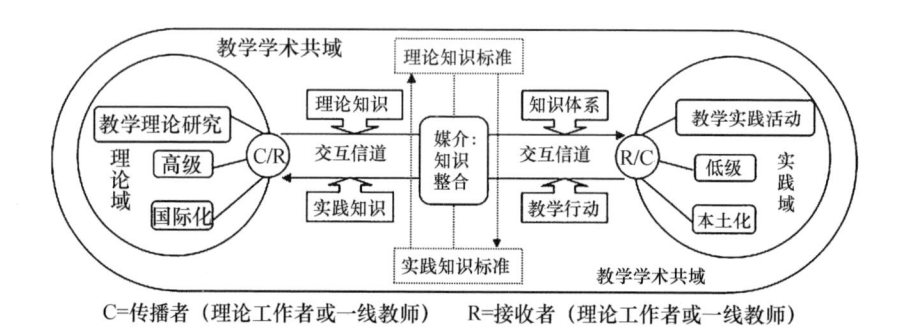

C=传播者（理论工作者或一线教师）   R=接收者（理论工作者或一线教师）

图2-2 教学知识传播的"教学—学术"模式

总之，实践"教学—学术"模式有利于调和教学理论与实践的二元对立局面，对教师实践性知识的形成和理论性知识的有效转化有积极意义，对整个教学论学科基础知识的发展也有较大益处。然而，我们也应当认识到"教学—学术"模式并不是完美无缺的。因此，在整体突破教学知识传播模式过程中应注意几个问题。首先，"教学—学术"模式的提出是为了超越"理论—实践"模式，如果"超越"不当就很容易走向"理论优位"的对立面——实践主义。因此要准确把握理论与实践的边界。其次，如果过于关注"教师研究"容易导致理论研究的淡化或荒漠化，并且主张从本土到国际和从低级到高级的传播路向本身有承认实践性知识的"低级"和"本土"的嫌疑。因此，需要认识到"低级"作为一个方位性概念并不包含感情色彩；提倡"本土"也不是茫然的"简陋"和"涣散"，更不是丢弃知识的标准。再次，对实践性知识检验标准的论述是一个哲学难题，对这个问题的认识决定实践性知识的命运。实践性知识尚处于探索阶段，其检验标准尚未达成共识，因此实践性知识合法化道路还面临着巨大挑战。

最后,"教学—学术"模式提倡"上下通达"的传播路向很容易走入"中庸之道"的"钟摆定律"之中。虽然折中求和是解决二元对立问题的较好方法,然而这种方法往往缺乏力度。故而笔者以为要彻底改变教学知识的传播路向,还需在"如何传播"的方法论上深入探讨,这也是本书的任务所在。

显然,教师研究成果属于教学知识的重要组成部分,并被划归为"实践知识"的范畴。基于前文分析,教师研究成果是长期不被重视的"本土"知识而非"国际"知识,是"实践"知识而非"学术"知识,是"教师"知识而非"专家"知识。这种成果类型特别需要通过对传统知识传播模式的超越来实现公开,走向公众和接受同行评议。"教学—学术"传播模式正是基于这类成果而建构的,符合教学知识传播新路向的有效形式。因此,教师研究成果传播应遵循教学知识传播的"教学—学术"模式。

第二节 教师研究成果传播的呈现方式

在确立教师研究成果应有的传播路向基础上,继而需要探讨的是教师研究成果以何种表征形式传播的问题。

在辩证唯物主义的理论体系中,具有诸多基本规律和基本范畴,内容和形式是一对重要范畴。内容与形式这对范畴的主要任务是揭示事物内在要素和结构以及表现形式。"现实中的任何一个事物,都有内容和形式两个方面,都是内容和形式的对立统一体";"内容是指构成一事物要素的总和","形式是指把内容的诸要素统一起来的结构和表现内容的方式"[①]。两者是辩证统一的,内容决定形式,形式依赖于内容,形式随着内容的改变而改变;但是形式又反作用于内容,当形式适合于内容时,形式能够促进内容的发展,当形式有悖于内容时,形式将阻碍内容的发展。就教师研究成果而言,"内容"是指教师分享他们工作时的各种"信息"(知识),形式是指教师研究成果的"呈现方式"。在此,笔者尝试用"内容"和"形式"这对范畴及其辩证关系作为分析框架来解析教师研究成果呈现之

---

① 王锐生、薛文华:《马克思主义哲学原理》,高等教育出版社2002年版,第216页。

内在属性和外在机理。

一 教师研究成果的内容属性解读

教师研究呈现的"成果"是一种"内容"的存在，加之教师研究具有"实践"旨趣，根据前文探讨的实践性知识观，教师研究成果的内容属性归根结底指的是"知识"属性。因此本书认为教师研究成果是作为一种新的知识身份存在，并且可以分为不同的两种类型。

（一）教师研究成果作为知识的一种新的身份

中小学教师研究成果作为一种知识形态蕴含着新的知识身份。回顾认识论的发展历程，大致经历了真理知识观、经验知识观和实践知识观三个阶段。在古代，柏拉图认为知识是经过证实了的真实的信念；在近现代，马克思主义哲学认为知识是主体对客观实在的正确反映；当前，建构主义、实用主义和科学实践哲学则认为知识是个体对特定情境的探究过程。这些对"知识"的认识过程展现了知识由真理性、客观性、普遍性向实践性、情境性和个体性变化的历程，同时也促使人们重新思考和界定知识，促成了新的知识观，并蕴含于教师研究成果之中。教师研究成果之所以能够作为一种新的知识形态，正是知识观的变革所致。教师知识作为一种在实践中反思和行动中认识的知识类型，与"发现"的知识具有一定区别，是知识的另一种形态。故而教师知识不应仅仅指"发现"的知识，它是集经验和反思于一身，过程性和结论性相统一的知识存在。

新的知识类型的诞生得益于诸多学者对知识概念的重新考察和对知识问题不间断的探索。在实践哲学转向的大浪潮中，围绕教学和教师为基点的讨论屡见不鲜。例如美国学者博耶对传统"学术"定义进行了重新考察。如果将学术看作"系统的知识"，那么博耶教学学术思想的提出无疑促使了一种新的知识类型——教学学术的产生。基于博耶的思想，舒尔曼对教学实践及其知识属性进行了进一步的探讨，提出了"学科教学知识"的概念。舒尔曼认为学科教学知识是教师在面对特定的学科主题或问题时，如何针对学生的不同兴趣与能力，将学科知识组织、调整与呈现，以进行有效教学的知识，这是一种使得教师与学科专家有所区别的专门知识。[1] 舒尔曼还特别指出学科教学知识是有别于学科与教学知识领域的一

---

[1] Shulman, L., "Knowledge and Teaching: Foundations of the New Reforms", *Harvard Educational Review*, Vol. 57, No. 1, 1987.

种知识体系。① 此外，美国学者舍恩也对来源于实践的认识进行了探讨。他认为"我们的认识通常是内隐的，内隐于我们的行动模式中，潜在于处理事务的感受里"②。故而"认识存在于行动之中"，实践者应当在"行动中认识"，在"行动中反映（反思）"，在"实践中反映（反思）"。舍恩提出的实践认识过程无疑为新的知识的诞生提供了认识论假设。此外，为了区分来源于实践的知识，中国学者陈向明教授通过对当前教师知识分类的分析，将教师知识分为理论性知识和实践性知识，前者包括本体性的、条件性的和一般文化知识，后者包括教师实践中使用和表现的情景知识、案例知识、策略知识等。③ 几位学者的讨论充分说明一种区别于纯粹理论的直接来源于实践的知识的存在，这种知识被称为"实践性知识"。教师研究成果正是这种新的知识形态的具体存在形态。④

（二）教师研究成果作为知识的两种不同类型

"内容"涉及的不仅仅是要素，还包括事物的结构或组成类型。因而教师研究成果的内容属性涉及教师知识的分类问题。关于教师知识分类问题，前人已经做了大量研究。如舒尔曼通过案例归纳的方法认为教师知识包括学科内容知识、一般教学法知识、课程知识、学科教学法知识、有关学生的知识、有关教育情境的知识和其他课程的知识。⑤ 艾尔贝兹从实践知识观的视角认为教师知识可分为原理、规则、意象三个层次。⑥ 申继亮

---

① 袁维新：《学科教学知识：一个教师专业发展的新视角》，《外国教育研究》2005年第3期。

② ［美］唐纳德·A. 舍恩：《反映的实践者：专业工作者如何在行动中思考》，夏林清译，教育科学出版社2007年版，第40—56页。

③ 陈向明：《搭建实践与理论之桥——教师实践性知识研究》，教育科学出版社2011年版，第59页。

④ 值得说明的是，我们并不否认教师也能创造理论知识，但我们并不认为理论知识属于教师研究成果的成分，而是成果的升华。因为最初来源于经验的和个体的知识，其后可以通过概念化，或者其他的编码方式来提供知识的确证问题。正如科学实践哲学的观点所认为的，知识的普遍性根本不存在，所谓知识的普遍性只是个体的、情境的知识传播的结果。如有学者认为"所谓普遍性的知识是一种虚构，一种理想，看似普遍性的东西实际上是一种地方性知识经过标准化过程导致的表面的普遍性。……我们反对有放之四海而皆准的真理，一切知识，都是特定情境中的人的创造性参与生成的东西"（吴彤：《两种"地方性知识"——兼评吉尔兹和劳斯的观点》，《自然辩证法研究》2007年第11期）。

⑤ ［美］舒尔曼：《实践智慧：论教学、学习与学会教学》，王艳玲等译，华东师范大学出版社2013年版，第136—139页。

⑥ F. Ebaz, *Tescher Thinking. A Study of Practical Knowledge*, London: Croom Help, 1983, p. 216.

等人从教师知识功能出发，将教师知识分为本体性知识、条件性知识、实践性知识和文化知识。[①] 这些教师知识分类是从不同的立场，不同的目的进行的分类，有利于进一步理解和发展教师知识。然而，这些分类倾向于知识本身而没有关注教师的"行为""情境"以及"实践"的知识特性。讨论教师知识问题，首先需要明确对教师知识的划分，最终目的都是为了回归实践，回到教师本身和教学本身；教师知识作为"实践"的知识，其形成在行动之中，其被理解也在行动之中。因此教师研究成果作为知识的交互、传播和分享的过程值得关注。

实际上，教师在传播研究成果的过程中，不仅仅分享研究的结论，还分享研究中的经验，这个过程与教学实践和学校共同体紧密相连。例如在教师研讨会上的发言，教师分享自己的研究成果时，不仅仅陈述出自己的"研究结论"还传播"如何做"的过程；因为作为传播者的教师知道，听众可能对自己是如何发现这些知识的过程更加感兴趣。又例如在中小学教师作为主讲的培训课上，多数教师往往既分享自己的教学研究过程，也分享自己的教学研究结论；他们在陈述自己的观点时，通常以教学故事或研究经历为论据而非引经据典。这样的讲座无疑更能够吸引参与培训者的注意力。因此从传播内容层面来讲，教师研究成果包括两个方面：研究结论的传播和研究过程的传播。换言之，教师研究成果可分为过程性知识和结论性知识两种类型。结论性知识主要阐明教学及其相关要素是什么；过程性知识主要阐明教师教学如何做。这两种类型的知识分别指向实践和反思性实践两大范畴，也同时昭示了方法论和认识论的两重逻辑。可能以上教师知识分类过于简单和粗糙，但容易在实践中操作和区分。在实践中，教师也会自觉或不自觉地将自己的知识分为这两类进行传播。因此，将教师研究成果分为过程性知识和结论性知识有其合理性。

二 教师研究成果的呈现形式分析

对教师研究成果内容属性的解读启发我们，教师研究不仅收获解决教学实践问题的知识，还能掌握解决教学问题的方法。两种不同类型知识的存在也昭示其存在不同的呈现形式。教师研究成果呈现形式是指通过教师教学实践产生的知识的外在表征；"稳定性"和"清晰度"两个概念可以

[①] 辛涛、申继亮、林崇德：《从教师的知识结构看师范教育的改革》，《高等师范教育研究》1999年第6期。

作为框架来概括教师研究成果不同呈现形式的本质区别。稳定性是指知识表达的方式及其状态，清晰度是指知识的概念和语言表达能被理解的程度。

（一）稳定性：表明教师研究成果呈现状态与形式

教师研究成果呈现形式首先涉及知识表达和文本化问题。知识可以通过不同的形式表达，如某一行动，口头语言或文字，这些表达形式的本质区别在于其稳定性不同。以文本形式存在的知识，是一种可及的知识形态，是物化了的形式，如书籍、报告等。这种文本形式的知识可以被广泛传播，并且能够很好地保存其完整性，是一种稳态的知识。另一种则是以口头语言沟通为载体的知识形态，这种知识形态是流体的知识，是可变的和移动的。由此，口头语言比文本知识更具有失真的可能性。当然，也有存在于两者之间的知识呈现方式，即现代科技支撑下的互联网电子文本，这种方式比出版的文本更易于变化。这是由于电子文本具有复制、粘贴和删除等便捷功能；但因为他借助了网络载体故而又比口头交流更加稳定。因此，从稳定性上来讲，从口头语言到网络文本再到出版文本的稳定性逐渐升高。

（二）清晰度：表明教师研究成果能被理解的程度

从传播者的可为立场来讲，教师研究成果的呈现还需要概念化的知识和特殊的语言来加以辅助，以达到传播受众对教师研究成果的深度理解。就前文提到的出版文本、网络文本和口语表达为例。出版的书籍或者网络形式的教师研究成果并不一定完全被受众理解，因为其中的许多概念和语言具有特殊指向，特别是一些专有名词难以让传播对象理解，进而会出现只有传播者自己才能理解传播内容的尴尬局面。例如在以口语为表达形式的面对面交流中，传播者会将自己获得的缄默知识显性化，并用不同的方法表达出来，以求能够使传播对象尽可能地理解传播内容，但却难以避免"误解"的产生，因为口语是带有浓重的情感性的表达方式。

显然，不同的教师研究成果表达形式直接影响着受众的理解，而理解水平又取决于表达是否清晰可辨。因此，可以借用"清晰度"一词来表明传播对象对知识的理解程度。稳定性说明了教师研究成果作为一种知识的表达方式和状态，这种状态是成果内在属性的体现，无所谓提升与转变；然而，清晰度是要说明教师研究成果的外在属性，意即其影响因素是外在的，可以改变的。故而清晰度的提升成为影响教师研究成果呈现的一个重要变量。换言之，通过改变教师研究成果呈现的清晰度来提高内容的被理解水平，进而提高教师研究成果的传播效益是非常有必要的。具体而言，提升教师研究成果呈现方式清晰度的方法有以下几种：

1. 使用"代码"作为呈现的一种方式

这里的代码指的是意义的表达，是为了使他人更好地理解而采用的一种表达方式。代码的功能相当于词典或词汇表的功能。实际上，这里的代码方法提供的仅仅是一个技术工具上的支持，为更加清晰的呈现教师研究成果提供可能。例如在表达教师研究成果时，教师应当尽可能地使用规范的教育"术语"，多用一些教育的"行话"，多使用如《中国大百科全书（教育卷）》这样的工具书中的专业词汇等，这种方式可以减少同行理解研究成果的难度，提高理解水平。当然，提倡使用特定的"代码"来表达研究成果并不是主张故意使用"偏词""难词""新词"，这些词汇还没有正式成为教育的"代码"，故而导致"话语体系不一""信息不对称"的教育传播现象。这种现象在当前教育研究成果表达中比较明显，这会给中小学教师理解教育研究成果增加难度，不值得提倡。

2. 使用"隐喻"来实现知识的外化

借助隐喻的方法呈现教师研究成果能够提高受众对内容的理解程度。"隐喻是一种诗化的表达方式，融合了许多感性的因素和文化的内涵，超越了理性语言的冰冷，突破了时空的限制，使教育活动的生命化和教育研究的人性化得到充分凸显。教育隐喻的使用，不是心血来潮的结果，是人们深深感悟教育和理解教育的创造性和独特性的彰显。"[①] 古今中外有许多经典的教育隐喻，例如中国古代《礼记·学记》中将育人比作琢玉，"玉不琢，不成器；人不学，不知道"[②]。夸美纽斯把人的大脑比作蜡，"因为蜡能变成各种形式，能按照任何方式再三加以铸范，人脑也一样，它能接受万物的影像，能够接纳整个宇宙中的一切事物"[③]。杜威关于"教育即生长"的隐喻，认为"朝着后来结果的行动的累积运动，就是生长的含义；生长的首要条件是未成熟状态"[④]。可见，隐喻的方法不仅能够使教师自己更加理解自己的研究，也可以帮助教师将教学知识外化，让同

[①] 黎琼锋：《教育是什么：源自教育隐喻的理解》，《教育研究与实验》2006年第3期。
[②] 孟宪承：《中国古代教育文选》，人民教育出版社1979年版，第95页。
[③] ［捷］夸美纽斯：《大教学论》，人民教育出版社1957年版，第29页。
[④] ［美］约翰·杜威：《民主主义与教育》，王承绪译，人民教育出版社2001年版，第49页。

行更好理解。

3. 借助"外物"对成果加以解释

这里的外物是指形成教师研究成果的特定情境，以及与研究成果相关的各种影响因素，包括学生、课堂环境以及具体的课程计划、导学案等辅助工具。当然，仅仅借助这些外物对需要表达的研究成果进行解释，受众有可能很难理解这些事物的固定意义和特殊内涵，但是当这些事物配合教师清晰的讲解时，受众就能够结合上下文以及手稿来进一步理解教师研究成果的真实内涵。例如教师在讲授自己独创的教学方法时，常常会借助发生在自己身上的经典教案作为辅助材料，这能让听众能够更加快速和深刻的理解特定的教学方法；又如笔者在跟踪观察一名小学音乐教师作为培训者的讲座时，她使用了大量的自己平时录制的"微课"作为教学辅助材料进行讲解，这样的培训明显提高了受培训者对教师研究成果的理解水平。

总之，使用"代码"更容易使他人清晰地理解内容，这也是一种较难完成的表达方式；而"隐喻"的使用能够提高受众的理解，但所指内容会更加宽泛，没有明显的界线；借助"外物"表达虽具有很强的说服力，却因依赖于口语的表达而使清晰度大打折扣。实际上，无论是教师个体以隐喻和类比为基础的修辞表达，还是利用"代码"作为引用的规范表达，或是借助外物阐述教研成果的方式，都是一种从具体经验到抽象知识的发展过程。这个过程使教师研究成果作为一种知识形态，逐渐由个体性走向普遍性，这个过程也使受众掌握了传播者关于教研的特殊概念，并将这种概念作为一种知识形态嵌入至自身教学活动当中。这个教师研究成果的呈现过程不仅使其他教师明确了具有普遍意义的教研知识，而且也明白了适宜于具体情况的有效经验。因而可以肯定，教师研究成果的呈现过程中，从口头语言，网络文本到书面铭文，随着其稳定性的不断升高，其清晰度也不断地提高。

总而言之，基于内容与形式的辩证关系，教师研究成果的内容决定着教师研究成果的呈现方式，教师研究成果的呈现方式对内容具有反作用。也就是说，当教师研究成果的呈现方式适合于内容时，这种呈现方式将有利于教师研究成果向着积极方向发展。因此，教师应根据自身形成的研究成果的内容属性，选择合适的呈现方式，这样更能有效地促成教师研究成果的传播，使个体的教师知识走向公开，让教师知识发挥教学知识基础的作用。

第三节 教师研究成果传播的途径解析

在确立了教师研究传播的基本过程为"教学—学术"传播路向的基础上,上一节探讨了教师研究成果传播的前提基础——教师研究成果呈现方式,并认为教师研究成果的不同呈现方式决定着教师不同的研究成果传播路径。因此,在接下来这一节将根据传播学基本理论建构教师研究成果传播的应然路径,为后续研究提供统领性分析框架。

现代传播学认为,"人类传播经历了口语传播、文字传播、印刷传播、电子传播、网络传播五种方式,尤其是网络传播,使人类社会由'原始自由传播'、'把关人传播'进入'网络自由传播'时代。"① 据此可以认为中小学教师研究成果也存在三种基本传播途径,即以"把关人"为基础的出版传播,以多媒体技术为基础的网络传播和以口头语言为基础的面对面传播。本书旨在探析三种传播途径的形式、特征及利弊,以提高中小学教师对不同传播途径的认识,进而选择合理途径来传播自己的研究成果。

一 面对面传播

基于口头语言的面对面交流是人类沟通交流的基本途径,也是学者交流学术或研究成果的初始形式,然而它在很多人心中远没有出版那么重要,而且随着网络传播的兴起还有被弱化的危险。面对面交流作为传播教师研究成果的一种重要途径理应得到重新认识,在各种大众传媒盛行的当今它仍具有不可替代的作用。面对面交流传播是借助一定的空间,以"口头语言"为主,以"手势语言""面部语言"等为辅,将教师的研究成果传播给受众的过程。"面对面交流属于传播学中的人际传播或称口头传播。这种传播方式的本质不是技术的,而是艺术的、学术的。"②面对面交流能够最直接的展现教师个体独特的思想,最真实的体现教师本身真挚的学术情怀,其艺术性通过"口头语言"与"体态语言"的融合自然流露出来,从而富有感染力地传播研究成果。这是三种传播方式中唯一一种可以由教

---

① "网络舆论的监测与安全研究"课题组:《网络传播与网络舆论的生成及其特征》,《华中师范大学学报》(人文社会科学版)2010年第3期。
② 祝振华:《口头传播学》(第四版),大圣书局1986年版,第2页。

师"自我"主导的传播路径。

面对面交流有非正式和正式两种形式。非正式交流是指具有共同兴趣爱好和专长的教师自发组织开展的教学交流活动，分享的多是彼此熟悉的实践经验。这种交流常发生在教研组教师之间、教师教育培训活动间歇及教学研讨会场之外，它使教师的想法和见解自然流露，接受同行评议。其传播的自然性和真实性是出版或网络所不能企及的。正式交流是通过公开课、研讨课、学术会议、教学成果展等方式来传播教师研究成果。尽管是正式的面对面交流，教师仍可以采取个性化的方式展示自己的研究成果。这里要特别强调的是公开课、观摩课或研讨课，很多人只把它们当作教学而非学术交流活动。事实上，它们既是向学生传递知识的教学活动，也是一种向同行展示教学研究成果的交流活动，因为教师上公开课的过程即是将自己对教学的理解以实际行动的方式向同行公开，接受同行评议并及时获得和汲取反馈信息的传播过程。公开课对教师的教学以及教学研究能力有巨大促进作用，许多优秀教师并非是因为发表了多少论文或书籍而成长。相反，是先通过上公开课赢得大家的认可，然后才出版成果。如特级教师窦桂梅，其在成长初期就认识到公开课的作用，并通过无数的公开课来与同行交流、学习，进而出版成果，成就教育事业。"她知道，在领导、专家指导下上公开课，是教师提高教学水平的快车道。于是，她找到校长，要求上公开课……校长告诉她，要先在年级组内练练，然后再说。于是，年级组的教研活动，她都特别积极地参加……1992年，她终于有了一次上公开课的机会……从此，她一炮打响，便有了更多的机会在市级、省级公开课中得到历练。"[①] 同行、专家听课评课即是与上课教师开展教学研究成果的现场交流，从解决教学问题的角度来看，具有极强的现实性、针对性和有效性，是教师专业成长的"捷径"。其他特级教师如于永正、李吉林、华应龙、管建刚等，无一不是很好地利用公开课展示自己的研究成果，从而逐步提高，渐享盛名。优秀教师的成长历程表明，面对面交流是教师传播研究成果的切实可行而又有效的途径。

面对面交流传播具有其他传播途径所不能及的优势。第一，面对面交流能提高交流效果。面对面交流传播是具身的，教师身心高度参与其中，传播的不仅是知识，也有教师的情感、态度和价值观。采用口语面对面交

---

① 张先华：《名家引路：小学语文特级教师评介》，四川大学出版社2013年版，第12—13页。

流，可针对重要信息采用诸如加重语气、重复、停顿等办法加以强调，或根据听众的反应，针对模糊之处调整自己的表达方式以促进其理解。面对面交流传播具有的情感性、可重复性和及时调整性，是其他传播方式无法比拟的优点。第二，有利于实践性知识的传播。前已述及，实践性知识是在实践中获得的不可言说的知识，教师却能在公开课上通过行为、姿态、表情等将其传递出来，听者能够心领神会地捕捉到所传递的信息。有学者提出了组织内知识传递的四种模式，即从显性到显性、从显性到隐性、从隐性到隐性和从隐性到显性。① 实践性教学知识就是通过面对面交流传播鲜明地体现后两种传播模式效用的。第三，有利于区域教学学术的形成。根据博耶的教学学术观，诸如赛课、研讨课、示范课等公开课教学，甚至优秀的常态课都可称为学术。这种学术活动的开展需要通过面对面的交流来实现，又由于这种交流更多的存在于某一区域或层级，如一个学区、一个教研组、一所学校等。因此，面对面传播教师研究成果有利于区域教学学术的形成与发展。

  面对面交流也存在不足。首先，不利于教师研究成果的转化与保存。面对面交流通过口语以及手势动作、姿态语言等传达教师的思想、观点、态度和感情等实践性教学知识，具有笼统性与即时性，虽能在圈内的教师同行之间有效交流，但却不能像理论性知识那样跨界传播与保存，因而需要进一步转化为理论性与规范性的知识，才能得以保存与传承。其次，不利于教师研究成果的广泛传播。教师的非正式面对面交流具有选择性，彼此熟悉、认可或志趣相投的人才能成为交流对象，正式面对面交流虽然能使诸多教师受益，但受时间、地点、经费等因素的限制，不能经常大规模举行，这都局限了成果传播的范围。最后，受特定场域的文化和规范的制约。非正式的面对面交流虽然便利，也应当大力倡导，但教师在校内外是否发生面对面的教育教学交流活动，与学校领导重视程度、学校文化氛围适宜程度有关。教师面对面交流是教育的，还是非教育的，又或是反教育的，关键要看学校的文化和规范是否严格恪守着"把关人"的过滤职责。

二　出版传播

  出版是指"通过一定的物质载体，将著作制成各种形式的出版物，以

---

① ［德］雅斯贝尔斯：《什么是教育》，邹进译，生活·读书·新知三联书店1991年版，第8页。

传播科学文化、信息和进行思想交流的一种社会活动。"[1] 具体而言，出版在内涵上具有狭义和广义之分：狭义的出版通常是指传统意义上的图书报刊的编辑、印刷和发行；广义的出版不仅是指图书报刊，还包括录音、录像等信息载体的制作、编辑、印刷和传播。由于一般中小学教师在职称评审、科研成果考核中被认可的出版物主要是有刊号的书籍、期刊、报纸等，因此本书探讨的"出版"专指狭义上的书籍、论文等形式的成果。出版作为教师传播研究成果的一种途径，其最大特征在于由"把关人"主导，具体而言，就是所有需要出版的研究成果都需要通过编辑等相关工作人员的筛选和过滤才能传播出去。

出版因具有正式性和公开性，被赋予极大的"附加值"，成为科研的象征，出版社和期刊级别越高，被认为水平越高，成果的权威性越大，因而出版研究成果成为许多教师梦寐以求的事情，即使自费出版也在所不惜。事实上，的确有许多中小学教师在期刊上发表自己的研究成果，读者甚至在《教育研究》《中国教育学刊》《课程·教材·教法》等学术期刊上读到他们的长篇大论；也有部分教师选择出版书籍来传播研究成果，如李吉林出版了《训练语言与发展智力》《李吉林情境教学理论与实践》等著作，魏书生出版了《班主任工作漫谈》《教学工作漫谈》等著作。为形成规模效应，扩大社会影响，一些出版社还专门推出中小学教师丛书，如北京师范大学出版社2006年推出"教育家成长丛书"，华东师范大学出版社2009年推出"大夏书系"，出版多位中小学教师的教学论著或案例集。还有部分教师选择在报纸上发表研究心得，这类成果形式多样、长短不一，具有很大的灵活性。尽管如此，能够出版研究成果的仍是少数教师，大多数教师不能利用这一途径来传播自己的研究成果。

通过出版传播教师研究成果有其独特的优势。第一，有利于提升教师研究成果的理论水平。教师所做的研究，不管是行动研究、校本教研还是教学反思，主要是为了解决实践问题，所得结果或成果多是实践性知识，与理论性知识尚有一定差距，而书籍或期刊都有自己的出版标准，虽然各自学术宗旨与出版定位不同，但一般都强调理论水平或学术水平，教师要出版自己的研究成果，就必须对其加以提炼，从而上升为理论知识。第二，有利于提高教师自身的理论素养。教师要提升研究成果的理论水平，

---

[1] 《中国大百科全书·新闻出版卷》，中国大百科全书出版社1990年版，第8页。

前提是自己必须具有相应的理论知识，为此很多教师利用一切有利资源与条件来提升自己的理论素养，如阅读相关的学术著作或论文，与理论工作者开展合作研究，邀请相关专家对自己的研究进行诊断把脉。特级教师李吉林在语文学科尝试情境教学取得成效后，为深化教学改革，向其他学科推广情境教学实验，不仅自己阅读了心理学、教育学、哲学等相关书籍，还多次向华东师范大学的相关专家请教学习，并邀请他们到课堂上观摩点评，从而大大拓展了自己的理论视野。第三，有利于扩大教师研究成果的影响与传承。由于出版物的传播范围广泛，影响力大，并可长期保存，因而读者众多，能够大幅提高教师研究成果的影响与传承。

当然，出版传播也存在局限性。一是时效性差。由于出版对研究成果的理论性与规范性要求较高，从成果的提炼到编审再到出版需要经历若干程序，耗费时间较长，导致研究成果的传播远迟于成果的完成时间，不利于及时交流。二是不便交互。出版传播具有信息传递的不可逆性，教师研究成果是单向传递，作者与读者不方便获得反馈信息，彼此缺乏有针对性的互动，不利于成果的有效交流与分享。三是不利于实践性知识的保真传播。由于教师实践性知识是通过行动展现出来的或者是正在形成的理论性知识，这些知识需通过行动、意向、叙事、案例、隐喻等方式表达出来，教师根据出版传播的"准入"要求，对成果作抽象化和概念化的处理后，丧失了实践性知识的"原汁原味"。尽管当前也刊发叙事文章，出版案例集，但数量十分有限。上述局限表明，出版不是教师传播研究成果的唯一途径。

三　网络传播

20世纪90年代开始，网络作为一种全新的传播途径，在世界范围内得以广泛的应用，它被认为是一种与书籍、期刊、报纸等有较大区别的传播媒介。"它是集书信、电话、书籍、报刊、广播、电视、电影、光盘于一体的综合性媒介体系，它是既能承载大众传播，又能承载组织传播、人际传播的全新传播平台。"[①] 这种传播方式的最大特征在于其对现代技术的依赖，即技术主宰着传播的内容和形式。这种全新的传播平台逐渐改变了人们的沟通交流方式，直接影响了人们的传播习惯和传播理念，教师研究

---

① 张允若：《关于网络传播的一些理论思考》，《国际新闻界》2002年第1期。

成果的传播方式也深受影响。网络给教师研究成果的传播提供了新途径，允许教师将研究成果以文本、图像或视频的方式在网络上公开和交流，展现出独特的传播形式、传播特征和传播功能。

教师研究成果的网络传播有两种基本形式，一种是官方或机构网站，另一种是个人网站。前者包括教育管理部门网站、学校官方网站、团体组织网站、电子期刊网等，后者主要是指借助于大型服务器运行的各种博客、论坛以及个人空间等，例如腾讯微博、搜狐博客、QQ空间、微圈、论坛等网络交互平台。官方或机构网站多是传统媒体或机构的网络化产物，如报纸和电子期刊网等都只是简单地将原来的出版物挂在网站上，可看作传统出版的网络延伸。因此，这里主要讨论个人网站。当前，许多中小学教师通过网络来发表和分享多种形式的研究成果，如叙事文本（教学日记、教学反思、教学故事等）、图片、视频、论文等，不仅广泛地影响了他人，也使自己获得了较高的知名度。例如，表2-1展示了陶川教师从"未建博客"到使博客成为其研究成果传播"必不可少的工具"的转变过程，[①] 这种转变为其带来的不仅是同行对他的认可和赞誉，更使其实现了教研"意识觉醒"，成长为一名"研究与学习型教师"，获得网络传播的价值认同；成都市武侯实验中学李镇西校长从2010年开通博客至今撰写了近千篇教育类博文，访问量达到470万次，产生了广泛的影响，吸引了一大批青年教师对其成果的学习和运用；作为一名年轻的普通教师，广西南宁市五象小学李银凤老师自从教以来就喜欢在自己的QQ空间写教学日志，起初是写一些自己遇到的教育教学问题，同行好友热心留言，帮助其解答教学问题，随后开始写一些教研心得，并得到了其同行好友的及时"点赞"和"好评"。这种及时、高效、快捷的网络传播途径有效促进了该名新手教师的专业发展，使其在两年内迅速成长，完成了新手教师向专业型教师的转变。诸如此类例子不胜枚举，总而言之，教师通过网络传播研究成果不仅能促成个体专业发展，丰富教学的知识基础，也有利于教师打破时空阻隔获得专业认同与群体归属感，推动教师专业的整体发展。

基于网络传播教师研究成果具有三个独特的优势。一是便利性。网络传播没有出版标准的限制，给更多的中小学教师传播研究成果提供了平台，这个虚拟的网络平台避免了时间和空间的限制，使教师可随时随

[①] 王枬、叶莉洁：《基于实践性知识的教师博客研究》，《北京大学教育评论》2008年第1期。

地通过终端设备传播和分享各自的研究成果。二是容量大。传统媒体受版面、时间等因素的限制,无法任意扩大和丰富所发布的信息内容,网络以其超链接的方式将存储信息的容量无限放大,可以融文字、声音、图像为一体,实现以往各种传统传播手段的整合,满足了传播者与受众多方面的需要,教师可以根据需要将自己的研究成果以多种形式发布在网络上。三是交互性。相较于单向、线性的传统出版传播,网络传播具有不受时空限制的交互功能,它不是一个单方面的信息传递过程,而是可以进行"一对一,一对多,多对一,多对多"的交互传播,教师既可以是传播者,也可以是受传者。换言之,教师研究成果的传播会获得同行的及时反馈、评价与调整,促成研究成果的充分互动与交流,实现改进研究成果的功能。

表2-1　　　　　　　　　　陶川的博客历程

阶　段	未建博客 2005年 7月前	初触博客 2005年7月	尝试期间 2005年8月— 2006年7月	必不可少的工具 2006年7月后
心态变化	平　淡	怀疑、试一试	积极反应	价值认同
博客内容	无	摘抄、链接	发表见解、与人交流	教学反思、叙述探究
对发展的影响	无	意识觉醒	意识培养	研究与学习型教师

当然,网络传播也有弊端。一是成果质量参差不齐。由于网络传播没有出版传播的"把关人"限制作用,教师在网上发表研究成果时难以做到字斟句酌,有的教师更可能是随兴所致、随意而为,甚至夸大其词以哗众取宠,缺乏基本的实事求是的研究精神与表达规范,导致成果的粗制滥造,可以说是泥沙俱下、鱼龙混杂。二是可信度低。海德格尔认为"技术本质上是人靠自己不能主宰的某种东西"[①]。网络传播因其自由、快速、虚拟容易催生教师研究成果的虚假繁荣,出现无限度地杜撰、复制和抄袭,使得研究成果的原创性和可信度低。网络成果的引用率低,原因即在于此。因此,网络虽然是一种新型、快捷的传播途径,能给教师传播研究成果带来无限希望,但也需要审慎对待。

---

① [德]马丁·海德格尔:《人·诗意地安居》,郜元宝译,广西师范大学出版社2000年版,第118页。

第三章　教师研究成果传播实然考察的个案设计

　　场景4：中午，我在学校教研室查找教师们近期发表的相关成果。这时陶老师（化名）走了进来。"欧阳老师，在看资料啊，有什么我可以帮你的？""啊，那太好了！"说着，陶老师帮我一起找出近几年学校相关科研情况资料和教师的大量教学反思和教案等材料。这种场景常常在研究现场发生，而我以为，整个研究似乎最难能可贵的就是这样一种研究生态……①

　　前面重点讨论了教师研究成果的本质属性及教师研究成果传播的理论框架。接下来将讨论教师研究成果传播的实然过程，主要涉及教师如何呈现和传播两个重要问题。要理解这些具体问题，需进入现场深入考察和分析。本书将设计考察教师研究成果传播的实然状态的思路与方法，探明教师如何呈现和传播研究成果之规律。因此，本章将细致介绍研究的方法和过程，主要涉及研究对象、研究方法、研究资料收集与整理和研究效度检验几个方面。据此，本章分为四个部分：第一部分主要是阐明个案的基本要求及其选择过程。这里主要涉及选择个案的基本原则和方法，案例教师基本情况，不同案例教师在传播研究成果过程中的不同偏向等；第二部分使用不同的研究方法收集现实资料，主要包括现场观察收集资料、个案教师及其相关人员访谈收集资料和相关文件收集等；第三部分是对收集来的三种不同资料的分析和整理；第四部分着重讨论了本书的效度问题。本书遵循嵌入式案例研究的基本原则，其研究的根本目的在于收集案例材料和整合案例知识，形成具有一定代表性的教师研究成果传播案例。

---

① 资料来源于研究者2015年11月21日的研究日记。

第一节 研究对象

确立研究对象是研究的首要任务,也是实证研究设计的初始工作。这部分将详细介绍本书个案选择的全部过程。

一 个案初选

教育个案研究通常是以单一的、典型的案例作为具体的研究对象,通过"解剖麻雀"的方法,达到研究目的。个案研究的特点是选择典型、特殊的教育现象或研究对象,揭示个体性和差异性。① 唯物辩证法原理表明个性与共性,特殊与一般是辩证统一的,个别事物或现象不仅体现出个体特殊性,且在一定程度上反映该类事物的普遍性,普遍性是通过特殊性表现出来的。因此,本书试图通过探索特殊的教师研究成果传播来反映教师研究成果传播的一般规律性问题。

个案研究不是对所有研究对象进行调查研究,而是选择特殊研究对象,抽取符合研究目的的样本。样本抽取实际上就是个案的选取问题。抽样的方法主要有单纯随机抽样、等距抽样法、分类抽样法、多级抽样法、整体抽样法和有意抽样法。② 由于个案研究本身讨论的是典型性和特殊性案例,因此在抽取研究对象过程中采用的是目的抽样的方法。目的抽样也叫有意抽样或者有偏抽样,即"按照研究者一定的目的要求去抽取样本"③。例如在医学研究中,要研究儿童感冒病理,就不能去找正常的儿童作为样本。同样的,在教育研究中,如果研究特殊教育问题就应该抽取特殊教育学校作为样本,如果研究民族地区学生学习问题就应选择民族地区学校的学生。即个案研究的研究目的与研究样本要保持一致性。由于这种抽取样本的方法在总体中的分布肯定是不均匀的,要么是偏高或者偏低,因此这种抽样被称为有偏抽样,而从目的上来讲,样本是为目的服务的,故而也称为目的抽样。鉴于本书是关于教师研究成果传播问题的研究,因此,有目的地选择具有研究经历和形成一定研究成果的教师是本书个案选

---

① 杨晓萍:《教育研究方法》,西南师范大学出版社2011年版,第114页。
② 李秉德:《教育科学研究方法》,人民教育出版社2001年版,第35—37页。
③ 李秉德:《教育科学研究方法》,人民教育出版社2001年版,第35—37页。

择的重要要求与首要条件。为了在学校内部教师之间作不同类型的区分，得出具有典型性和代表性的研究结论，本书根据教师研究成果传播的分析框架，从具有不同传播途径偏好教师中选择适合的个案。因此，本书将有目的地选择具有面对面传播经验、具有出版传播经验或具有网络传播经验的不同教师。

考虑到研究样本的同质性，本书仅以中小学教育阶段的教师为总体。研究者借助一次重庆市"领雁工程"评估验收的调研，考察了重庆市主城区的10所中小学。结合本书的分析框架以及学校的实际情况，采用目的抽样的方法，最终选定重庆市沙坪坝区A小学、C小学和重庆市北部新区B小学三所小学作为个案教师选择学校。[①] 为了更好地理解本书，下面对三所学校作简要介绍。

A小学创建于清末民初，是一所历史悠久的学校。该校因工业园区建设需要，于2011年整体搬迁，成为一所新建的完全小学。学校占地面积18589平方米，建筑面积10291平方米，绿化面积5736平方米，运动场面积7620平方米。办班规模可达到30个班，现有学生1251人，教学班25个，教职工61人。A小学有高级教师15人，有多名区级"十佳教师""十佳班主任""优秀教师"。该校教师最大的特点是具有教学交流的传统，多年来成长出了很多教学名师和教学非常优秀的青年教师。该校还积极探索课程与教学实践改革，获得了丰富的研究成果。

B小学是一所现代城市化发展的新学校。学校位于重庆市北部新区，由于该区域内建设了大量的"公租房"，学校随着住户的迁入孕育而生。这所小学2013年刚刚建成，属于"公租房学区学校"。学校占地17000平方米，建筑面积10600平方米。现有21个教学班，在校学生800余名；在编教师57名，其中市级骨干教师1人，选调区级骨干教师28人。研究生学历2人，应届优秀本科毕业生29人，所有教师均为大学本科及以上学历，平均年龄28岁。该校教师的较大特点是形成了较多的研究论文和书籍，是一所具有浓厚的写作文化氛围和书香气息的新学校。

C小学原本为一所乡村小学，虽然其地理位置从未变化，但学校所在地随着城市化进程，已经逐渐成为城区，学校处在城市化进程的衔接地带。而就目前学校发展水平来看，已经完全转变为了一所城市化小学，并

[①] 本书主要探讨"中小学"教师研究成果传播问题，仅选择了三所小学作为案例而避开中学，为了在横向上保持三个案例教师身份的同质性，以便于对比分析，提高研究效度。

已划入主城管理范围。学校占地 4 万多平方米，在校学生 1000 余人，教职工 83 人，是重庆市沙坪坝区学校中规模较大、综合实力较强的一所半寄宿制学校。该校教师积极探索网络教研途径，在地处城郊的情况下，在新一轮区网络研修和网络教学研究成果推广方面获得了优异的成绩。

通过初步了解，这三所学校都正常开展教学和各种科研活动，并在教师结构队伍、教学和科研现状等方向存在较大差异。根据笔者统计，这三所学校共有教师 201 名，近三年来三所学校教师共计开展各种课题研究超过 50 项（包括校级课题）。根据初步统计，基本上每个教师都有参加教学研究的经历（主要原因在于重庆市教师研究运动的开展和"教师成长课题"的铺开，要求每位教师都必须参与教学研究）。因此，三所学校的外部条件基本符合本书的案例选择要求和选择倾向，可以作为本书的案例备选学校。

二 个案确定

在确定了个案备选学校之后，进一步的工作就是初步筛选和确定个案教师。本书的个案要求是三所样本学校中担任有研究任务并具有一定科研成果的教师。这些教师既正常地参与教学工作，又积极地兼顾教学实践研究（这里需要的说明的是，所谓的"教学实践研究"并非一定是课题，如第一章中对教学学术的论述所表明的观点，中小学教学也属于学术范畴，因此，这里的教学实践研究是一个广义的指称）。本书个案选择并不排斥担任一定行政职务的学校领导和参与学生工作的教师作为个案。

在选择个案教师过程中，研究者首先对每所学校的 10 名教师，三所学校共 30 名教师进行了初次面谈。首轮面谈的主要目的就是确定符合本书设定的具有典型代表的个案教师。根据前文样本学校选择要求和分析框架的需要，研究者在每个学校的 10 名教师中分别选择了在面对面交流、出版传播和网络传播方面各有专长的教师作为个案教师，这些教师还要求易于沟通和交流，并符合本书分析框架需要。基于以上思考，通过整体考察和面谈之后，最终确定的个案教师为 A 教师、B 教师和 C 教师。围绕这 3 名案例教师，本书还选择了他们各自的两名同事，各自学校的一名科研管理人员，以及担任学校主要行政职务的领导（校长或副校长），并要求每个教师都有教学实践经验。另外，在这三所学校的 15 名教师中，选择的 3 名教师作为个案，将对其进行跟踪观察和合作性的案例开发。这 3 名教师包含在前面的 15 名教师之中。

选择 3 名案例教师都具有相对充足的理由和符合本书目的的依据：

选择 A 教师是因为她具有独特的音乐教学风格，优秀的教学成果和丰富的面对面传播经验。A 教师是研究者在初选时一次偶然机会认识的，通过后来的了解发现，A 教师的教学被公认为是优秀的教学，这恰好为本书所提倡的"教学学术"提供了很好的案例。A 教师不仅课上得好，而且还经常开展教学研究，形成了一系列的研究成果，例如自编教学、录制微课、外出送课和讲学等。其中最具有影响力的是他的"123 口风琴快乐教学法"。鉴于这些现实因素，选择 A 教师作为本书的案例教师。

选择 B 教师是因为她在该校教师中的科研能力比较突出，且全程参与学校的科研项目协管，她对全校教师的科研情况比较了解。B 教师个人在科研方面也具有一定的研究成果，曾有申报和参与 3 项课题研究的经历，其中包括区级课题一项，市级课题两项，并全程参与了这三项课题研究，积累了丰富的教研经验，形成了丰富的教师研究成果，发表论文若干篇，出版了相应的著作。因此，她在出版传播方面具有丰富的经历。这为本书所关注的教师研究成果出版传播研究提供可能。此外，由于 B 教师跟研究者（笔者）接触较多，并一起合作开展过教学研究，彼此了解和信任，这些因素都有益于本书的顺利开展。

选择 C 教师是因为研究者进入研究现场后先与她开展了一段时间的校本课题合作研究，彼此熟悉，在许多观点上能产生共鸣。在一定时期的项目合作中彼此经常沟通各自的学习、生活和工作，研究者也能及时分享她教学工作中的研究成果，所获的信息真实可靠。另外，研究者观摩过 C 教师所在学校的教研活动，查阅过她的相关教学成果和公开传播的教学日志，了解她的科研能力和日常教学活动，并且多次跟随其到区县进行项目推广工作。最主要的是由于笔者是她的研究伙伴，此前就有她一系列的网络联系方式，能够及时关注她在微博、QQ 空间和"微圈"等公共平台上发表的关于教育教学方面的"研究成果"，并参与她发起的讨论，能够了解她与其他同事之间的互动。基于这些交往基础，研究者认为 C 教师符合本书个案选择的条件，是一位恰当的案例人选。

此外，选择 3 名案例教师还存在一些客观因素。从地域上来讲，仅仅选择重庆市的教师为个案是出于时间和经费的考虑。在研究者所在高校区域开展研究能够节省大量的时间和经费。另外，就重庆市本身而言，该市虽处于中国西部，但是教育水平却优于其他西部省份，处于中等教育水平，不在中国教育的前后两端，从一定程度上能够代表中国大部分地区的教育水平。因此研究重庆市教师的研究成果传播对其他地区的教师也具有借鉴意义。

三　个案概述

本部分将简要介绍 3 名案例教师的基本情况、教学情况、教学研究情况和主要研究成果。在建立基本的信任关系之后，3 名案例教师与研究者分享了他们具体的工作情况，特别是研究情况。研究者还获得邀请加入他们的教学研究之中（由于本书关注的并非教师研究过程，而是关注教师研究成果的后续应用问题，故而加入他们的课题研究并没有对其成果传播生态形成干扰，不属于其中的变量，对本书影响不显著，反而有助于更加深刻地了解 3 名教师的基本情况）。由于调查研究过程涉及教师个人经历和基本信息问题和个案教师的同事及其学校领导信息。因此，在本书中全部隐去学校名称，分别编码为 A 小学、B 小学和 C 小学，将 3 名教师分别称为 A 教师、B 教师和 C 教师。这一方面是为了尊重和保护个案教师的个人隐私，另一方面也是为了免除个案教师的顾忌，保证本书的效度。

为了进一步论证选择 3 名案例教师的合理性，以下将对 3 名案例教师作细致描述。

A 教师是重庆市沙坪坝区 A 小学的音乐教师，有 15 年教龄（至 2015 年），中师（中等师范学校）毕业生。多年的教学经历使 A 教师在教学和研究方面积累了丰富的经验。现在该教师担任 A 小学科研室主任并兼任该小学音乐教研组组长，全面负责学校的科研管理工作和艺术课程与教学管理工作。同时 A 教师还是两位新入职音乐教师的导师（师父）。A 教师是一位教学经验丰富，在教学中有突出表现的教师，自其从教以来就开始尝试着上公开课，随着教学技能的不断提升，A 教师还经常代表学校和学区外出赛课、送课和展课，在区内外有较大的影响力。A 教师还是一位科研能手，其不仅担任着全校的科研管理工作，还积极主导着全校的科研发展。在过去几年间，她担任有 6 项科研项目，其中结题 4 项，在研 2 项。特别是她主持的音乐教学改革项目获得过区级优秀项目荣誉，许多学校教师来观摩和学习。A 教师至今开展了优秀公开课 30 余堂，录制了 12 节微课视频，进行了 10 余场校外教学学术报告，是一位通过面对面教学展示而获得专业成长的成功教师典型。

B 教师是重庆市北部新区 B 小学的语文教师，本科学历（函授），有 14 年教龄（至 2015 年），小学中级教师。B 教师是一位非常励志的教师。这名教师从基层做起，十四年前从村小到镇中心校，从镇中心校再到县城小学，最后调任到重庆市主城区学校。这位具有传奇色彩的教师存在其独特之处——优秀的教学能力和写作能力。根据 B 教师的介绍，她教过美术、教过音乐、教过数学也教过外语，然而实际上她一直坚持认为自己是一名语文教师。据 B 教师介绍，她在语文教学特别是作文教学方面具有非常丰富的教学经验和许多极具创新的想法，并形成了一系列思考和成果。当然，在中小学要成为一名优秀教师，过硬的教学能力是前提和基础，因此 B 教师同样是一位能够上公开课，经常上示范课的优秀教师。但她不仅仅是一名优秀的教学展示者，还是一名特别擅长总结和提升自己教学经验的，具有非常强的写作能力（这可能与她的学科有关）的优秀教师。到目前为止，B 教师形成了大约 50 万字（对 B 教师所有手稿查阅后的估计值）以上的教学随笔、诗歌、散文等作品（根据 B 教师的说法是，有教学日记 6 本，诗集 2 本，学术论文 10 余篇）。B 教师还担任着学校的教务工作，一些重要的文件和总结报告都是由 B 教师完成。在科研（课题研究）方面，据 B 教师介绍，过去在县城和镇上很少参与课题研究，只是近两年来到重庆市任教之后，参与了 3 项科研工作，同时正在作为主持人申报 1 项新的市级教学研究项目。诚然，B 教师在研究成果出版方面具有相当程度的发言权。

C 教师是重庆市沙坪坝区 C 小学的数学教师，大学本科学历，具有 6 年教龄（至 2015 年）。这是一位教学非常优秀的教师，入职三年时间，在其"师父"（新入职教师的指导教师）的带领下，迅速成长为一位能够在各种场合开展公开课的教学能手。根据 C 教师的介绍，其在成才过程中，受教于老教师的机会非常多（该教师所在学校老教师数量远远高于年轻教师数量）。但是接受老教师指导并不是 C 教师成长的唯一原因，因为 C 教师还是一位网络能手。根据 C 教师的介绍，她之所以能够成为一名"电脑高手"是因为，在 2000 年之后重庆普及双基工作，配备了大量的现代化信息技术设备（电脑），但是由于学校年轻教师不多，老教师大多不太会使用电脑，因此一直闲置。C 教师的到来使学校的这些设备得到了充分利用，并积极培养了其他教师使用电脑的习惯。此后，许多教师都经常向 C

教师请教信息技术方面的问题。由于她使用电脑的时间比较多，技术也比较成熟，并且经常依靠电脑查阅教育教学相关资料，所以 C 教师还结合自己承担的一些课题研究，长期在网络上交流和分享自己的研究成果。经过三年时间，C 教师在网络上找到了一条促进自己成长的好途径，并形成了大量的网络化研究成果。3 名教师的基本情况如表 3-1 所示。

表 3-1　　　　　　　　　3 名案例教师的基本情况表

教师	所在学校	所教科目	学历	教龄（年）	科研情况
A 教师	A 小学	音乐	大专	15	参与课题 6 项，开展公开课教学若干
B 教师	B 小学	语文	本科	14	参与课题 4 项，撰写论文 11 篇，专著 2 部
C 教师	C 小学	数学	本科	6	参与课题 2 项，发表网络日志若干

第二节　研究方法

以个案研究和跨界研究为方法论基础，根据扎根研究范式，本书的原初数据资料主要通过现场观察和个案访谈两种具体的研究方法采集。

一　现场观察

现场观察是本书的重要研究方法。通过现场观察和了解，研究者能够更加直接地了解教师在日常生活中如何传播自己的研究成果。特别是在教师研究成果呈现方式和传播路径两个问题上，通过观察能够直接了解教师通过不同传播途径传播研究成果的现实情况。此外，教师传播行为的发生也可以通过现场观察来加以记录，并在面对面交流的时候提出关于一些传播事件的问题。例如访谈提纲中的问题 8 "您在试图公开自己的成果时遇到什么障碍？"和问题 10 "您认为您的想法是如何被接受的？"提出这些问题之后，可以通过平时的观察来进行辅助性判断教师回答的真实性，提高研究信度。

对 3 名案例教师的跟踪观察是本书的重要任务，特别是在考察教师研究成果面对面交流传播时，需要记录下教师的传播行为、传播要素以及整个传播事件。因为通过面对面传播一般不形成书面材料，教师不能直接确定自己的传播行为是否发生,也不能确定自己传播的是否就是研究成果,因此需要跟踪观察和如实记录。另外一个重要原因是,在教师面对面传播中可能会生成实践性知识,这种知识传播现象的捕捉需要精心的准备,并以观察提纲(见附录E)为指导。

本书的观察点不局限于个案教师所在的学校,还包括案例教师参与的其他校外活动。本书进入现场观察时间跨度为1年,共分为三个阶段:第一阶段为初步接触观察和访谈时期;第二阶段为深度观察和访谈时期;第三阶段为增补资料性访谈时期。三所学校每所学校每月观察时间为3天,其余时间为文件整理和网络沟通形式,三所学校共安排了27天的观察总量。整个研究周期共计12个月,包含资料收集,相关文件查阅,面对面访谈等相关研究工作(见表3-2)。

表3-2　　　　　　　　　　现场观察与访谈记录

序号	观察日期	学校	对象	主要内容
1	2014.11.25	A小学	全校教师	了解全校教师科研情况
2	2014.12.31	A小学	全校教师	参与A小学项目开题会与A教师初步交谈
3	2015.07.08	A小学	全校教师	参与A小学教研周活动
4	2015.07.26	某进修学校	A教师	A教师给重庆某区全体音乐教师培训口风琴
5	2015.09.16	A小学	A教师	参与A教师教研室交流情况
6	2015.09.17	A小学	A教师	与A教师的深度交谈
7	2014.11.28	B小学	全校教师	了解全校教师日常科研情况
8	2014.12.30	B小学	B教师	与B教师初步交谈,了解其基本科研情况
9	2015.07.09	B小学	B教师	与B教师进行课题经验交流
10	2015.07.15	B小学	全校教师	参与学校教研周活动
11	2015.09.22	B小学	语文教研组教师	参与语文集体备课活动
12	2015.09.23	B小学	B教师	与B教师的深度交谈
13	2014.12.03	C小学	全校教师	了解全校科研情况,与C教师初步接触
14	2014.12.29	C小学	C教师	与C教师的第一次正式访谈
15	2015.07.10	C小学	C教师	学习和参与C教师适用的各种网络工具
16	2015.07.17	C小学	C教师及其受众	参与C教师发起的网络视频讲座
17	2015.09.29	C小学	C教师	参与C教师送教下乡活动

续表

序号	观察日期	学校	对象	主要内容
18	2015.09.30	C小学	C教师	与C教师的深度交谈
19	2015.10.15	A小学	A教师及其同事	回访和与A教师同事的验证性访谈
20	2015.10.16	A小学	A教师及其同事	回访和与A教师同事的验证性访谈
21	2015.11.13	A小学	A教师	经过资料整理后的增补性访谈与观察
22	2015.10.22	B小学	B教师及其同事	回访和与B教师同事的验证性访谈
23	2015.10.23	B小学	B教师及其同事	回访和与B教师同事的验证性访谈
24	2015.11.20	B小学	B教师	经过资料整理后的增补性访谈与观察
25	2015.10.29	C小学	C教师及其同事	回访和与C教师同事的验证性访谈
26	2015.10.30	C小学	C教师及其同事	回访和与C教师同事的验证性访谈
27	2015.11.27	C小学	C教师	经过资料整理后的增补性访谈与观察

二 案例访谈

在现场观察的同时，研究者还开展了比较长时间的驻校访谈。前面提到，访谈的对象共计15名教师，包括3名案例教师和12名相关教师。15名访谈对象的选择是以3名案例教师为中心，分别包括他们的学校同事1和同事2，校长，科研管理者以及案例教师本人，15名被访谈教师的基本情况如表3-3所示。

表3-3　　　　　　　　访谈教师的基本情况

序号	学校	访谈对象	对应访谈提纲	所教学科	教龄（年）	是否参与科研活动
1	A小学	A教师	附录D	音乐	15	是
2		A教师同事1	附录A	音乐	2	是
3		A教师同事2	附录A	语文	3	是
4		A学校科研管理者	附录C	语文	14	是
5		A小学校长	附录B	数学	16	是
6	B小学	B教师	附录D	语文	14	是
7		B教师同事1	附录A	语文	3	是
8		B教师同事2	附录A	语文	10	是
9		B学校科研管理者	附录C	数学	11	是
10		B小学校长	附录B	语文	15	是

续表

序号	学校	访谈对象	对应访谈提纲	所教学科	教龄（年）	是否参与科研活动
11	C小学	C教师	附录D	数学	6	是
12		C教师同事1	附录A	数学	16	是
13		C教师同事2	附录A	英语	18	否
14		C学校科研管理者	附录C	语文	18	是
15		C小学校长	附录B	数学	20	是

为了提高研究效度，本书采用三角论证的方法，试图得到最真实可靠的一手资料。因此，本书对不同的访谈者制作了四份不同的访谈提纲分别见附录A、附录B、附录C和附录D。案例访谈内容主要包括以下四个方面：

第一类问题专门针对案例教师所在学校同事。这些问题主要涉及被访谈对象的研究成果传播情况，即了解案例教师如何呈现和传播他们的研究成果。例如"形成的研究成果有没有传播出去？学校鼓励你们将自己的研究成果与大家分享吗？"等。这些问题不仅是对被访谈对象的了解，也是明确学校不同因素对研究成果传播影响情况的了解。另外这份访谈提纲还涉及案例教师的成果传播过程以及传播内容问题。例如在访谈中研究者会问"您与＊＊教师平时在教学上的交流主要是什么？您知道××教师主要研究什么吗？""您是怎么知道的？具体说说通过哪些途径？"等问题，这些问题的设置是试图从侧面深入细致地了解案例教师的研究成果传播现状以及反馈情况，同时具有检验案例教师访谈效度的功能。

第二类问题专门针对案例教师所在学校校长。这些问题主要涉及学校层面如何影响和支持案例教师研究成果传播。例如"学校方面是怎么支持教师传播和分享研究成果的？具体举几个相关政策。"另外，通过问题设计还可从校长那里了解学校领导者是如何通过政策制定来影响教师研究成果传播。不仅如此，研究者还可以通过对校长的访谈了解学校对教师（特别是案例教师）的研究成果传播支持情况。例如"有哪些教师比较喜欢参与教研互动？通常在什么情况下互动？""您知道＊＊教师在校外传播研究成果吗？传播什么呢？"这类问题可以从领导者的角度说明当前样本学校教师的基本情况。

第三类问题主要针对教师研究成果传播的组织者或管理者。本书中调查涉及的组织者和管理者主要是指案例学校专门负责管理科研和教学的教师。就重庆市中小学来看，这个职务主要由分管教学的副校长或教务主任来担任，也有部分学校是由年轻并且学历较高的教师担任。之所以专门设置这方面的问题是为了深入了解哪些因素影响教师研究成果传播这一问题。因为并不是每个教师都能参加每一次研究成果传播活动，而作为组织者或科研管理者是决定谁能参加这些传播活动的关键。对这些教师进行访谈，能够具体了解教师参与传播的一般规则。另外，在这个访谈提纲中同样加入了对案例教师侧面了解的问题，以尽量做到全方位了解案例教师传播现状。

第四类问题是针对案例教师。虽然这类问题的访谈对象只有3名教师，但是这却是本书最为重要的访谈。对案例教师的访谈是全方位的，主要涉及教师如何呈现研究成果，如何选择传播路径，如何获得传播反馈等核心问题。对案例教师的这些访谈不仅仅作为对案例教师基本情况的理解，也是深入理解教师选择特定传播路径的重要途径。例如研究者会问关于学校对教师个人传播影响的问题，如"您认为学校支持你们做研究吗？是关于哪些方面的研究？"，也会问关于案例教师对别人产生什么影响的问题，如"请描述一个别人听了你的相关研究成果之后的反应的例子？"还会深入问关于影响传播的核心要素是什么等开放性问题。总之，研究者对案例教师的访谈尽量做到深入和细致，以便于了解到最真实的传播现象。

所有关于各种与案例教师相关的访谈提纲具体可见附录 A、附录 B、附录 C、附录 D。需要说明的是，这几份访谈提纲只能在访谈中起到指引作用。访谈实践也表明，研究者并不能原原本本的按照访谈提纲开展访谈工作，因为在访谈中有很多不确定性因素，比如如何提出问题和如何继续展开交流都要看当时的具体情况。可以毫不避讳地说，访谈的中断是常有的事情，有时甚至并不能达到访谈的真实意图。因此，与教师的访谈除了正式的访谈之外，还有很多非正式的访谈，即通过不断地接触和了解，经过长时间相处而完成的，特别是针对一些没有达到目的的访谈，研究者会安排二次访谈或三次访谈，最后还会安排专门的增补性访谈和验证性访谈，以达到访谈目的。因此，在针对案例教师的访谈中，并没有极其严格地执行提纲，但保障了其中需要了解的问题得到全部的解答。

访谈过程中，在得到访谈对象允许的前提下，所有的访谈都做了录音，并在之后整理成了文字。在访谈过程中，原计划每位访谈者访谈时间是20分钟。然而实际上，每次访谈都由于访谈对象对交谈内容的兴趣而有所延长。例如在 B 小学访谈 B 教师的时间为 50 分 21 秒，访谈 B 教师同事 1 的时间为 32 分 53 秒，访谈 B 教师同事 2 的时间为 36 分 22 秒。其他学校教师的访谈时间每人至少都在 20 分钟以上，大部分访谈超过 30 分钟。全部访谈 15 名教师的总时间在 650 分钟以上，共计超过 11 小时。本书展开了大量的深度访谈，从访谈时间和涉及内容来看，能够覆盖所涉及的全部研究内容。

最后，需要说明几份提纲的雷同之处。在除了案例教师之外的每份访谈提纲的最后部分都加入了"与案例教师相关的情况"的内容。目的是为了从不同的角度，全方位了解案例教师研究成果传播情况，以便于形成真实可靠的案例，同时也是为了证明和检验案例教师访谈的效度问题。

三 研究过程试测

以上两种研究方法在研究初期经过多次修改，并通过小样本检验和根据检验结果进行了改进。

（一）现场观察

本人首先试验性的在研究者就读高校所在区的小学进行观察和了解情况，共走访了两所小学。此外，还借助笔者参与的一个项目走访了重庆城区的 10 所学校，并有意地了解在教师研究成果传播方面的情况，之后才确立了观察注记。

（二）访谈提纲

提纲初步设定之后，首先请了两位博士进行了审阅，在问题表述和逻辑上进行了修改。此后，每份提纲选择一位属于案例学校教师但非正式访谈对象的教师进行了试访谈。除此之外，还邀请了属于学校教师但不属于正式访谈对象的 4 名教师对相应的访谈提纲进行了笔谈。在认真听取这些教师的修改意见之后，对访谈提纲做了最后的调整。

通过以上实测之后，总体上使研究方法的科学性得到保障，也能够说明使用相应研究工具来开展研究的科学性和研究过程的可行性。

第三节 资料收集与整理

在确定研究对象和研究方法之后，接着是进入现场进行资料收集和整理。这里将简要介绍研究者进入研究现场、收集资料以及整理资料的过程和方法。

一 进入现场

进入现场是收集资料的第一步，需遵循科学的方法和技巧，并注意一些问题，如"我如何进入研究现场？我如何与被研究者取得联系？我应该如何向对方介绍我自己的研究？我为什么要这样谈？他们会如何看我？他们会对我的研究有什么反应？他们为什么会有这些反应？在研究的过程中我如何与被研究者保持良好的关系？"[①] 针对这些问题，以下将介绍研究者进入研究现场的历程。

由于本书的案例学校是通过参与项目评估的机会直接与校长交谈并确认案例学校及教师的。因此，研究者一开始就与案例学校的"守门人"——校长进行沟通和交流，并通过校长的帮助进入学校和认识学校教师。校长是研究者进行研究场域的重要人物，其决定着整个学校的事务，对本书意义重大。因此，以校长作为介绍人，为本书的开展提供了许多便利。为了能够与校长和校长所在学校有更好的沟通和交流，笔者直接以一名"研究者"的身份进入他们的群体，这样有利于笔者了解案例学校教师的研究现状。同时，因为研究者本人在教育研究方面具有一定的理论基础，也能较好地参与他们的教学研究，能够与教师和校长平等对话，实现互惠互利的良好研究生态。因此，在整个教师研究成果传播研究过程中，本书的研究者是作为中小学教师研究者的指导者身份参与，是一种"半参与式"[②] 的观察和研究方式。

通过与校长的长期合作，本书也逐渐获得了校长的积极支持，并对本书提供了大量帮助。校长随后还介绍了一些学校的其他领导和教研主任与研究者交流，例如 A 学校校长还专门安排了一名教师协助研究者的调研工作。经过几次合作，我们共同的研究取得了一定的成效，这些对后来研究者到校观察和访谈做好了准备。在后期调研中，校长和教师们积极主动邀请研究者与他们进行沟通和交流，例如 B 学校校长还邀请研究者给学校全

[①] 陈向明：《质的研究方法与社会科学研究》，教育科学出版社 2002 年版，第 94 页。
[②] 这里的"半参与式"观察是指研究者表明了自己的身份，但又同时参与教师的教学研究项目，但研究者没有参与教师研究成果传播。因此，从教师研究活动角度来讲，研究者是参与式观察，而就教师研究成果传播活动而言，研究者属于非参与式观察。

体教师做了多场关于中小学教师科研的学术交流活动。研究者进入学校的基本流程可以用图3-1来表示。

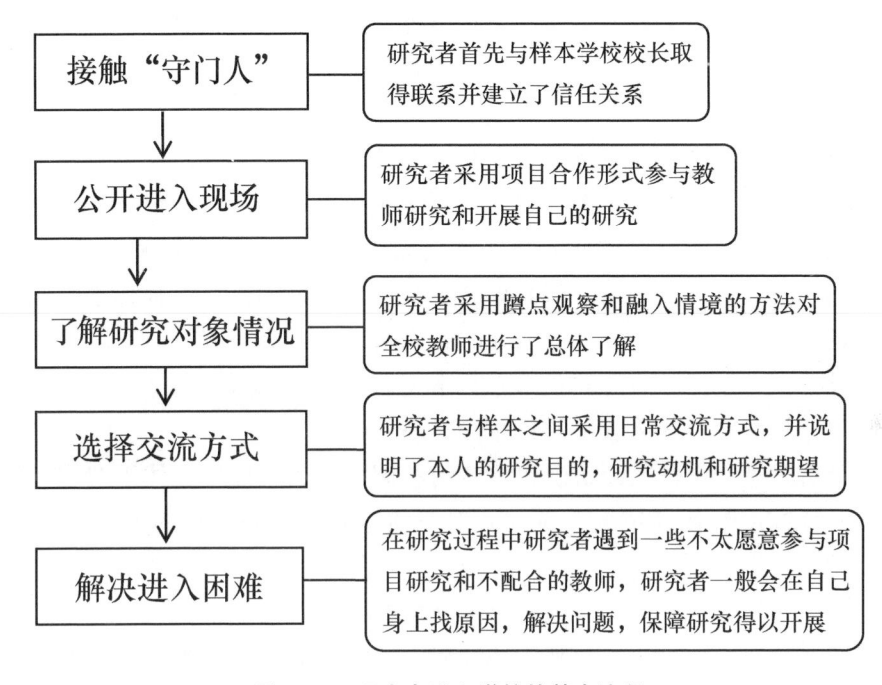

```
接触"守门人"  →  研究者首先与样本学校校长取得联系并建立了信任关系
     ↓
公开进入现场  →  研究者采用项目合作形式参与教师研究和开展自己的研究
     ↓
了解研究对象情况  →  研究者采用蹲点观察和融入情境的方法对全校教师进行了总体了解
     ↓
选择交流方式  →  研究者与样本之间采用日常交流方式,并说明了本人的研究目的,研究动机和研究期望
     ↓
解决进入困难  →  在研究过程中研究者遇到一些不太愿意参与项目研究和不配合的教师,研究者一般会在自己身上找原因,解决问题,保障研究得以开展
```

图3-1　研究者进入学校的基本流程

二　资料收集

关于收集资料的方法在前文已做了介绍,这里主要描述研究者资料收集过程。在进入现场之后,按照研究计划,研究者先对学校进行了环境熟悉。因为研究者进入现场有"守门人"介绍,虽然带来了极大的方便,但实际上也会给本书带来一定的负面影响。例如学校有教师会认为研究者与校长是"同伙",进而会在与研究者交流时比较"注意"。因此,研究者第一次到学校,并没有急于开展研究工作,而是与学校的教师进行漫谈式的交流,目的在于促进与学校教师的关系,便于下一步研究的展开。当然,校长也考虑到了这一点,因此,他首先将那些平时经常与校长合作的教师介绍给研究者认识,从这些教师开始,再进一步了解和熟悉其他教师。在这期间,研究者还查阅了学校关于科研方面的所有文件资料共84份,对三所学校的基本科研情况有了一个大致了解。

由于三所案例学校相对分散,研究者无法采取同步进行的方式对三所学校开展调查，故而采用依次进行的办法，顺序是从 A 小学、B 小学到 C 小学。虽然对三所学校开展调研的时间没有同步，但是研究方法和调研步骤是一致的。首先是熟悉环境，了解学校和教师基本科研情况。这里主要使用观察法和文件分析法对三所学校的教师科研和学校总体科研情况进行了统计和分析。

其次是考察和确定案例教师，并收集案例教师的相关资料。根据第二章的分析框架，研究者试图寻找在教师研究成果呈现方式、传播路径和反馈应用上具有一定特色的教师作为案例教师。通过前期观察和资料查阅，以及每所学校的三次调研，研究者已经跟三所学校的部分教师建立了相互信任的关系，并参与了一部分教师的教研活动。这个过程让研究者注意到了 A 小学的 A 教师，B 小学的 B 教师和 C 小学的 C 教师。并专门安排了一次调研，依次对这 3 名教师的具体情况进行收集和记录。

最后是进行个体教师访谈和整体问卷调查。为了能够整体了解三所学校教师研究成果传播情况，研究者对三所学校的所有教师进行了问卷调查。并且还根据前面的研究设计，对每所学校的 5 名教师进行面对面访谈，集中了解学校教师的研究成果传播情况，特别是以案例教师为中心的成果传播情况。在与这些教师访谈过程中，除了案例教师本人之外的其他 4 名教师都认真细致地谈论了关于案例教师的成果传播情况。在访谈非案例教师过程中，研究者特别强调这只是一种科研行为，对案例教师没有任何别的影响，希望通过这种强调来获得更加真实的一手材料。

本书一共访谈了 15 名教师，其中包括 3 名案例教师，每个教师访谈在 20 分钟以上，其中最短的有 20 分钟，最长的有 66 分钟，并全程录音备份。整个扎根式个案研究历时 6 个月（不包括前期研究的 6 个月），平均每个学校每月 1 周时间，每所学校蹲点 3 周以上。通过 6 个月的研究基本掌握了关于教师研究成果传播的基本运行模式，特别是关于个案教师研究成果传播过程中的内容呈现、传播路径选择和传播后期反馈应用的基本规律等。整个资料收集过程坚持研究的基本立场。三所学校收集资料的整个过程虽然在时间上无法达到同步，但是在基本流程上都遵循既定步骤。

三 资料整理

资料收集回来之后，就要精细编码。研究虽然主要采用扎根理论研究和嵌入式案例研究结合的方法，但是并不排斥量化的方法，采用了质性研究与量化研究相结合，质性分析为主的研究方式。以此为基础，本部分的资料整理主要任务是对收集回来的资料进行条理化、系统化，并形成一个具体的框架，为后期的理论形成做研究基础。正如有学者所言资料整理的最终目的是为了对资料进行有意义解释。① 因此，资料整理过程也是本书的重要过程，其主要包括录音转换、资料编码和资料分析三个方面。

（一）录音转换

研究者在资料整理过程中，首先需要对从现场得来的资料进行转换。录音转换主要是对现场访谈过程中的录音进行文字转化。这里主要包括两个重要的任务：一是录音转变为文字，二是文字形成条例和初步分析编码。在反复听取录音的过程中，研究者需要对一些资料加以补充和说明。另外也要及时将录音转换过程中的想法加以记录，以备后期研究可用。在录音转换中，研究者对每份录音都进行了3次重复的收听。在笔录过程中，更是反复的播放，全部完成了与现场录音相吻合的文字材料共计9万余字。

（二）资料编码

扎根理论编码是产生后续研究结论的"骨头"②。在后期的理论整理中，这些"骨头"就会成为可用的一套框架。显然，编码不仅仅是一个研究步骤，更是本书的核心部分，后期的研究将以实际资料分类为基础。在具体的资料编码过程中，研究者给每份录音材料进行了编码。编码分为横向和纵向两个维度，如表3-4所示。从横向上，研究者把3所学校各自相关的资料以学校代号如"A小学""B小学"和"C小学"的方式进行了分类。在此基础上，又对每名访谈教师的材料进行了编码，教师用字母"T"代替，因此A小学的5名访谈教师分别代称为AT1、AT2、AT3、AT4、AT5；B小学的5名教师分别为BT1、BT2、BT3、BT4、BT5；C小学的5名教师编码为CT1、CT2、CT3、CT4、CT5。整个研究以"A、B、C"三项为主要分类项，15名教师为基本组成人员，此外还根据研究工具的不同将资料分为访谈资料F，问卷资料W，观察和文件资料G。这三类划分是在以学校分类为基础之上的进一步划分。在资料分析阶段，研究者还将继续根据研究内容，将资料分为教师研究成果面对面传播资料H，教

---

① 陈向明：《质的研究方法与社会科学研究》，教育科学出版社2002年版，第272页。
② ［英］凯西·卡麦兹：《建构扎根理论：质性研究的实践指南》，边国英译，重庆大学出版社2009年版，第58页。

师研究成果出版传播资料 I 和教师研究成果网络传播资料 J。"H、I、J"三类资料最终将形成本书的第四章、第五章、第六章的重要内容。

表3-4　　教师研究成果传播途径研究访谈资料编码对照

	访谈对象编号	访谈提纲编号	录音（R）编号	录音转文字（W）编号
A 小学访谈资料编码	A 教师	附录 D	AGR	AGRW
	A 教师同事 1	附录 A	A1DR	A1DRW
	A 教师同事 2	附录 A	A2DR	A2DRW
	A 学校科研管理者	附录 C	AFR	AFRW
	A 小学校长	附录 B	AER	AERW
B 小学访谈资料编码	B 教师	附录 D	BGR	BGRW
	B 教师同事 1	附录 A	B1DR	B1DRW
	B 教师同事 2	附录 A	B2DR	B2DRW
	B 学校科研管理者	附录 C	BFR	BFRW
	B 小学校长	附录 B	BER	BERW
C 小学访谈资料编码	C 教师	附录 D	CGR	CGRW
	C 教师同事 1	附录 A	C1DR	C1DRW
	C 教师同事 2	附录 A	C2DR	C2DRW
	C 学校科研管理者	附录 C	CFR	CFRW
	C 小学校长	附录 B	CER	CERW

（三）资料分析

这里的资料分析主要包括对文件资料的分析，对访谈资料的分析，对问卷调查结果的分析以及对三种来源的资料的统合分析。这里的统合分析主要依据第二章提出的分析框架。从纵向来讲，主要根据教师研究成果传播途径的不同，分为教师面对面传播、教师出版传播和教师网络传播三个维度，并分别形成本书第四章、第五章和第六章的研究发现。从横向上来讲，主要分为教师研究成果呈现方式，教师研究成果传播路径和教师研究成果传播效果（影响）三个大的类目。

资料分析的第二步是对案例学校相关文件的整理、分类和资料编码保存。在文献查阅复印（手机扫描备份）之后，研究者对其进行有效资料的筛选，对资料中一些材料进行了编码和截取，并作适当的文字转换处理。

一些与本书无关的文件材料被搁置，将作为无效资料处理。接着，研究者按照编码规则，对资料进行了关键词编码。进行资料检查和编码之后，再对这些研究者认为有效的资料进行信息储存、文字处理和价值分析。由于本书中的文件资料查阅辅助有数据统计和手机扫描式快速备份，因此并没有将全部资料复印齐全。另外也是因为文件资料对本书只是起到从旁支撑作用，不作为重要的文献来源和一手参考资料，因此论文写作过程中并没有直接体现和引用。

第三步是对访谈资料的整理，因为访谈对象和访谈提纲都是以3名案例教师为核心来设计，所以在资料分析阶段也以3名教师作为分类整理依据。接着是对教师研究成果传播过程中的三个维度的传播行为和事件的分析。加之本书还有一个重要的研究方法是嵌入式案例研究方法，因此，数据收集和前期的文件查阅及现场观察都是为个案的访谈和解释服务的，最终是为了得到关于个案教师的实然的研究成果传播的相关结论。资料分析的首要工作是录音转换文字，其后是对文字材料进行归类分析和编码，继而是核心词的提取。根据第二章的思路，所有的材料都将整理成为教师研究成果呈现方式，教师研究成果传播路径，教师研究成果传播影响三个部分，并将这三个部分及其分析结果分别展现在第四章、第五章和第六章。这三章将是知识整合的结果，也是本书的结果呈现。

本书的资料分析主要遵循两个基本原则。一是质性研究为主，定量分析与定性分析相结合原则。定量分析的方法主要体现在对调查次数，文献资料和教师科研情况的量化统计分析上，其主要目的是为了得到三所案例学校教师关于成果传播的整体数据，对案例研究有一个量化的科学指称，避免案例研究的盲目性。定性分析方法主要用于对案例的观察分析以及对访谈材料的有效分析。本书将访谈者数量定为15人，远远高于案例教师数量，这对质性材料的普遍性来源具有一定支持性。此外，量化分析和定性分析相辅相成，有利于案例研究的特殊性和定量研究的一般化，起到相互补充的目的。二是采用嵌入式案例研究实现知识整合。嵌入式案例研究与整体性案例研究相对，是一种研究对象更加复杂的案例研究方法。整体案例研究是一个彻底的定性方法，依赖于叙事和对现象的描述，主题和假设非常重要。嵌入式案例研究涉及多个部门或对象，分析一般不局限于定性分析，注重多重性证据，关注整体和各个单元，关注突出方面的案例。例如在收集教师研究成果传播过程中，不仅仅要关注教师本人的叙事，还需要从校长、同事等不同个体来收集与案例相关的资料。嵌入式案例研究是多个案例的研究而非单个案例的研究，这两者的区分主要在于单个案例能否被复制和多个案例合成是否符合统计抽样的基本原理。嵌入式案例研究的动机来源于对案例的兴趣爱好，而不是为了调查而调查，不是为了研究而寻找证据。

第四节　研究效度及其局限

在量化研究中，信度是表示不同研究者研究的一致性问题，效度是指研究结果的可靠性。在质性研究中，是否需要考虑研究的信度和效度问题是一个存在争论的问题，但是"目前质性研究领域中的大部分学者达成一个普遍的共识，即质性研究中不讨论信度问题"[1]。因为信度指的是不同研究者研究结论的一致性，这里强调的是科学研究成果的可重复性，而质性研究大多来源于特殊情况，强调研究结论的独特性和唯一性，故而信度在质性研究中没有实际意义。由于本书采用案例研究的方法，故而在此仅谈论本书的效度问题。陈向明认为，质性研究的效度是用来权衡研究结论与实际情况的相符合程度，而不是像量化研究那样来检查研究方法本身的科学性。[2] 陈向明进一步将马克斯威尔的质性研究效度分为了四个方面，即描述型效度、解释型效度、理论效度、评价型效度。[3] 描述型效度是对外部可见事物进行描述的准确程度；理解型效度是指研究者对被研究者描述的事实理解和能表达的程度；理论效度是指研究者通过质性研究建立起来的理论是否反映了现实的真实情况的程度；评价型效度是指研究者研究结果的价值判断是否确切的问题。

在现实的研究中，研究效度是每一项质性研究都必须面对的问题。在本书中，影响研究效度的现象主要体现在以下几个方面。首先是研究者对传播事件的记忆影响着研究的效度。由于在与被访谈教师访谈过程中，教师凭借的是对传播事件的回忆，因而在其描述的事件中，其记忆的深浅直接影响着研究材料的真实性。其次是研究的特殊环境对研究效度的影响。

---

[1]　文军、蒋逸民：《质性研究概论》，北京大学出版社2010年版，第86页。
[2]　陈向明：《质的研究方法与社会科学研究》，教育科学出版社2002年版，第390—391页。
[3]　陈向明：《质的研究方法与社会科学研究》，教育科学出版社2002年版，第391—394页。

由于访谈地点的选择，或者研究时间的限制，这些因素通常也会影响研究的效度。例如，研究者发现在校长办公室访谈教师，教师谈话间有很多顾及；另外，如果同一个办公室还有其他教师在场，也会对谈话的氛围和效果产生影响。再次是研究者与案例教师的文化差异影响研究效度。例如对传播的理解及其与发表研究成果的区别，对"学术"这一概念的理解等都会对本书的访谈效果产生影响。

鉴于本书中影响效度的因素，研究者采用了以下方法来提升效度。首先是在资料收集整理过程中采用三角互证法。三角互证法是采用两种或两种以上的研究策略来获得同一问题的准确信息的验证方法。三角互证法能够避免采用单一的资料收集方法而产生的偏见。[1] 因此，在本书选定的15名访谈教师中，不仅包含了3名案例教师的同事，还有校长、成果传播的组织者等。交叉互问方式对研究效度具有检验作用，便于修正。其次是采用情境完整法。情境完整法的核心在于研究者进入现场之后，一定要保证不破坏原来的情景，使其人物、自然环境、日常事务都保存常态。因此，在本书开展过程中，研究者首先就是让自己尽量融入案例学校教师的集体中，跟他们成为朋友。事实上，通过一段时间的接触和合作，研究者已经与3名案例教师成为了"好朋友"，他们会常常与研究者分享他们的经验，也会一起讨论一些教学问题，相互间建立了良好的关系，这对提升研究效度大有裨益。最后是研究人员自省法。研究者的个人身份对研究的影响非常大，如研究者个人学历、年龄、教学经验、语言、行为等都会对个案教师有一定的影响。因此，研究者常常反省研究行为，思考究竟应该以一种什么样的身份与他们交往。研究者认为以博士研究生身份去开展研究并不是一个好主意，而应该作为一位"学习者""合作者"身份参与到一线教师的大群体中，认真倾听他们的述说，认真思考他们遇到的困难，想他们所想，尽力为他们做一些力所能及的事情，这种身份定位给本书带来了极大的便利，对提高研究效率很有帮助。

---

[1] ［美］约瑟夫·A.马克斯威尔：《质性研究设计：一种互动的取向》，朱光明译，重庆大学出版社2007年版，第472页。

第四章　教师研究成果面对面传播

场景5：在食堂吃过午饭后，大多数教师都没有休息！于是我走进了一间教师办公室。听到一位教师在抱怨自己班的学生不喜欢写作文……他们跟我打过招呼之后，继续聊着这个话题，并邀请我一起参加讨论。"我认为应该……我认为应该……不，不，不，我认为应该……"大家你一言我一语。最后，一位老教师提出了一些独特的看法，得到各位教师的一致认同。就这样聊着，不知不觉到了下午上课时间……①

研究与学术具有诸多相似之处，但研究并不包含成果公开，要将中小学教学和研究作为学术看待，则需完成学术成果公开环节。教学学术公开问题也即本书所探讨的"教师研究成果传播"问题。教师研究成果要实现传播也需以教学学术认识论为基础，否则就没有传播教师教学研究成果的必要。又由于教学作为一种情境性活动，主要以行动为展示手段，因此面对面传播是其主要途径。当然，要讨论传播途径问题需先明确传播什么的问题。故而第二章提出教师实践性知识及其检验标准，为中小学教师研究成果（教学）传播提供了理论支持，也为传播内容的筛选与厘清奠定基础。根据教师实践性知识的检验标准，中小学教师研究成果要作为一种知识形态，应当符合第二章所提出的个体性、可及性、交互性、有效性四大标准。因此，可以说属于教师个体、其他教师能够认识和接受、在行动交互中产生、具有促进教学实践效用的知识均可纳入教师研究成果的范畴。中小学教师传播的应该是符合教师实践性知识检验标准的教师研究成果。根据第三章的研究设计，本章将以信源（传播呈现）、通道（传播路径）、传播影响因素为分析框架，细致讨论教师如何选择面对面传播研究成果这

---

① 资料来源于研究者2015年9月17日的现场研究注记。

一核心问题，并以 A 教师为个案重点论述教师面对面传播的状况。具体内容包括教师研究成果的呈现方式，教师研究成果的传播路径选择，教师研究成果面对面传播的核心影响因素等。

第一节　A 教师作为研究者的发展历程

教师研究是教师研究成果传播的前提，没有研究活动就没有研究成果传播。反之，研究成果传播对进一步推动学校教师教学研究也具有积极意义。因此，在考察教师面对面传播的基本原理之前，有必要考察案例教师的整个研究历程，以便更加深刻地理解 A 教师面对面传播过程。

A 教师是本书选择的案例教师之一。研究者通过一次偶然的机会与她认识。当时她正在上音乐课，我经过她上课的教室时，被她极具特色的音乐课深深吸引，让我足足在教室门口听了 15 分钟。后来通过访谈和交流得知，原来 A 教师的音乐课是 A 小学的一项重要的校本教研成果，是 A 教师多年教学的结晶，也是学校校本课程建设的代表性成果。A 教师把这个校本教研成果称为"123 音乐教学法"。关于"123 音乐教学法"，A 教师是这样描述的：

> 学校于 2005 年实施小乐器口风琴进课堂校本课程开发。我在多年的口风琴教学实践中，逐步摸索、提炼出一套适合小学开展器乐进课堂的"口风琴介入学习法"，也叫"123 口风琴教学法"。"123"是指在实施口风琴教学中要遵循一个中心，两个目标，三个维度的原则。具体来说，一个中心，就是以有效实施国家课程为中心，将音乐国家课程更好地校本化实施；两个目标，是通过口风琴的有效介入，辅助音乐教学，让教师在音乐教学中教得更轻松，同时以学生在音乐活动中学得更快乐为目标；三个维度分别指向介入的时间维度（课前、课中、课后），内容维度（唱歌、欣赏、创编）和效果维度。教师要充分挖掘口风琴在不同学习时间的具体操作方法，不同学习内容上发挥的作用与不同层次学生的学习任务与评价。这个教学法首次提出了口风琴辅助音乐课堂教学这一想法，在这样的背景下，开发出口风琴校

本课程，从而收集、整理出了一套适合小学音乐教学使用的口风琴教程。[①]

A 教师"123 音乐教学法"是在全校协同之下，学校领导统筹规划下，有序、科学和有效地开展教科研探索的历程。这不仅是其自身教研能力提升和专业成长的过程，而且是学校课程变革的过程。经 A 教师回忆，这个教学法是这样产生和发展的：

访谈者：能否谈谈你的研究历程？

A 教师：说到研究历程，我觉得我的研究其实最主要还是从学生这块开始的，因为当时教的是农村孩子，让我感到困难的首先是，那些孩子不识谱，而且学校没有（这种）音乐学习氛围。尤其是家长对音乐这个学科，可以说是不闻不问的。相反，语、数等主要学科，家长既会督促（孩子）写作业，还要关心他（们）的成绩。但是对于音乐这个科目呢，大部分家长就会认为学不学有什么嘛。让我印象最深刻的就是我以前搞兴趣组的时候，有些孩子本来我是在选拔的时候看上了他，想让他来参加兴趣小组，提高一下他对音乐的兴趣，增强音乐方面的基本素质。但是后来又有学生来跟我说："妈妈说害怕影响了我的学习，不让我参加这个音乐兴趣小组了"。这就是我当时在教学和研究上面临的（困难）……我就想，我面对的是农村的孩子（我写过一篇论文），如何能够让农村的孩子也享受到音乐的乐趣，而不是仅仅觉得音乐是可有可无的科目呢？做了这么多年的音乐教师，我觉得其实音乐真的是一个提升人的思想修为的很重要的一个东西。

访谈者：这一点我很认同。

A 教师：因为我自身在键盘乐器上比较强一点，所以我结合自身的长处来考虑自己的发展，而不是从声乐上、舞蹈等方面入手。其实我在课堂上尝试过很多种乐器，因为我想，要让孩子懂音乐、体验到音乐的魅力的话，那么你不可能仅靠口授吧？那么多学生，如何让他们在音乐学习中体验到音乐的乐趣，感受到自身成长，然后我就想到用乐器来教学。最初我也试过竖笛，但是竖笛在时间上，可能需要一

[①] 资料来源于 A 教师 2015 年 10 月 12 日的教学日志。

第四章　教师研究成果面对面传播

年,或者更长。首先是它的音色不太好,其次就是竖笛对于初学音乐的学生来说不仅枯燥也有一定难度,教师也不好教。而接触口风琴是比较偶然的,2005年……我参加了一次校外口风琴的培训。我就发现这个乐器比较适合小学生使用,键盘乐器比较适合学生操作,也是学习基本乐理知识的一个好工具。所以我回去就先从兴趣组开始把口风琴引入我们学校……

访谈者:这个兴趣组很有意思,能否详细谈谈兴趣组是怎么开展活动的?

A 教师:兴趣组的筹备,首先要选组员,一般是在中高年级的孩子中选拔,并且是家长支持的,孩子自己也喜欢的。然后就利用中午休息的时间来教他们吹。每周大约用两个中午来训练,训练的内容主要是吹曲子。这种活动持续了两年,慢慢地这些孩子就有一些音乐基础了。接着我们就开始训练比赛,我记得第一次比赛好像是2007年,兴趣小组活动开展了大约两年时间,这次比赛成绩非常好,获得了比较好的名次。在这次得奖之后学校的很多教师和学生就开始关注到了我们的兴趣活动。慢慢地在我教的年级里拿其中一个年级的学生来试点。当时也有小部分家长不支持,这个是不能强迫的。但是刚好碰上课程改革,学校就觉得这可以作为课程改革的试点项目。有了学校的支持,活动开展起来就顺利得多,大约从一零(2010)年开始,经历了三年时间,逐渐在全校推广。在这个过程中遇到了很多问题,比如学校里欠缺音乐教师怎么办?但是当时学校明确态度,全校教师每人发一台(口风琴),先培训教师。好在当时每个班的教师都懂一点基本的乐理知识,因为当时我们的中师生,在学校里都学过简单的乐谱。有了师资,然后就由每个班的教师去带动,除了在音乐课上教,还有就是全校性的口风琴活动。那时候学生比较少,就几百个学生,我记得当时我就利用中午的午会,再深入地教一些教师和高年级学生……

访谈者:主要就是你来培训,是吗?

A 教师:对,就是我来组织嘛。起初教他们手型、音符、吹简单的曲子。然后慢慢地让有了一定基础的学生下到各个班去指导一、二年级的孩子。充分利用教师和高年级孩子,教师主要教授乐理知识,学生去示范。口风琴课程就慢慢做出来了。到这边来(指学校整体搬迁）以后有了多媒体，我们就采用录制视频等形式来加强教学，我们的口风琴教学也一步一步地随着硬件的完善，做得也越来越好。

那个"123 口风琴教学法"也是在这个长期的探索中逐步形成的。在这个过程中，我并没有想过要形成什么成果，只是自然而然地就产生了这样的一些想法。这些想法又逐渐运用到自己的教学实践当中，最后就逐渐形成了自己有特色的教学课型。（2015/09/17）

从研究者与 A 教师的交流可知，这项教师的研究成果形成过程是基于自己的日常行动和反思而来，并在实践中逐渐形成的可用于直接交流的实践的研究成果。

第二节 优秀教学：教师面对面传播的主要研究成果

教师研究作为一种"实践"，其必然产生一定的"结果"。这种"结果"会通过某种形式展示出来，彰显实践性知识的可及性，这就是教师研究成果呈现问题。因此，教师研究成果的可及性需要通过"呈现"或"表征"来实现。这也是教师研究成果传播的重要步骤。在传播学话语体系中，教师研究成果可称为"信息"或"传播内容"。信息"泛指人类社会传播的一切内容；讯息是传播内容的自我性，它是一组相关联的、有完整意义的信息符号所构成的具体信息"[①]。施拉姆认为"凡是能减少情况不确定性的东西都叫信息"[②]。信息是传播过程的首要因素，没有信息，传播就无法开展。就教师研究成果传播而言，教师研究成果作为一种"信息"，其编码和呈现既是前提也是基础。因此，在讨论教师研究成果面对面传播过程中，同样需要明确教师研究成果如何被呈现和表达。前文从内容和形式上对教师研究成果的基本属性进行了学理分析，从内容上看，教师研究成果作为实践性知识形态存在，这种知识可以分为两种不同的类型，一种是关于过程的教师研究成果，另一种是关于结论的教师研究成果。从形式

[①] 谭昆智、林炜双：《传播学》，清华大学出版社2012年版，第55页。
[②] ［美］施拉姆、波特：《传播学概述》，何道宽译，中国人民大学出版社2010年版，第40页。

上而言，教师研究成果的外在表征存在"稳定性"和"清晰度"的区别。根据中小学教师研究成果的内容与形式属性，结合教师研究成果校内传播的特殊场域，本节将对基于面对面传播的教师如何编撰和呈现教师研究成果进行深入探析。

通过对 A 教师基于面对面传播的成果分析发现，其主要通过三种方式来呈现：一是通过"行动"来呈现研究成果。根据博耶的教学学术思想，结合前文关于"中小学教学作为学术"的分析，本书认为优秀教学可以作为中小学教师研究的重要成果。因为教学是通过行动来展现的，故而可以认为"行动"是一种重要的知识形态；又由于教师研究在行动中认识，在行动中反思，在行动中创造的过程，这进一步支持了通过"行动"来呈现教师研究成果的可能性和基本条件。二是通过反思性"文本"来呈现研究成果。除了用"行动"来呈现教师研究成果，"反思"性文本也是教师研究成果表达的一种重要方式。实践认识论认为，教师不仅仅在行动中认识，还在行动中反思，并且反思行动中的反思。因此，"反思"性文本也应成为教师研究成果的一种重要表达方式。故而教师在行动反思中形成的，且能够称得上知识的除了优秀教学行动，就是优秀教学的文本形态，这种文本应被看作实践性知识的一部分。文本虽然不是通过行动体现出来，但是与教师的行动密切相关，甚至可以认为是教师行动的重要组成部分。因此，可以认为文本也是呈现优秀教学的重要工具。三是通过"实体"来呈现研究成果。除了前两种呈现方式之外，A 教师还有一种相对传统的呈现范式，即通过文化墙，走廊"物质"载体来表征教师研究成果。实践性知识的检验标准中提到，知识可分为可及和不可及两种形态。从 A 教师的成果表达经历来看，实践性知识不是虚无缥缈的，而是可及的实在，这种可及之物除了可以通过行动、文本来表征之外，还可通过"物质"载体来加以呈现。总之，基于教师研究成果面对面传播的实际，教师研究成果呈现体现在行动呈现、文本呈现和物质呈现三个方面。

一 教师日常优秀教学的"行动"呈现

如前文所言，教师研究成果的属性可用哲学上的两个重要范畴——内容与形式来指称。明确教师研究成果属性不仅是为了明确内容和形式之"所指"，还需要厘清其究竟"如何"呈现，即教师研究成果呈现的具体方法。基于对 A 教师的研究，笔者归结了中小学教师通过面对面传播研究成果的知识属性及其两种主要呈现方式。

（一）教师通过日常教学行动呈现的是只可意会不可言传的知识

教师培训、教师的优秀教学以及教学研讨活动是笔者考察 A 教师面对面传播研究成果的重要观察点。就研究者参加 A 教师几次不同的面对面传播活动情况来看，多数教师都提到一些相似的体会——"有些收获只可意会不可言传"。2015 年 7 月 12 日，研究者跟随 A 教师到重庆某教师进修学院开展中小学教师口风琴培训，A 教师是这次培训的主讲教师。在培训期间，研究者与几位参与培训的教师进行了交流。当研究者问及这种面对面的交流与平时自己看书或者自己教学研究有什么不同时，多数教师都认为：

> 这类交流可以让我们看到一些教师具体的动作和行为，这些不是用语言表达出来的，而是他做出来让我们学习到的。（2015/07/26）

而这次培训的组织者——教师进修学院音乐教研部主任也认为：

> 这种面对面的培训肯定会比自己看书要容易得多，不过这还是要靠老师个人主动地去感受和体会培训老师所讲的课。[1]

2015 年 9 月 21 日，研究者跟随 A 教师到重庆某县城开展"送课下乡"[2] 活动，上完课之后，研究者访谈了几位教师，他们也一致认为：

> 送课给我们比我们去阅读书本上的教学案例更有收获，我们能够知道他遇到教学问题时具体是怎么做的。这是需要亲眼去看老师上课，才能深入感受到的，而不是文本或语言能够表达出来的。（2015/09/25）

这些现实材料表明教师面对面教学传播所起到的独特作用，也表明教师通过面对面传播所获得的是"只可意会不可言传的知识"，即波兰尼所

---

[1] 此处资料来源于笔者 2015 年 7 月 12 日跟随案例 A 教师参与的培训项目的研究日志。
[2] 送课下乡是指挑选城区优秀的教师到乡镇中小学上公开课。

谓的"缄默知识"。1958 年英国物理化学家和哲学家波兰尼在其代表作《个体知识》中首先提出"缄默知识"的概念。在波兰尼的整个思想体系中，缄默知识论居于核心的地位，也被公认为是他对哲学的最重要的贡献。[1]教师通过优秀教学所展示的正是这种以"行动"呈现为特色与核心的缄默知识，是区别于其他传播方式的独特之处。

之所以在优秀教学中能够展现出只可意会不可言传的缄默知识是因为，优秀教学通过中小学教师精心研究之后，通过课堂教学展示出来的研究成果，是教师通过行动来呈现优秀教学，它不仅展示"教出什么效果"，还展示着整个"教学如何展开的过程"。故而以"行动"来呈现的优秀教学具有实践性知识的属性，符合教师实践性知识的检验标准，属于教师实践性知识的范畴。这种知识只有通过面对面传播来实现。

这种成果的呈现与其产生过程本身密切相关。优秀教学的产生过程应被看作教学研究的过程。从访谈得知优秀教学的过程大致经历着提出问题、分析问题和解决问题三大部分，另外还包含了教学学术所指称的学术公开、接受同行评议的环节。例如在访谈 A 教师时探讨了优秀教学的产生过程。

> A 教师：说到示范课和赛课这些教学活动，我认为它是集体智慧的成果。一堂好课是经历了一个漫长的打磨过程的。首先是由老教师来选定优秀教师；其次是优秀教师确定教学内容和开始设计教学；然后是教研室教师共同讨论修改；接着任课教师开始试教。在此期间如果是到外面去赛课的话，整个教研室的教师会一起听课、评课，给上课教师提建议，上课教师就继续改进。这样反复的磨出一堂大家都觉得比较满意的课来，这就是我们平时开展的教学研究吧！（2015/09/17）

可见，优秀教学并不仅作为一种表演而存在，也不仅是教师的行为表征，还暗含了"如何教学"的方法和"为何教学"的价值和理念。教师在探究如何上好示范课、公开课的过程中，体现的是教师们的科研精神，倾注的是他们的集体教研智慧，展示的是教学研究的过程与方法。其展示得

---

[1] 周城雄：《隐性知识与显性知识的概念辨析》，《情报理论与实践》2004 年第 2 期。

更为鲜明的是"只可意会不可言传"的缄默知识，教师更多的是通过参与式学习（面对面交流）获得。因此，这是一种通过"行动"来表征研究成果的研究。优秀教学具有知识的缄默性特性。

（二）教师基于面对面传播的研究成果表征为一堂"好课"

教师优秀教学直接体现为同行公认的"好课"，因此"好课"是教师展示教学研究成果主要表征形式。以"行动"为前提的教师研究成果呈现，其外在的根本表征方式是通过作为"人"的教师来实现的。教师的身体和心理共同组成的"行为"是最核心的表征形式。这种行为具体体现在"一堂让老师有收获的好课[①]"之中。这里的"好课"既指教师常规教学中的优秀课例，也指各种形式的优质公开课，还指教师基于优秀教学而进行的研讨和培训等。由于教师的教学活动是一个极其复杂的过程，是通过其言语、动作、身体、文化程度和外在展现方式来影响行为的，所以教学行为的复杂性为教师行动的多样性提供可能，也给以行动为主的教师的"好课"呈现方式的多样性提供可能。在访谈中 A 教师曾跟笔者谈道：

> A 教师：其实作为教师，上好一堂课显得特别重要。这是我们的本职工作，要是能够把课上好了，也就等于是把工作做好了，把学生教好了。上好一堂课也是一种成就。毕竟一堂好课不是想上就能上出来的，需要经过精细地打磨。而且这样的一堂好课，送出去还能够帮助到很多教师，这也算得上是一种贡献吧！我就是通过这种方式来展示自己的东西的。不像你们（跟笔者类似的理论研究者）都是发表论文。（2015/09/25）

且不论教师应该形成什么样的成果，但是根据 A 教师的选择来看，她更乐于用"课"的形式来呈现自己的成果。然而这种方式也有一定的局限。根据教师研究成果呈现形式的稳定性和清晰度两大特性而言，以行动方式呈现的优秀教学的稳定性并不高，而清晰度却非常明显。无论如何，上出一堂让其他教师有收获的好课是教师研究成果的一种常态。通过对 A 教师的追踪研究，发现她的"好课"主要通过如下方式呈现：

[①] 这里的"好课"是泛指，没有具体的界限和标准，也可专门指向"优秀教学"。从本书的视角来讲，好课也是教师研究成果的一种重要的形式，进而可以将其纳入教师实践性知识的范畴，故而也可以通过"教师实践性知识的检验标准"来衡量何为"好课"这一普通的称谓。

一是公开课。A 教师的主要目的是"上好课"以达到育人目标，其他听课教师观摩学习并非主要目标。甚至可以认为，公开课是为促进授课教师自身发展而开展。因此从呈现之方法上来讲，公开课作为教师研究成果仅起到"展示"作用，其教学知识传播的发生需要听课教师主动积极地"感悟""发现"和批判性吸收。二是示范课。示范课是选择优秀教师作为执教老师，以促进听课教师发展为主要目的的优秀教学。其目标与公开课不同，"示范"二字充分说明其教师教育价值。这种教学充分显示其教学知识的成分。同时示范课教师必须充分考虑听课对象的接受能力和知识需求，根据不同听课对象选择不同授课方法和授课形式，以使示范教学充分展示可学习之处，提高教学知识的可传播性。三是赛课。这是一种由学校或者教育领导部门组织，以促进某一群体教师专业成长为目的的优秀教学。这种教学就如同象棋爱好者以棋会友，音乐爱好者以歌会友一样，是一种通过专业技术交流来实现互动和发展的知识传播方式。由于赛课注入了竞争机制和教学知识传播目的，当前成为中小学教师展示研究成果的重要方式。四是"好课"研讨。这是基于正式交流或非正式交流而存在的成果展示发生。这种方式主要通过"话语"来表达教师的"随意想法"，但这种想法又是教学实际的事件或隐喻。研究者参与 A 教师的教研组讨论发现，他们交流的内容杂乱无章，不成体系，但均为教师的教学行动事件和教学反思结果，是日常教学中的实践性知识，例如头脑风暴式问题提出，有备而来的教学反思，还有突发奇想的教学感悟等。当然这种研讨也都是基于"好课"或为了"好课"的研讨，没有主题，没有目的。总体而言，行动呈现是教师基于面对面传播的研究成果的重要方面，行动呈现过程蕴含于"课堂教学"之中。教师在一堂好课之中展示自己的所知，也在一堂"好课"之中收获只可意会不可言传的知识。

二　教师源于优秀教学的"文本"呈现

教师研究成果的面对面传播不仅以行动来呈现优秀教学，还可用文本材料作为优秀教学交流的支撑。同时面对面交流中也将产生基于文本的教学知识。如果认为行动呈现是以"教师的身体"为载体并通过"语言"和"行为"来实现的成果呈现，那么文本呈现就是以"思维"为载体并通过"文字"来实现的成果呈现。

（一）教师的优秀教学文本化为"可以言说"的教学知识

就教师研究成果所呈现的内容分类而言，过程性知识和结论性知识是知识的两种类型。这两大类教师研究成果说明了教师如何研究和研究什么的问题。具体就文本形态的教师研究成果而言，既可以呈现教学过程性知识，也可以呈现教学结论性知识。例如研究者在跟随 A 教师参加的几次由她主讲的教师培训中，她都准备了以文字为主的 PPT 和培训演讲提纲。在演讲提纲中有详细的理论性知识和教学实践的学理依据等。但从材料上，研究者并未发现教师如何教学的方式和操作性步骤。① 通过后来参与 A 教师的培训课才发现，教师如何教这类知识都在 A 教师的脑子里，并通过自己的行动来呈现。由此可见，在教师的面对面传播中，教师通过文本呈现的是"可以言说"的教学知识而并不包括"可意会"的部分，但却是优秀教学整体传播的有效组成部分。

A 教师的文本呈现实际是她的教学感悟、教学体验以及教学反思。正如有学者所言"教师研究成果所表达的是对所经历事件的深切感受和体验，大量使用的是教师自己的'话语系统'，因而，它在语言表达上区别于'学术语言'，是教师富有内心体验的、情境过程性的经验描述。'学术语言'与'教师语言'构成了两种不同的话语系统。"② 概言之，教师通过文本展现出来的是用自己的话语方式诉说的周遭。因此，教师通过文本呈现教师研究成果的过程，实际上也是教师优秀教学形成过程的反思，甚至可以认为，文本形成过程本身即是教学反思的过程。A 教师的教学成果之所以特别能够吸引人，主要原因在于其思考的深度及知识抽象化程度。一般认为反思越深刻的教学知识，越能够接近教学的规律，也更加抽象化，并且这种抽象化的结果，是很难再现其过程的，因此只能通过结论性知识来呈现。虽然文本呈现包含了结论性知识和过程性知识，但是结论性知识占主要部分。如同工匠和画家，心中的想象过程很难用文字来表达，也如波兰尼所提出的缄默知识理论一样，过程的知识有时是只可意会而不可言传的。这就使得过程性知识难以通过文本来呈现，这就是所谓的"不可言说"的知识局限，而这种局限可以通过教学反思的"文本"来补充。

（二）从行动到文字：优秀教学的文本化过程

优秀的教师研究成果呈现需要借助有效的呈现方法。这些方法又往往

---

① 基于 A 教师一份培训演讲稿的分析。
② 马玉琪：《寻找属于自己的句子——对中小学教师研究成果的合理追求》，《中小学教师培训》2015 年第 1 期。

体现在教师研究成果的形成过程之中。通过调查研究发现，A教师研究成果的文本呈现主要通过以下几种方式来实现。一是通过实践中的顿悟和记录来实现。教学不仅仅是一门科学，也是一种智慧，而这种智慧的产生是通过顿悟来实现的。在访谈过程中，A教师及其同事都一致认为，有很多优秀的教学方法和突出的教学案例都是在某种特殊情境下突然想到的，而非事先的计划和安排，也是预先的计划难以达到的。二是通过实践后的反思总结来实现。因为教师的日常事务就是教学，教学实践中往往能够积累许多经验，无论是出于学校任务要求，还是自己教学成长内生需要，教师们都会在实践之后总结和反思自己的教学习惯并形成文字。三是通过教学研讨与交流来实现。教研交流活动是当前中小学教师基本的教研活动方式，例如A小学每月的"教研周"和"课题汇报会"，每月的"教师论坛"，每周教研组集体备课等。通过这种研讨与教学，教师不会仅仅停留在前文提到的"行动"呈现层面，而是继续反思和总结，并通过文字记录下来，甚至可能形成一篇优秀的教学研究论文。这些教研交流活动也是促使教师形成研究成果的一种重要方法。

三 教师优秀教学的"物质"呈现

本书认为属于个体的、可及的、有效的、交互的教师成果都称为实践性知识。通过物质呈现的如教学视频、微课、走廊展览、教师文化设计、课间活动创设等都符合这一标准。既然作为一种教师研究成果，就可能存在其特定的内容、形式及其形成过程。

（一）通过物质对外界"展示"教师优秀教学

教师研究成果的物质呈现与文本呈现以及行动呈现有重叠之处，甚至可以认为这是前两种呈现方式的特殊结合方式。因此，通过物质呈现的教师研究成果同样可以展现结论性知识和过程性知识，但更倾向于结论性知识。物质呈现起到的更多是一种"展示"的作用。因此，教师在形成以物质为载体的教师研究成果时，往往会更加关注其知识价值和整体的信息传播效果。当然，这里并不能完全排除过程性知识的存在，比如微课和优秀教学视频等，虽然借助了电子储存设备，但是其目的是为了再现整个过程而不是为了展示结果，或者可以说这个过程就是结果。用A教师的话来说，通过物质呈现所承载的教师研究成果是向外界表达"我做了些什么"。

（二）以物理符号为标识的优秀教学文化展示

因为本章讨论的是基于面对面传播的成果呈现问题。因此就学校这个特殊场域而言，通过物质呈现教师研究成果的形式极其有限。从其借助的传播载体来看，通过原始承载物承载的教研成果主要有走廊文化、教室文化、班级文化、课间文化等；通过现代科技承载物承载的研究成果主要有微课、视频等。从物质的空间向度来讲，可以分为室内教研文化成果和室外教研文化成果。室内教研文化成果主要有教室文化、课堂文化等，室外教研文化主要有校园文化、走廊文化和课间文化等。实际上，A教师认为这些成果表达方式是非常有意义的。她很自豪地向笔者指出，这是教师通过文化符号的镌刻来表达一种象征，也是通过这种形式来充分诉说我们所倾向的价值。

根据A小学教师物质呈现的成果来看，通过物质呈现的教师教研文化成果同样存在稳定性和清晰度的区别。即通过不同的承载物承载的教研文化，其稳定性和清晰度有差异，处在不同空间的教研文化成果的清晰度和稳定性也不同。例如依靠原始承载物，如展板、文化墙、黑板承载的教研文化成果主要起到临时展览作用，其具有时间距离性，进而影响其稳定性，而其清晰度则与文本呈现等无太大差别。又例如从空间上来看，室内成果和室外成果除了地域空间的差异之外，同样会存在稳定性和清晰度的差异。如在室内呈现的教室文化和课堂文化是班级授课教师共同努力形成的一些规则和班级习惯，这些习惯的塑造具有极强的稳定性，但是其清晰度只能通过个体去理解而不能清晰地表达出来。室外的教研文化成果也是通过教师的集体努力构建的研究成果，这种成果因镌刻在学校教学楼、文化石、地板上而具有稳定性，但作为特定的文化标识和情境性产物，它只能由师生自己去体会和理解，进而减弱了其清晰度。

（三）教师精心打磨的"手工课"展示

通过教师以及师生相互协同打造的"手工课"也是教师研究成果物质呈现的重要方式，并充分展示着教师研究成果的形成过程。这里的"手工课"是一个隐喻，主要指教师个人或与学生一道借助录音录像设备，将一些精彩的教学片段如同做手工般的精雕细琢，制成短小经典的承载于实物光盘或电子储存设备上的教学小视频。当然，教师的"手工课"又不仅仅局限于一些小视频的制作。通过对A教师的观察了解到，这些"手工课"的形成过程主要通过两种途径来实现：一种是通过教师独立呈现。教师独立呈现的是教师日常教学研究的结果，教师的日常教学研究具有独立性，是基于现实中的教学问题，是教师教研文化呈现的物化。另一种是通过师生协同以及教研共同体协同实现。比如教师一堂优秀教学的产生，需要充分考虑学生的特点，并鼓励和引导学生积极建构自己的学习环境，还广泛寻求老教师的意见和指导，争取最大的可能把"课"打磨好。例如下面与 A 教师的访谈展示教师通过物质呈现教师研究成果的过程。

访谈者：（前面访谈 A 教师提到自己发表了 1 篇论文）您除了撰写论文之外还形成了哪些成果？

A 教师：我还经常做微课程，例如我做了某个教学内容的微课程，那么我在研究这个问题的过程当中，我可以通过课例的形式来展示，我这个课时是怎么上的，分成几个类型等。具体来说儿童歌曲我可以做成一个赏析课，这节课对一些有趣的歌曲进行赏析。然后还可以进一步开展创作课，先用几首简单的歌曲引入，然后让学生来写，因为一节课既要赏析，又要创作，不可能同时完成，所以通常我们就专门形成一种课例，就是刚才说的那种成果，可以把它刻成光盘的形式来进行保存和推广。比如说某一节优秀的课，通过大家的努力已经打磨好了，大家都觉得好的话，就会把它录下来作为示范性成果。这个过程其实有点像学生的手工课，这也是教师的"手工课"，做好了对以后自己的成长和别的教师专业发展都有用。（2015/09/17）

总之教师基于面对面的教师研究成果呈现主要包括这样几个方面，如表 4-1 所示：

表 4-1　　　　　　**基于面对面交流的教师研究成果类型**

一级指标	二级指标	三级指标
行动呈现	教学	日常优秀教学
		公开课：示范课、赛课、优质课、展示课等
	演讲	教师培训、教育年会、教师工作会、成果汇报等
	研讨	正式研讨：教研周活动、教研室活动、各级学科讨论会
		非正式研讨：师徒日常交流、个别同行请教、日常通信交流等
文本呈现	正式文本	正式场合演讲稿、大会主题发言稿等
	非正式文本	教学反思、教学日志、教学故事、教学案例、教案等

续表

一级指标	二级指标	三级指标
物质呈现	文化符号	学校标语、校园雕像、学生活动场所等
	展览平台	成果展板作品、学校文化墙、走廊文化角、班级学习园地等
	班级习惯	行为习惯守则、班规等

第三节 从缄默到缄默：教师研究成果面对面传播过程

教师研究成果呈现是教师研究成果传播的前提，教师研究成果传播过程是教师研究成果呈现的后续工作。因此，本节将讨论教师面对面传播成果的基本流程。

一 A教师面对面传播路径选择策略

传播路径选择是研究成果传播的重要任务，选择什么样的传播途径是基于传播呈现方式和教师独特个性发生的。本书采用理论构建基础上的个案论证研究来明晰A教师选择面对面传播的基本策略。

（一）A教师面对面传播研究成果的情境再现

A教师选择面对面途径传播研究成果经历了获得面对面传播的传播者角色，创造作为传播者的条件，选择传播路径和反馈传播效用四个阶段。作为教师研究者，首先需要进入传播成果的角色，获得传播机会，而机会的获得又是由成为传播者的条件决定的，只有具备传播的条件和机会才能进一步考虑传播路径和传播效用问题。以下即是A教师面对面传播研究成果的现实境况。

通过长期观察和交流，研究者梳理了A教师研究成果面对面传播的过程。A教师通过长达15年的教学研究，形成了一套属于自己的教学法——"123快乐口风琴教学法"。这项研究成果在校内外得到广泛传播，大到学校的每位教师，小到学校的每位学生，人人都懂得口风琴演奏技术。这是一项通过教师研究进而通过面对面交流实现广泛传播的典范。A教师的研究有效促进了学校的发展，借助课程改革契机，这项研究被立为学校特色项目，有效地促进了学校变革。A教师的整个教研过程在前文已作介绍。这里主要描述 A 教师在研究之后将成果进行推广所涉及的一些具体问题。

首先，A 教师通过提升自己的教学能力，进而获得作为传播者的角色和机会。据 A 教师介绍，这是一个异常艰辛的自我努力过程。她根据自己的实践认为这种机会的获得与自己的努力是分不开的。A 教师在访谈中也分享了自己教研成果传播的艰辛历程：

访谈者：您觉得是什么促使你具有分享自己的教学研究成果的动力？

A 教师：我觉得最主要的还是自己的努力吧！这是一个比较困难的过程，要经过我自己的不断努力和研究，学校领导和其他教师才能发现你。

访谈者：除了自己的努力还有什么其他的因素吗？

A 教师：我觉得主要是个人原因，除了自己之外，就是要得到校长的领导，还有同事的支持。

……（2015/09/17）

其次，A 教师在推广研究成果的过程中，并不是一帆风顺的，充满各种挑战和艰辛，遇到一些来自学校和社会等各方面的压力，受到各种不确定性因素的影响。

访谈者：你在整个的成果推广过程中有没有遇到一些困难？

A 教师：最主要的困难就是来自家长的阻力，因为毕竟对于农村家庭来说，他觉得要买一个乐器，在经济方面还是有一定困难，并且他们在潜意识里觉得音乐科目并不重要。其次的困难就是时间上的，比如说有的时候你想把这些孩子集中起来训练，但是班主任老师可能又有临时组织的活动，或者学生自己还有学习上的任务。在乐器学习上真正容易出成绩的，往往是高年级的孩子，但高年级的孩子在学习上任务更重一些，所以说在时间分配这一块也是个大问题。如果有校级的推动，我觉得教师们就会更加积极配合，教师们也挺有兴趣，尤其是年轻教师自己学起来比较快，中年教师也会觉得我把乐器学了，要退休了，还可以把它带回去教孙子。还有一些困难就是技术上的，比如说我们录制的视频，在播放的时候，比如说利用"班班通"来播放，不一定都能够很顺畅。所以说还有一些技术上、硬件上的困难需要进一步克服。

访谈者：那你当时在进行你的教研成果推广的时候，学校具体是怎么支持的？

A 教师：口风琴作为一门课程开设，是学校主导的。因为它要列入课程计划里边，肯定要学校有一个总体的框架设计。

访谈者：当时把全校教师都集中在一起培训，像这些方面应该还是需要校长同意吧？

A 教师：从我们以前的照片可以看得到，学校领导都是一起来参与我们的活动的。把这作为一个校本培训。因为最开始我们学校把这个项目作为校本培训项目，也是一个类似于学校打造一个自己名片的那种。想把校本培训做好，然后我们这种培训也算校本培训的一个层面。

A 教师：还有就是如果有新教师，上这个课的教师就必须要对他进行培训，因为学校如果说把它列为课程来建设，师资的培训也是理所当然的事情。

访谈者：会有一些教师主动地来找你学吗？就是私下里来找你学的。

A 教师：有啊，我觉得还是有，只是比较少。因为首先是大家平时碰到的时间不太多；第二个是每个人专研的东西都不一样。如果要深入去学习可能真的要靠兴趣来支撑，所以主动来找我学习的教师相对来说少一些。（2015/09/17）

最后，A 教师研究成果传播效用是逐渐彰显。前文提到了 A 教师的面对面成果推广过程，主要采用教师集中培训和"小老师"培训的方式来传播自己的研究成果。此外，A 教师所在的学校还包含许多其他的传播方式。

访谈者：那平时有一些什么样的研究成果交流活动呢？

A 教师：我们有专门的教研活动时间。比如说集体备课，通常我们选一个主题，确定这个年级选一个什么内容，先集体做一个初步的设计，再由教师去实施。还有一种形式就是由某位教师选定一个内容，之后上这堂课，然后我们给他提意见、修改后再上。

……

A 教师：我觉得真实的课堂的感觉要在课堂上去找，你说的再好不去课堂实践就是空谈……就像我这学期带了一个新教师，我们在备课的时候想象的是一幅美好的画卷，我设计的是要让学生读出节奏感，能够和教师一起互动。然后在真正的课堂上，一年级的孩子较难控制，一会这个要做什么、一会那个要做什么……所以教师要不停地说"小朋友们眼睛要看着老师哦"等把控课堂纪律的话，就被这种组织教学上的事务耽搁了原来的设计……最后我们又得在这一块重商如何来上好这一堂课。

访谈者：除了平时这种日常交流，还有什么其他传播方式呢？

A 教师：有，我们还每个月开展一次主题教研活动，每个学期还要开展一次"教研周"活动等。（2015/09/17）

A 教师的面对面传播过程受到一致好评，根据访谈结论来看，都认为通过教师的教学展示和教学研讨可以收获到与看书和"专家培训"不一样的效果。

（二）A 教师面对面传播研究成果的过程概括

根据 A 教师及其同事的描述，可以将教师研究成果面对面传播分为以下七个基本步骤：

（1）教师作为传播者的前期准备。教师作为传播者的前期准备包括教师需要成为研究者，有一定的研究成果，并且还要获得传播者的资格。

（2）传播管理者的实践前指导。教师作为研究者是参与传播的前提，而通过"把关人"的审核也显得尤为重要。从 A 教师参与传播机会的获得来看，组织者和管理者的实践前指导是非常重要的，也是最终决定能否参与传播的重要门槛。

（3）传播协作者的前期修正。在获得传播组织者和管理者的协助之后，教师常常会进行传播成果的二次修正，这主要是教师研究者基于主办方的要求来修改即将呈现的成果。

（4）传播者与受传者之间的互动与交流。这一环节是整个教师研究成果传播的重要环节，也是决定教师传播成功与否的关键步骤。这个过程包括教师作为传播者传递出信息和受传者接收信息的过程，其中以信息交流为主要形式。

（5）受传者的信息提取。从信息接收到信息提取可以独立成为一个成果传播环节。这是因为教师研究者发出的信息或许很成功，但是能够获得多少和记录下多少则是受传者自己的事情。

（6）受传者的后期反思、反馈和运用。通过访谈发现，受传播教师在获得信息之后，会继续反思教师研究者的观点或方法，并适当地做出及时反馈，这是对传播出来的研究成果深刻理解的过程。经过这个环节之后，受传播教师才会将获得的成果运用于自己的教学实践之中。

（7）传播者的后期修正。在信息交换完成之后，基于教师研究者传播过程中的自我反思和受众的反馈意见，传播者会进一步总结自己的成败得失，主要是为了更进一步提升自己的研究质量。

二　教师研究成果面对面传播的基本方式

明确教师研究成果传播的基本条件是为了进一步理解教师研究成果传播的具体运行方式。通过对访谈资料的总结发现，A 教师研究成果面对面传播主要存在几种不同方式：

一是"师徒对接"。这是一种面对面传播活动，其主要目的是通过老教师对年轻教师的知识传播来实现年轻教师的成长。在这个过程中，老教师会将自己的研究成果（教学经验）传播给他们各自的"徒弟"。例如 A 教师目前就作为两位新入职教师的"师父"，她经常将自己的教学经验通过口头方式说给她的徒弟听，还通过教学展示的形式将一些教学技能传授给他们。

二是"教研组非正式交流"。由于当前各中小学都按照学科来划分教研组织，教师的办公室也是根据学科来划分，因此形成了学科一致和空间共存的教研室及其成员。这给教师研究成果的非正式交流提供可能。在这个共同体空间内，教师经常针对教学中遇到的问题进行非正式的讨论和交流，通过这种反思来解决问题，而在这个过程中，提供解决办法的教师实际上就是将自己的研究成果传播出去的过程。研究者通过在 A 教师所在教研室蹲点观察发现，每天都会有教师提出至少 3 个以上相关教学问题，一周平均会有 16 个问题之多。这些问题大多涉及班级学生问题、教学内容问题、班级活动组织问题等，这些问题都将由有经验的教师来给予解答，其中经验丰富的 A 教师发言机会最多。从数据上看，教师日常的教研室非正式交流成为一种重要的成果交流方式。

三是"正式教研交流"。从对三所案例学校的观察和了解以及资料查阅发现，A 小学每个星期组织各个教研组进行集体备课一次，每个月开展一次"教师成长课题汇报会"，每个学期开展一次"教研周活动"。因此 A 教师每个星期都有机会发言（她经常作为活动的主持人），并且在课题成长汇报会上，A 教师是分管科研的领导，肩负成果推广义务，所以她经常分享自己的研究过程和研究方法。此外，在学期结束的教研周活动中，A 教师由于研究成果较多，总是有机会加入到成果分享者的行列。

四是"公开教学"的展示性交流。这是中小学教师研究成果面对面传播的主要形式，也是最重要的形式。前文认为中小学教学作为学术，其发生和发展的过程符合教师研究的方法论原则，其结果——优秀教学也符合教师实践性知识的检验标准，是一种独特和重要的教师研究成果存在形式。这种成果最终能够成为教学研究的一部分就在于其通过公开教学（示范课、赛课、展示课等）来接受同行评议。

从 A 教师选择面对面传播的过程和其体现出的基本传播策略和方式来看，其最大特征在于，体现着从缄默知识到缄默知识的传播过程。虽然教师通过优秀教学展示的是过程性知识，这种过程性的知识多为难以言说的缄默性存在，教师只有通过亲临其境，亲身感受，才能明白教师如何教的知识，而这个知识的获得只有在面对面传播中才能实现。因此可以认为教师研究成果面对面传播彰显出从缄默知识到缄默知识的教学知识传播本质。

第四节 教师研究成果面对面传播的外部影响因素

基于对 A 教师的调查和前文的分析，本书认为 A 教师之所以选择面对面传播研究成果并取得成果的外部影响因素可归结为以下几个方面：[①]

一 学术生态：A 教师处在民主的学术传播文化中

经过细致观察和分析，研究者认为 A 教师能够有效地实现面对面传播

[①] 欧阳修俊、徐学福：《中小学教学学术发展路径探析》，《教育理论与实践》2016 年第 5 期。

并获得长足发展，首要原因在于她处于一个完善的教学学术生态之中。中小学教学学术研究是学术传播的基础。要形成良好的学术传播文化，首先需要一个较好的学术生态。学术生态的内涵，可以从静态和动态两个角度来考察。从静态的角度来看，学术生态是一种由学术组织和学术人员按照学术制度和规则结合而成的结构关系系统。从动态的角度来说，学术生态则是一个以学术研究为纽带形成的人与人、人与组织、人与制度、人与其他环境之间的行为关系系统。[1]维护教学学术生态属于一种理念，这种理念要付出行动，就需要从人与人、人与组织、人与制度和人与环境几对关系上做具体思考。博耶提出的教学学术思想事实上为中小学教研提供了一个可供参考的教学学术生态系统。博耶认为学术可分为发现的学术、整合的学术、应用的学术和教学的学术。其提出教学学术概念是对学术的绝大贡献，然而其作用也不仅仅在于此。实际上，这四种学术共同构成了一个良好的学术逻辑和学术生态系统。换言之，这四种学术不是分割独立的，而是相互联系，密不可分的。一般认为发现的学术乃学术之本质，是学术界公认的最高境界的学术追求，其他学术都以这种学术为基础；整合的学术在于集合不同学科发现的知识的智慧，让发现的知识凝聚起来，在更大范围内适用；应用的学术是阐明发现的知识和整合的知识如何发挥效用的方法论范畴；教学的学术实际上指的是传播知识的学术，也探讨发现的知识、整合的知识和应用的知识如何被他人所知，使其被继承、利用和发展的过程。从以上四种学术的关系来看，发现的学术和应用的学术是基础，整合的学术是方法，教学学术是传播知识的学术。这样一种状态说明，如果单一的实施教学学术，恐怕教学学术本身也无法运转。因此，教学学术生态实际上就是将四种不同的学术有机的融合起来，形成统一整体的一种完整学术系统，这个系统需要处理好学术人与其他人的关系，学术人与组织的关系，学术人与制度的关系，学术人与环境的关系。在此基础上形成教学学术共同体，教学学术制度，教学学术氛围和教学学术实践等。A 小学正是认识到了这一点，充分发挥不同学术制度的优势，促成了一个良性循环的教学学术生态。

---

[1] 司林波、乔花云：《学术生态、学术民主与学术问责制》，《现代教育管理》2013 年第 6 期。

二 共同体：A 小学和谐的教学学术共同体空间场

A 教师能够有一个良好的学术传播生态，在于 A 小学存在于真正的中小学教学学术共同体空间场。共同体无法与生活分离而存在，而是源于个体内心的完满和进一步的追求。推动个人自由个性发展的同时，促进人们之间的联合，在此基础上追求真实的"共同体"，应成为其自觉的哲学意识和价值眷注。① 共同体又是个体心灵显现为可见形式的重要载体，是自身与世界相连与融合的基本形式。正如帕尔默所言"教学就是要开创一个实践真正的共同体的空间"②。例如 A 小学通过开展教学学术研究运动，学校逐渐显现出如 A 教师这样的教学学术研究骨干，这些骨干为教学学术共同体核心成员的形成奠定了基础。从 A 小学教学学术共同体构建过程可以明白，共同体的构建不是简单的将一些人员聚集在一起的过程，而是一个需要通过关系构建，相互认识，从边缘到中心的发展过程。正如根据 A 教师介绍：

> A 教师：比如说你在一个学校里面，如果你能遇到一两个教师和你一样有这种理想的，大家一起来干，就还有干劲。但是如果你连一个具有共同想法的人都找不到，就你一个人孤军奋战，就觉得没有动力，并且你自己一做呢，别人还会用异样的眼光来看着你，你在干什么呢！就是这种无力的感觉，那你还努力什么？那么认真干吗呀？这样的状态就会什么都做不起来。但是现在去到了一个新的环境，我就经常思考，因为我自己也想做一点事情，确实是我自己想做，我现在做的事情就是我自己的一个想法，就是我构思了，我就会积极地组织我的"徒弟"来交流和相互了解对方的想法……（2015/10/15）

因此，一个成功的共同体首先需要一个或几个核心成员的存在，继而通过人际关系扩展方式吸纳一些新教师成为边缘成员，并进一步促使边缘成员中心化。A 教师所在教研共同体就是以此为构建中小学教学学术共同体的基本方法，逐步实现了基于真正实践的共同体空间的构建。

---

① 贺来：《"关系理性"与真实的"共同体"》，《中国社会科学》2015 年第 6 期。
② ［美］帕克·帕尔默：《教学勇气》，吴国珍译，华东师范大学出版社 2014 年版，第 84 页。

根据 A 教师所构建的成果共同体案例来看，构建学术共同体空间的一个有效做法就是扩大学校之间的交流，实现教师之间智慧的碰撞。又如山东省高密市朝阳街道教育由低迷走向继续发展的一个很好的办法就是扩大"镇域教育"的交流与协作，其中分享教师研究成果就是一项极其有效的措施。该镇教管办每年都会在镇范围内举行校长、副校长、教导主任、级部主任、班主任、名师等各类论坛。这种活动将该镇内的 8 所学校紧密地联系在一起，实现了优势互补。"2014 年，新上任的埠口小学教导主任在参加完教导主任论坛之后说'这个论坛太有必要了，它让我知道了，我该做什么，怎样才能做得更好。'"① 由此可见，教师之间的相互交流与协助，可以更加有效地促进教师专业发展和学校整体工作的发展，是一种值得提倡的面对面传播策略。

三 制度边界：A 教师受益于学校制度"灰色边界"重建

在教师研究成果传播尚未达到自愿和自觉的当下，学校制度成为影响其教师研究发展的一个重要原因。制度向来是任何有组织的活动所无法回避的重要影响因子。学校作为社会制度范围内的师生活动单位，存在严密的行政管理体系，其管理者权责划分明显。在制度相对完善的中小学，维护正常的运行与发展没有问题。然而，教师研究成果的再利用属于中小学管理中的灰色地带，一般难以顾及，也正因为如此，哪个学校的制度照顾到了这一点，就能够充分发挥出教师研究成果的效用。例如，在 A 小学，由于制度的介入，使得 A 教师的研究成果能够在校园范围内得到迅速传播，经过三年时间在学校铺开，对教师研究成果传播起到极大的促进作用。同样的，A 小学的科研奖励制度使得 A 教师得到了长足的发展。又例如 B 小学科研制度建立比较晚，热衷于科研的教师数量有限，只有几个"既得利益"教师参与，对教师研究面对面传播效用无实质性提升。足见，从制度体系对教师研究成果传播影响来看，积极因子和消极因子同时存在，需要具体问题具体分析。

实际上，发展学术制度就是要构建教学学术导向的教师职称评定标准和教学质量保障体系。教师职业发展（职称评定）和教学质量提升是中小学教学学术发展的重要推动力。A 教师正是在这两大推动力的推动下，获

---

① 赵祉文：《打破"得过且过"教育生活的死循环》，《人民教育》2015 年第 18 期。

得了较大成长。因此,构建中小学教学学术发展机制应从这两个方面做出努力。A小学形成相对成熟的制度理念,成功地促成了教师研究成果的有效传播和利用。一是A小学构建了以教学学术为导向的教师职称评定标准。该校将教师教学学术水平作为教师职称评定的衡量指标,关注教师如何促进教学发展,如何促进学生发展,如何促进教研共同体发展,而不是要求教师发多少论文,完成多少课时,获得多少奖项。具体而言,如"教学问题解决程度"可以通过同行评议的方式来实现指标评定,将中小学教师的优秀教学、教学反思、优秀教学案例等教学学术成果纳入教师职称评定体系。这既完善了教师职称评定体系又促进了教学学术的发展。二是A学校构建了以教学学术为导向的教学质量保障体系。以教学学术为导向就是要充分地重视教师的本职工作——教学,提倡教师要以解决教学问题为出发点和落脚点,让教师专业发展的动力从外部转向内部,将教学质量而不是教学任务的数量作为"竞争"的要素,实现以教学学术为中心,以教学质量提升为目标,以学生发展为目标,以教师自觉的专业发展为终极关怀的教学新常态。

四 交流场所:A小学教师教学学术研究机构的建立

发展中小学教学学术还需一个基本的物理活动场所。A小学为促进教师面对面交流为目的的校级教学研究机构是一个值得尝试的做法。2010年A小学策划成立的"心动教育研究中心",对A教师科研成果形成和教学成长具有较大支持作用。当前高校或其他机构存在大量的科研院所,为高校科研做出了巨大贡献,而中小学却极其缺乏这方面的案例。笔者以为,中小学应该积极成立具有教学学术性质的研究机构。[①] 成立研究机构不仅给中小学教学学术共同体创造活动场地,而且给教师面对面传播提供机会,还能为教师职业发展提供帮助。实际上,这种在中小学成立科研机构的案例并不稀奇,李吉林在南通师范学校第二附属小学成立的情景教育研究中心发展势头良好,成为引领中小学教学研究的典范。可见,积极组建中小学校级教学研究机构是发展中小学教学学术,促进教学质量提升和促成教师专业发展的积极要素。

---

① 欧阳修俊、徐学福:《中小学教学学术发展路径探析》,《教育理论与实践》2016年第5期。

第五节　教师研究成果面对面传播的内在影响因素

根据访谈资料分析，通过归因分析方法，本书认为以下三个方面是影响教师研究成果面对面传播的核心要素。

一　研究自觉驱动下的教学创造与展示能力

教师作为研究主体，与教师研究成果联系密切，并合理地成为教师研究成果的传播主体。换言之，教师研究成果传播主体应该是教学学术的拥有者和创作者。而要真正实现中小学教学学术，又跟教师个体的教学创造和教学展示能力密不可分，"高而广阔的实践与展示平台可以开阔教师的眼界，提高外界对他们的关注度和认可度"[1]。要达到这个目标，教师个体在教师研究成果传播过程中需要为优秀教学的形成付出艰辛的努力。例如在访谈中 A 小学的 A 教师就提到：

> A 教师：对，我觉得付出努力也会对自己的成长有利，这是双赢的。这是教师自己愿意的，对自身成长也有帮助，当然这些在课时上是没有计算（工作量）的。你必须舍得多花点时间，就像我们去年（2014）上教研课，我当时真的是每天精神都绷得紧紧的，每天都要磨课，然后第二天上完课了，又要想怎么修改完善，然后第三天又去上，反反复复上了几次。就是这种充实的感觉，因为基本上都是花晚上下班的时间，回家去备课、去反思。（2015/10/16）

由此可见，没有教师艰辛的努力就很难有一堂堂优秀的公开课（教学成果），教师研究成果传播也就无从谈起。因此，以教师自觉研究为前提的教学创造是研究成果面对面传播的核心要素。此外，教师有智慧地运用于教师之间的交流协作和教学展示能力也异常重要。例如谈到教师在研究成果面对面传播中的教学展示能力时，A 小学校长谈道：

---

[1] 郭华：《名师是怎样成长起来的——从对五位名师质的研究中谈起》，《中国教育学刊》2008 年第 8 期。

A小学校长：一位优秀的教师，其成长过程首先需要自己去刻苦地专研教学，但是一定的天赋也很重要。我说的这个天赋就是指教师的教学展示能力和悟性。我培养过很多优秀的教师，主要是训练他们讲课，将他们推出学校，到区里，到更大的舞台去上公开课。但是我都是看准了的，有些教师可以做到，有些教师不一定可以。这就看教师个人，特别是他的教学能力，有点类似那种上台展示或者说是"表演"的能力。（2015/10/16）

由此可见，教师无论处在什么样的学校，无论处在一个什么样的教师群体，其能形成丰富的研究成果、能够选择正确的传播途径实现专业发展，都与自身能否充分发挥主体能动性和自身教学能力密不可分。正如A教师所言，这个过程实际上是"自己创造自己"的过程。

二 学科主导下的教研共同体成员交流机制

就学校这个特定的教师研究成果传播场域而言，除了教师研究自觉起到举足轻重的影响外，另一个影响教师面对面研究成果传播的主要因素就是学科分类。受传统知识论影响，中国的课程以分科课程为特色，较少设置综合课程（这种情况在新课改之后有所改善，但并不彻底）。根据长期以来形成的学科分类制度，无论是大学还是中小学都呈现出明显的分科特点。例如大学的文学院（系）、外语学院（系）、政法学院（系）、数学学院（系）、物理学院（系）、化学院（系）等。中小学与大学学科分类体系相对应地形成了语文、外语、政治、数学、物理、化学等科目。受当前分科方式直接影响，中小学教师共同体表现为语文教研组、数学教研组、外语教研组等常见形式。在平时的教学工作中，学校教师多以教研组为中心组织和开展教研活动。因此，中小学学科体系密切影响着教师教研。不仅如此，由于学科分类的原因，平时的教师研究成果传播也就更依靠教研组，例如A教师常常开展的集体备课、课题研究、互相听课评课等活动都是以教研组名义完成。前文提到，这些日常教学活动的开展过程，是一种典型的教师研究成果交流形式，而这种交流形式形成的根本原因在于受学科体系的影响。在严重受到时空条件影响的面对面交流中，以学科为分类的传播范式对同一学科教师的专业发展具有积极的作用。这实际上是一种因学科体系划分而促成的稳固的共同体，是教师研究成果面对面交流的

"天然"情境。这个因学科划分形成的成果交流共同体更多的是以自组织的形式运行。换言之,面对面传播随时存在于 A 教师身边,并充分地为 A 教师其他形式的面对面传播奠定基础。

三 基于教学学术公开的教师教学反思习惯

从前文的访谈中可以推测出,A 教师是一位具有良好反思习惯的教师。首先 A 教师以"反思"作为教师研究的行动方略发展教学学术。A 教师认识到教学学术主要不是追求发现知识,而在于运用知识和传播知识,认识到了有效地将理论性教学知识运用于教学之中和成功的传播知识给学生也是一种教学学术活动。教学学术的形成涉及"教师对研究基础上和经验基础上的教学方面的知识进行反思,其关键在于能把教育理论与研究有效地运用于教学实践"①。因此,A 教师通过教学反思来认识教学学术的重要性,形成自觉的教学反思能力。事实证明,反思是教师提高教学质量,促进教师自身认同和自身完善,进而累积知识,将其传播出去的关键。梅兹罗认为,个体通过内容反思、过程反思、前提反思三个层次来学习和发展②。因此,教师应当全面反思自己的教学,除了反思教学内容,反思教学过程,还要反思教学的前提——反思教师自身;教师要自己认识自己,认清自己的责任和使命,认识自己的教学风格和价值取向,不断地完善自己,使教师认识自身成为为教学服务的动力。总之,教师反思自己的学生,反思所处的环境,反思自己的职业,反思一切可以思考的对象,形成反思教学的良好习惯。因为没有良好的反思习惯,就没有参与面对面交流的内容,教师研究成果也就无从谈起。A 教师正是认识到这一点,勤于反思,乐于分享,才借助面对面交流机会实现了专业发展。

第六节 整体发展:教师研究成果面对面传播的价值透析

从前文分析可知,无论是正式交流,还是非正式交流,由于受时空条

---

① Crook and James A., "Teaching on Solid Ground: Using Scholarship to Improve Practice", *Ournal of Higher Education*, Vol. 68, No. 3, 1996.

② Mezirow, *Transformative Dimensions of Adult Learning*, San Francisco: Jossey - Bass, 1991, p. 23.

件的限制，教师研究成果主要通过面对面传播来实现。因此，面对面传播在教师研究成果传播中发挥着举足轻重的作用，具体表现如下：

一 连接职初教师与职后教师之桥梁

教师专业发展是学校整体发展的重要组成部分，学校能否发展，与教师的职业发展息息相关。当前城市教师流动相对频繁，新老教师的更替成为不可避免的问题；加之教师职前教育的理论导向以及教师职业本身的特点，使得职初教师都需要经过一段时间的学习和训练才能胜任教学工作。因此，当前在中小学广泛地流行"师徒制"等职初教师培养模式。研究者所关注的三所案例学校也无一例外地在践行"师徒制"教师培养模式，这是教师面对面传播教学知识的重要形式。调查研究发现，一些老教师的研究成果实际上更多地传播给了自己的"徒弟"。"师徒制"成为中小学教师在校内传播教师研究成果的主要形式。并且，这种面对面传播在教师研究成果传播中扮演着重要角色，成为沟通职初教师和职后教师的有效桥梁。

二 有效推动学校全体教师专业发展

教师研究成果传播与教师研究一样，在提高教师专业发展上具有不可取代的作用。前者注重如何做研究的方法，其目的是为了解决教学问题，后者强调如何传播和转化应用，其目的是让教师研究发挥后续效益。从根本上而言，两者都是为了促进教师专业发展。因此就教师而言，专业发展也是教师研究和教师研究成果面对面传播的必然结果。例如 A 教师参与公开课或示范课等教学活动，其开展这个活动的过程既属于研究的范畴，又属于研究成果传播的范畴。因为，A 教师的公开课是经过精心的研究和准备，并通过后期的教学展示得以公开的研究成果。显然，这个过程使教师本身职业能力得到发展。此外，在教师用行动展示自己教学研究结果（公开课）的时候，参与观摩课的教师就成为传播过程中的信息接收者，其获得的是传播者（示范课教师）展示出来的教学知识（如何教学的技能与方法），从而使参与观摩课的教师也获得一定的专业成长机会。因此，教师面对面传播不仅仅是传播者个人成长机会的获得和专业成长的独立过程，也是学校整体教师专业发展的重要途径。

三 推动教师研究和促成学校之变革

本书第三章界定了教师研究成果传播的前提，认为没有教师研究，就没有教师研究成果，教师研究是教师研究成果形成和教师研究成果传播的前提。但正如马克思主义唯物辩证法所指出，事物是既对立又统一的。因此，反过来看，教师研究成果传播也是为了进一步促成教师研究，有利于教师校内研究运动的形成。因此，教师研究成果传播对学校整体科研发展具有积极意义，并最终促成学校的整体变革。学校变革如何实现，其基本主力在教师，教师这一主体在学校领导的带领下促成学校发展。虽然在此不能忽视学校变革的领导因素，但是对学校变革真正发挥作用的当属教师研究。没有教师研究就没有学校变革的动因，没有研究成果的传播就很难促成学校的"整体"变革。案例 A 教师的研究及其成果传播对学校整体变革产生的重大影响就是最好的例证。

第五章　教师研究成果出版传播

场景6：陶老师（化名）有阅读的习惯，午饭后，她总会手捧一本（教育）杂志。伴着一支笔，一杯茶，一曲轻音乐……中午也是我调研的空当，出于好奇，问陶老师借了几本杂志来看看，也沾沾这意境之美。翻开那些杂志，让我有些惊奇，书上全是圈圈点点的笔记，"好选题""多举例""画图表"……这下我似乎有些明白，为什么在一些杂志上总也能看到陶老师的大作。[①]

从人类传播发展历程来看，首先出现"口语"，而后才有文字，因此面对面传播是人类最古老的传播途径。然而随着人类文明的进步和文字的产生，促成了人类文明传播的二次革命，并且文字的出现促进了印刷业的产生和发展，进而形成人类赖以存在的出版传播路径。出版传播作为人类文明进步的标志，在网络传播出现以前，一直发挥着重要的传播作用。场景6中的陶老师便对这种传播方式情有独钟。所谓出版传播就是指"通过一定的物质载体，将著作制成各种形式的出版物，以传播科学文化、信息和进行思想交流的一种社会活动。"[②] 广义的出版不仅是指图书报刊，还包括录音、录像等信息载体的制作、编辑、印刷和传播。结合中小学教师研究成果出版实际，本书探讨的"出版"专指狭义上的书籍、论文等形式的学术成果。

教师研究成果作为一种实践的知识形态，与理论性知识的区别在于其具有自身独特的检验标准，这种检验标准促成了教师研究成果的合法化。其中，这种合法化的过程就包括教师研究成果从个体走向公开，促使教师研究成果由个体知识形态向公共知识形态转化的过程。出版作为一种较为

[①] 资料来源于研究者2014年12月31日的观察注记。
[②] 《中国大百科全书·新闻出版卷》，中国大百科全书出版社1990年版。

严谨的显性知识表达方式，是教师研究成果得以走向公共化的具体路径。再则，前文指出探析教师研究成果传播是促成本土知识国际化、"低级"知识上扬的有利途径。因此，本章讨论的主要问题是"教师如何通过出版来传播研究成果"。这个问题具体包括教师通过出版传播的研究成果的形成过程、呈现方式、路径选择及其影响因素等。

第一节　B 教师意旨专业发展的研究历程

B 教师是笔者认识的第二位案例教师，这位教师与 A 教师开展的"影响学校发展"的研究不同，她开展的是"影响教师专业发展"研究。B 教师是一位经历丰富的青年教师，其在教学能力和教研水平上都具有独特之处。通过与 B 教师的交流和访谈了解到，这是一位极具传奇色彩的小学语文教师，她在教学能力和教研水平上都具有独特之处。之所以如此认为是因为，这位教师的职业生涯历程具有特殊性，她是从一名乡村教师逐步成长为一名城区骨干教师的。B 教师的成长过程中的最大特点在于教师的专业发展自觉，而在其专业发展历程中，最大的特征在于出版和发表了丰富的教师研究成果。为了清晰地了解 B 教师的专业发展历程，研究者对其进行了深度访谈，具体访谈内容如下：

　　访谈者：×教师，能大概说一下您的从教经历吗？
　　B 教师：嗯，好的，我大概是 2001 年毕业上班，刚开始的时候，我在乡村小学待了很多年。刚刚从学校出来的新人嘛，当时都要到乡村学校去锻炼，所以我就到了一个村小，到村小里面教了好像应该有 5 年吧！四五年，中途又到另外一个村小教了一年，后来就到了镇上的中心学校，在那个中心校工作了一年，就调到城里类似于子弟校那种学校工作了三四年。直到 2014 年，就是去年的 9 月过来到重庆市里面，也就是现在所在的这所学校。（2015/12/30）

根据 B 教师的表述可知，她是一位经历丰富且颇具传奇色彩的教师。调查发现，她之所以能够一路从乡村小学走到大城市的学校，跟她个人的教学研究经历密切相关。其中，最具有相关性的教育研究即是她促进自身教学成长的"书香教育"研究。根据 B 教师的描述，其最初的研究是在教学方法上的研究。因为当时是在村小，没有老教师一对一的带领着成长，所以她在教学方法和学生管理等基本技能方面下了很大功夫，积累了丰富的教学研究成果。据 B 教师介绍，她有喜欢写东西的习惯，在教学中遇到什么问题，想到什么方法都会记录下来。B 教师进入县城小学任教之后，又恰逢新课程改革的大浪潮，因此有机会参与和主持了几项课题研究，主要是关于校本课程开发方面的研究，例如"书香阅读"教育研究项目等。通过这些研究也积累了丰富的研究成果，并撰写了数篇论文。在县城从教之后，B 教师开始参与新教师的培养工作和探索"作文"教学研究，并在教师培训和作文教学方面积累丰富的经验，且在研究的同时形成了大量研究论文和研究报告。2015 年调入重庆市 B 小学工作之后，她仍然积极参与课题研究，如《公租房社区弱势群体子女自主学习现状分析与对策研究》等市级课题研究，并继续开展职初教师培养和"儿童诗创作"校本课程教学研究。无论在何种阶段，B 教师总会强调自己喜欢文字记录的习惯。她还非常自豪地向我展示了自己公开发表的一系列研究论文。通过对 B 教师研究成果的归纳，可以将其分为阅读教学、作文教学、班级管理三大方面。另外的一个重要研究成果是 B 教师具有多年的"带徒弟"经验，掌握了较为丰富的职初教师教育技能与方法，带出了一批优秀的青年教师。

从 B 教师的研究经历来看，虽然她在教学和研究上有着极其丰富的经验，但缺乏系统性，以一种碎片化知识存在。例如 B 教师在成长过程中善于探索和发现教学方法、班级管理、教师专业成长等方面的问题，并形成了丰富的文字材料，但这些知识都是以解决问题而开展的研究，并没有针对某一个问题深入研究。当然，这些问题的探讨对中小学教师有重要意义，而其形成的文字材料也是中小学教师喜欢阅读的叙述类型。正如研究者与 B 教师的一位同事访谈时所谈到的"我们更喜欢阅读像 B 教师这类中小学教师同行写的论文而不太看你们（理论研究者）的论文。"这种现象在中小学非常普遍，而这些教师之所以能够成为同行公认的"优秀教师"也是因为他们的研究成果真正实用，能够被同行所接受。包括研究者对 B 教师的认识就是在阅读她的论文之后，才通过校长介绍相识的。B 教师具有深厚的教学功底、娴熟的教学能力、灵动的教学方法，这些都可以在其所记录的文字中找到证据，也能通过与 B 教师的交流感受和体会到。而就

B教师的整个研究历程和对学校的贡献来讲,则鲜明的体现在其促进自身专业发展和促成学校全体教师专业成长两方面。

第二节 教师基于出版传播的成果呈现方式

教师研究成果出版传播作为一种以"文字"为基础,以媒介为载体的传播方式,其成果出版的内容和形式都存在差别。这一节将重点阐述教师研究成果出版传播的主要内容、基本形式以及出版成果的形成过程。由于本书中的出版是指狭义方面,故而教师研究成果的出版特指论文发表、书籍出版和报刊发文等。这些传播路径的共同特点是以"文本"形式存在。因此,在此仅讨论教师基于出版传播的文本呈现方式。

一 显性知识:B教师研究成果呈现的主要内容

根据知识可表达性,波兰尼将知识分为隐性知识和显性知识。隐性知识是"只可意会不可言传"的知识,显性知识则是可以意会和言说并能够通过文字表达出来的知识形态,两种知识的特征区分如表5-1所示。正如有学者解释的,"可用系统的语言或编码方式表达的知识为显性知识;不能通过上述两种方式表述,而只能通过行为演示表达的知识为隐性知识。"[1] 根据这一解释可以认为,教师研究成果出版(狭义)的内容是作为显性知识存在。在确认教师研究成果的主要内容为显性知识的前提下,从知识形态的角度来思考,会得出显性知识、隐性知识、结论性知识和过程性知识四者的关系。例如B教师在形成自己的研究过程中,常常会遇到这样一些困惑:

表5-1　　　　　　　　显性知识与缄默知识特征比较

类型	显性知识	缄默知识
知识观	理论指导实践	实践指导实践
特征	描述的、静态的	启发的、动态的

---

[1] 郭瑜桥、和金生、王咏源:《隐性知识与显性知识的界定研究》,《西南交通大学学报》(社会科学版)2007年第3期。

第五章 教师研究成果出版传播

续表

类型	显性知识	缄默知识
表征	信息、理论、公式、程序	经验、能力、行动、反思
传播途径	被动获得式	主动参与式
转化效率	近远迁移	远迁移
知识类型	客观接受	主动建构

资料来源：邓志伟：《知识分享与教师专业发展》，《教育科学》2006年第4期，有改动。

B教师：我究竟是把我做某个教学实验的方法写出来，还是把结论写出来？如果要上升到理论高度，我的研究过程就会受到忽略？究竟如何处理这个问题呢？①

由于教师研究成果出版规定了出版媒介，这些媒介要求通过语言来表达知识。故而可以确定，教师研究成果出版的是"显性知识"。结合教师研究成果两种知识形态的划分，"显性知识"包含过程性知识和结论性知识。虽然在教师出版的教师知识之中，这两者没有明显的界线，但是这并不能否认显性知识表达的结论性知识远远多于过程性知识的事实。这是过程性知识本身的不可言说性之局限所致。可见教师出版的研究成果之内容更多体现为显性知识。确切地说应是以结论性知识为主的显性知识。结论性知识是教师研究过程的表征，也是实践性知识转变为可以触及的教学知识的一种具体形式。同样地，结论性知识之中包含着过程性知识的元素，两者是相伴而生的。只是由于过程性知识所指的知识是通过行为和外界物质相交互形成的方法，这种方法具有普遍复杂性，因此不好记录，也不好把握，其个体性比较突出，故而只能通过结论性知识来暗含过程性知识。

二 正式文本：B教师研究成果呈现的基本形式

国务院公布的《出版管理条例》明确规定了出版物包括图书、报纸、期刊、音像制品、电子出版物等。② 但由于本书所讨论的出版是指狭义上的论文发表和图书出版，因此本书仅讨论报纸、期刊和图书出版物三类媒

---

① 资料来源于笔者与B教师的一次非正式访谈，2015年9月。
② 李新祥：《出版传播学》，浙江大学出版社2007年版，第123页。

介。这三种传播媒介都属于传统的印刷媒介范畴，三者由于发行量、发行周期、载文特征等不同而具有不同的特征，如表5-2所示。从表格中可以看出，三种印刷媒介的时效、深度、保存价值和装帧都存在较大区别。总体而言，报纸的时效性最强而深度不够，书籍深度较强而时效性不足，期刊各项指标都处于中等状态，介于报纸和图书之间，因此也成为中小学教师喜闻乐见的一种出版媒介。相较于面对面传播以行动为主的成果传播而言，出版传播是通过文字组成的文本为主要形式来公开成果的。通过论文或书籍发表的教师研究成果是正式的文本，具有较高的系统性和逻辑性，是教师个体性知识向公共知识转化的一种重要形式。故而可以认为教师研究成果出版传播的基本形式是正式文本，具体指论文、书籍、研究报告和文本叙事等。根据B教师现有成果来看，其呈现方式具体包括以下几个种形式：

表5-2　　　　　　　　印刷媒介的传播特点区别

分类	报纸（教育叙事或论文）	期刊（主要发表论文）	书籍（书稿）
时效	强	中	弱
深度	弱	中	强
保存价值	弱	中	强
装帧	弱	中	中

资料来源：邵培仁、海阔：《大众传播概论》，高等教育出版社2012年版，第60页。

一是通过高度概括和逻辑化表达的学术论文。这种文本呈现方式实际上也就是论文写作的方法，是作者通过文献查阅、思路安排、论点提出、论据使用以及结论呈现等方式来实现的。这种方法一般发生在逻辑思维能力较强，写作能力比较突出的教师身上。例如B教师属于逻辑思维较强的教师，因此她撰写了大量的论文。根据本书对教师研究成果形式的属性分析，论文属于一种高稳定性和高清晰度的研究成果。教师的研究论文由于要发表在期刊或报纸上，除了具有较高的保存价值和传播价值之外，更重要的是形成文字的研究成果不易变化，能够永久保存，加强了教师研究成果的稳定性。此外，就清晰度而言，由于论文是合逻辑且系统化的表达，因此能够清晰地呈现教师观点且便于读者理解。

二是通过行动和反思形成的合逻辑的图书出版手稿。教师出版的图书同样是通过文本来呈现，其特征与论文没有太大区别。例如在逻辑思路、系统化程度和抽象化程度上都与论文有较高的相似性。但是，毕竟由于两者在篇幅和行文风格上存在差异，故而也存在相异之处。特别是在内容的深度和广度上，图书与论文的差别较大。图书能够就一个问题展开深入的思考，收集大量的论据和资料，进而有效而深入地剖析教育教学问题及其原因，能够在关照问题整体的同时又更加深入和细致地分析内在规律。另外，图书与报刊的区别还体现在表述上是否一致，例如同一本杂志或者一期报纸的文章风格和表达方式可以有巨大的差异。虽然图书有不同的类型，如研究成果汇编类、教学叙事汇编或者教师教育理论成果独著，但是同一本书的体裁和行文风格以及规范性上都能够保持高度的一致性。从这个角度来讲，图书比论文的清晰度更高。而就稳定性而言，由于论文载于期刊，其篇幅有限且相对独立，给教师成果的集中保存带来困难，好在论文和书籍都是对动态事实的静态呈现，因此两者的稳定性都较高，但书籍又远远高于期刊发表的论文。因为图书具有单独的出版编号，能够独立公开发行，逻辑严密，易于保存和传播，所以极大提升其可独立的保存性，进而提升其稳定性。

三是通过教师叙事文本或研究报告来表达的教师研究手稿。报纸、期刊和出版社不仅出版逻辑程度高和理论性强的正式文本，还出版一些非正式或非学理性文本。针对中小学教师实际，传统的报纸、期刊和出版社也越来越热衷于出版教师的叙事文本（教育随笔、教学设计、教育案例等）或者来源于实践的研究报告或者实验报告等"更接地气"的研究成果。例如 B 教师就曾发表多篇这样的成果，这些成果或在期刊上发表，或以书籍形式集册发表，这也成为她出版的重要形式。这种出版物的稳定性和清晰度介于论文发表和书籍出版之间。从表述上来讲，叙事文本具有一定的随意性和情境性，如果读者没有亲身体验或身临其境，很难理解这种特殊的知识形态。但以这种方式呈现教师研究成果却越来越常见，这种表达方式较能够让受众理解，具有可读性较高和深刻地反映现实等特性。

总之，由于中小学教师的个体知识面临缺乏知识产权保护的困境，加上论文发表和书籍出版作为一种学术传统在教育界根深蒂固，使得教师对成果形成（呈现）抱有极大的期望。因此，关注教师研究成果出版呈现，包括论文、专利在内的各项科研成果，建立开放性的展示平台不仅能有效规避成果剽窃,还能够提高成果发表水平。[①] 但职称评聘对论文的硬性要求使中小学教师的科研论文发表路径和行为异化,论文写作与发表成为一种任务与负担,而并非发自教师内心。因此,教师应明确研究成果出版的基本形式对促进学校整体发展,提高教师研究成果转化能力和提升教师专业发展能力具有的积极意义,正确认识教师研究成果出版的重要性。

三　知识转化:B 教师研究成果呈现的内在本质

本书认为中小学教师研究成果作为实践性知识,需符合个体性、可及性、交互性和有效性四大检验标准。个体性是知识主体归属和知识确证问题,主要回答知识来源问题;可及性说明教师研究成果的形式或状态,主要回答知识何以存在的问题;交互性说明教师研究成果产生的过程与方法,主要回答知识的发生发展问题;有效性说明教师研究成果的现实意义和价值,主要回答知识存在的目的问题。这四大检验标准也可同时作为教师研究成果的主要特征或者本质属性。在教师研究成果出版中,笔者认为中小学教师研究成果的主要特点同样体现为以上四个方面。例如从知识的有效性来讲,作为出版物的教师研究成果,其与理论研究者研究成果的本质区别也在于"有效性"。这里并非否认理论研究成果的有效性,而是认为来源于实践的教学知识本身的效用是经验了的,能够更直接的指导实践和促进实践。具体而言,在教师研究中,教师形成的论文或书籍等研究成果一定是"有用"的,是"确实促进学生发展的","觉得有用的东西"才会被发表出来。这个过程,实际上是对实践知识的实践检验、总结和深化。其与理论研究成果的区别就在于,理论知识来源于思辨或实证,但其知识的实际效用还需要进一步检验。

从以上逻辑来看,中小学教师研究成果被选中来出版的部分,首先可以肯定的是其有效性。再则在于这种知识从个体向公共的本质转变过程。科学实践哲学提出了"地方性知识"的概念,强调知识形成的情境性,认为知识来源受个人特定文化背景、价值观和历史观影响。这种观点不否认知识的普遍性,但认为知识的普遍性不存在,知识的普遍性只是个体的、情境的知识传播的结果。据此可以认为,作为个体知识的教师研究成果正是通过"出版"传播来实现其情境化和公共化的过程。因此,笔者认为,

---

① 向华:《大学学术生态环境优化路径研究》,《科学管理研究》2014 年第 2 期。

教师研究成果的出版呈现过程，实际上是实践性知识的显性化和公共化过程。这与教师研究成果以面对面方式传播的成果区分开来。因为面对面传播的研究成果多为"缄默知识"而通过出版传播的研究成果则多为"显性知识"。因此，教师研究成果需要出版，大致需要经历以下几个方面的知识变革过程。

（一）隐性知识显性化过程

波兰尼提出"隐性知识"概念之初衷在于与"显性知识"相区别，认为显性知识是可以表达的知识。因此，可表性成为区分隐性知识和显性知识的重要标准。由此可知，显性知识就是可以用语言和文字加以说明的知识。具体到教师研究成果而言，就是指能够用语言和文字，特别是用文字来加以描述和分析的研究成果。本书认同科学实践哲学的观点，认为中小学教师研究成果是个体的、情境的、地方性的知识形态。本书进而认为知识不是一成不变的，其存在一个从隐性知识到显性知识转变的过程。例如需要出版和发表的教师研究论文和书籍，是教师不可言说的知识的尽力书面化表达，是一个从"意会"到"言语"的发展过程。实际上这是个体的隐性知识显性化的过程。因此，通过行动体现出来且隐含于行动之中的知识，经过教师总结、归纳和提升，进而通过文字将其细致地阐述清楚的过程，就是将隐性知识显性化的过程。

（二）实践知识理论化过程

从某种程度上而言，隐性知识实际上可称为实践性知识，因为实践性知识多通过行动来体现，而隐性知识蕴含于行动之中。因此可以认为，隐性知识的显性化过程实际上就是实践性知识的理论化过程。当然，实践性知识的理论化要以知识的系统化程度和思辨程度作为衡量标准。由于当前的出版往往需要理论化程度较高，有一定系统性和思辨性的文稿。故而可以认为实践性知识的理论化过程也就是教师研究成果的系统化梳理和思辨性提升的过程。由此，教师研究成果出版促进了教师研究成果的理论化。例如在 B 教师的访谈中提到：

> B 教师：我有一个深刻的感受就是，写出来的东西比没有写出来的东西更有条理。我甚至觉得写跟教学相关的论文的过程就是一个思考的过程，也是一个提升自己的过程。通过写作，使我更加深刻地理解了某个教育问题。比如我的作文教学，就是我通过不断地写和总

结，感觉每写一次都有很大的提升。(2015/09/23)

从 B 教师的表述可以知道，其提到的"思考的过程""深刻的理解"和"很大提升"都是通过论文写作来实现的。而教师之所以有写作动力则又源于教师的发表动机。因此，出版传播成为教师思考教育教学的一种方式，也是一个过程。这个过程的本质在于对实践知识的深刻理解和把握，将其提升到"理论"的高度。

（三）个体知识公共化过程

从知识主体上讲，教师研究成果是教师个体的知识，教师是知识的主体，教师是知识的所有者和使用者。然而，知识本身的使命却在于让更多的人去体会和应用，进而有效地促进人类的发展。因此，个体知识的公共化成为知识转变的一个重要环节。这就如同人的心与身的融合发展关系一样，"心和身一样是矛盾复合体，包含形式多样、性质各异的心理个例和样式，因此要揭示心的本质，必须遵循从个别到一般的认识路线，先全面考察各种心理样式、个例及其性质，再以此为基础概括它们的共性和心的一般本质。"[1] 同样地，教师研究成果的最初形态是个体的，这种知识具有效用上的地域性。换言之，对"此教师"有用的教学知识，未必对"彼教师"有用。这就需要将教师研究成果转变为对"彼、此"有用的公共知识，从而就出现教师研究成果作为个体知识向公共知识转化的过程。正如尼克·温鲁普等人所言"虽然教师知识与个人经历及情境有着紧密的联系，但教师知识的某些特征却为所有的教师或大部分教师所共同拥有。"[2] 与出版联系起来思考就会发现，如果出版的知识是只对某一个体有用的知识，这种知识就没有公开发行的意义和价值。因此，出版本身将促使教师个体知识公共化，只有公共化了的知识，才是值得传播的知识。故而教师研究成果公共化是基于出版的教师研究成果呈现的基本特征。

---

[1] 高新民、刘占峰：《心性多样论：心身问题的一种解答》，《中国社会科学》2015 年第 1 期。

[2] ［荷］尼克·温鲁普、简·范德瑞尔、鲍琳·梅尔：《教师知识和教学的知识基础》，《北京大学教育评论》2008 年第 1 期。

第三节　从个体到公共：教师研究成果出版传播过程

教师研究成果出版传播的前提是教师做研究和研究成果形成。因此，前文探讨了B教师如何在学校开展为了学校教师专业发展的研究，进而明晰了通过出版传播的教师研究成果的内容、形式以及知识转化过程。在此基础上，本书借助B教师为个案，试图说明教师研究成果出版传播的基本过程，让更多教师深入了解教师成果出版。

一　教师研究成果出版传播的基本要素

出版传播过程就是传播内容通过传播媒介从传播者到受传者流动的过程。结合教师研究成果出版传播实际可以认为，教师是传播者，教师研究成果作为传播内容，出版社和期刊是传播媒介，教育类相关读者群为受众。这几个基本要素的关系可以通过以下三点来阐明：

首先，教师研究成果是出版传播的前提要素。研究成果是教师教学研究的结晶，是经过教师深刻思考和亲身实践的产物，是对客观实践的实在反映。虽然研究成果需要"把关人"的筛选和抉择，但是他们并不是研究成果的创造者和拥有者。因此，研究成果是教育类学术传播的前提，是出版传播的基本要素，如果没有研究成果，教师的出版行为也就成了无源之水，无本之木。故而在分析教师研究成果出版传播过程中，笔者首先从教师研究成果的呈现和表述开始研究而不是从编辑的编审过程来研究。

其次，教师研究成果出版受传播媒介（把关人）制约。任何传播活动都离不开传播媒介，教师传播研究成果亦如此。教师研究成果能否出版，除了受研究成果质量的影响，还受到传播媒介的制约。传播媒介中的把关人（编辑或者组织团体）对教师研究成果发表具有较大决定权。例如杂志社编辑会根据杂志定位，载文风格，选题倾向等来决定是否录用一篇手稿。因此，传播媒介也是影响教师研究成果出版的重要因素。

再次，教师研究成果出版还受接收者制约。教师作为传播者，如果没有受传者，那传播就失去应有的意义，而要想提高出版传播的成功率，就要心中有读者，这就是所谓的"读者意识"。传播者应尽量根据读者的喜好和可接受性、可理解性来选择研究成果的内容。作为中小学教师，在出版研究成果过程中应当充分考虑自己作为一线教师的需要，这样才能够将心比心，明确自己的读者群，形成适合读者阅读的成果。教师研究成果出版并不是为了创造成果而发表，而是为促成读者特别是其他同行的进步而发表，更是为了整体的教师职业能力提升，丰富教学知识基础而开展的研究工作。

由上述论证可知，如果以教师这一传播者为逻辑起点，其他三个要素都会制约或受制于这一起点。同理，如果以传播媒介为逻辑起点，那么没有媒介，出版传播活动同样不存在，没有传播活动也就没有传播和接受者，教师研究成果也就只能通过面对面等其他途径实现传播。总之，教师研究成果出版传播的各个要素之间是紧密联系，相得益彰，缺一不可的。如果其中某一个要素缺失或者变化，都会改变传播性质，影响传播过程。所以说教师研究成果出版传播的过程就是教师通过出版社或者期刊社等传播组织和媒介将研究成果传播给受传者的过程。

二 教师研究成果出版传播的基本步骤

教师研究成果出版传播的要素交互构成了教师成果出版的过程。这个过程又是由不同的步骤组成。实际上，关于教师研究成果出版的基本步骤，多数中小学教师都不陌生。笔者在此以 B 教师的出版传播经历为例，来具体说明。以下是与 B 教师进行深度访谈的记录：

访谈者：您有发表过论文或者出版图书的经历吗？

B 教师：有的，我发表了几篇论文，有两本书正准备出版，已经拿到了刊号。

访谈者：能具体谈谈您发表论文的经历吗？

B 教师：好的。说到发表论文，我觉得这个对我们中小学教师来讲啊，还真是一件非常困难的事情。我之前有写过很多论文，但是都没有敢尝试去发表，因为怕自己的东西写得不好。后来慢慢地尝试着在报纸或一般的期刊上发表了一些文章，感觉还不错。我就谈谈我 2012 年发表一篇文章的经历吧！这个期刊早是核心期刊，要在上面发文章真的是非常困难，因此记忆犹新。发表在上边的文章当然还是关于我的"作文教学"的一些想法。因为我一直在做作文教学方面的课题和实验，因此在这方面有些零碎的思考和比较丰富的实践经验。后来我就尝试着去写了些东西，就好像是强迫自己去写点东西。因为，感觉到写东西确实是件挺难的事情。我先是跟同事做了些讨论，然后把写作的思路和框架确定下来了。后来我努力地去写，花了好几个月时间才把它写出来，我写出来之后还拿去给区教委的一个老专家帮我看了看，他说可以投一个好点的杂志。后来跟我们校长也讨论了一下，认为可以试试语文教育方面的杂志。后来因为在我们学校也订了相关杂志，我看上面发表的文章跟我写的文章风格还有些相似，而且篇幅也差不多，主要是上面每一期都会发表一些关于"作文教学"的文章。所以，我就尝试着在这上面投稿。因为也不是经常投稿，我还专门请教了我们学校懂得投稿的教师，经过他们指点，说是可以照着杂志上面的地址邮寄打印稿过去，或者如果有邮箱就投稿他们邮箱。我是选择邮寄过去的，为了确认文章是否到他们杂志社，过了半个月，我还专门打电话去杂志社问了，听他们说收到了，对我的文章有印象，说正在审稿。我当时听说是在"审稿"，还问他们审稿是干什么。呵呵，因为确实没怎么投过论文，所以都不知道。后来才了解到，原来我们投稿的文章首先是需要编辑看了之后觉得可以，就会邀请这一领域的专家进行审稿，专家觉得稿子可以，编辑才决定是否发表。我当时并没有能够这么幸运，等了有一个多月，差不多两个月了，杂志社打电话给我，说是我的文章需要再修稿，专家还提了意见。后来我认真看了专家的修改意见，并按照专家意见修改。后来，还来回地跟编辑联系了无数次，修改了好几遍。这个过程真的有点让我感到兴奋，因为我倒是觉得这个过程很有意思，这个改文章的过程，对我而言，有很大的促进作用，我从中学习到很多东西。最后文章发表出来了，我非常高兴，校长也将我的文章发给全校的教师看。我自己手里捧着自己发表的文章，心情也特别愉快，还认真反复读了好多遍……（2015/09/23）

从 B 教师的表述可以感受到这是她的一次成功而难忘的论文发表历程。根据 B 教师的描述，也能够推断出，教师出版研究成果大致会经历"创作—路径选择—投稿—审稿—修改—出版—反馈"七个基本步骤。这个过程基本与图书和期刊出版的创作、编辑、复制、发行、购买、阅读、反馈等各个环节整体一致。

三 教师研究成果出版传播的基本技巧

在与 B 教师深入交流之后发现，她不仅娴熟地掌握了作品出版的各种路径和方法，还在出版上具有独特的"窍门"。

(一) 出版手稿的语言表达技巧

本书讨论的出版主要指论文发表和书籍出版，两者的共同特征是要用"文字"加以编码来表达教师研究成果。B 教师通过借用"文字"形成论文或书稿的过程就是传播学中的"编码"过程。编码是"将目的、意愿或意义转化成符号或代码的过程。"[①]这些符号和代码由语言构成，因此论文或书稿的"编码"过程实际上是语言表达的方法问题。起初，B 教师在选用语言表达研究成果过程中存在一些"语言"本身所固有的缺欠，并影响教师研究成果的表达。根据现实困境和语义学的观点，通过书面语言表达会出现研究成果静态性与教育现实的动态性；研究成果表达的有限性和教学现实的无限性；研究成果表达的抽象性和教育现实的具体性；研究成果观点的假设性和现实的不确定性等矛盾。B 教师在实践中通过试误的办法成功掌握了这些矛盾，并认识到研究成果编码过程就是语言表达的优化过程，可以通过提升语言表达技巧来提升教师研究成果的出版可能性。

第一，B 教师成功避免了写作中的固定层次抽象。固定层次抽象 (dead-level abstracting) 是由学者约翰逊提出，是指固定在某个抽象层次上，既可以是高抽象层次，也可以是低抽象层次。[②]例如在教育中，教师、学生、教学、获得、参与、认识等都是高抽象层次的专业术语。如果 B 教师研究成果表达全都是这些概括性的词汇而没有具体可操作的表述，就会使受众很难理解。当然，有些词汇本来就属于高抽象的概括，无法避免。因此，需要低抽象层次的词语来加以协调。例如 B 教师在表达研究成果过程中，通过具体陈述某一个教学事件，讲述一个学生的认识过程，表述一个学生参与教学的例子等，来达到低抽象层次的表达。但是低抽象层次没有结论性的知识，只有过程性知识，不能让人阅读出重点。B 教师的手稿

[①] [美] 沃纳·赛佛林、小詹姆斯·坦卡德：《传播理论——起源、方法与应用》，郭镇之译，华夏出版社2000年版，第78页。

[②] [美] 沃纳·赛佛林、小詹姆斯·坦卡德：《传播理论——起源、方法与应用》，郭镇之译，华夏出版社2000年版，第84页。

写作同时包括高抽象层次和低抽象层次。她在表达一个教学理论的同时会结合实际案例。在讨论实际案例的时候，也会适当地上升到一定理论高度。

第二，B教师成果突破了写作中的类别思维。类别思维是语言表达中经常用到的一种思维方式，这种思维方式也可以表达为现象"认同"。例如B教师在总结提升自己的教育研究成果过程中，会把自己平时的碎片化思考聚集起来。她认为只有这样，才能将日常教学中的经验整理成有条理、合逻辑的教学知识。笔者在这里需要强调的并不是如何概括的问题。笔者发现B教师在研究成果撰写过程中，常常会出现"过度概括"的现象。例如她在说到某个印象不好的学生时，会不断地提及"这个学生实在是没得救了"等言辞，当她谈到整齐划一的班级纪律时，总会认为"这个班成绩一定非常不错"。这就是B教师长期从事教学工作之后形成的"刻板印象"和"教学惯习"。其实这就是一种过度概括行为，我们不能把这种思维方式带到写作之中，这容易导致思维固着，提不出新的观点。经过研究者与B教师共同商讨写作，在其认同过度概括存在局限的基础上，她有效地突破了这种思维局限，获得了新的成长。

第三，B教师消解了写作中的二元价值评判。二元价值评判是在多数情况下都将事物看作两个方面，出现非此即彼的思维方式。事实上，这与语言本身的局限存在关系。在我们的话语表达体系之中，常常会有美与丑，对与错，爱与恨，好与坏，喜欢与讨厌，获得与失去，起点与终点等成对出现的词语，这种成对的反义词加大了B教师在表达观点过程中非此即彼思维出现的可能。当然，我们也可以常常说"这个人不好也不坏"，这个学生"既参与了学习也获得了知识"。然而，这种表达常常被看作没有观点或者排斥了另外的可能，比如说"一个学生不好，但是可以改变"这样的观点却常常缺乏。因此，消解写作中观点的二元对立，尝试第三条或第四条、第五条道路，是一种值得追求的教师研究成果表达方式。例如笔者在B教师的写作手稿中常常会发现"肯定是这样""如果不是如此就一定是因为……""如果这种方法行不通就很难解决这个问题了"等话语方式。这即是一种固有的二元对立思维方式的具体表现。经过反复试误之后，B教师在形成书面研究成果的过程中尽量避免了这种绝对的和非此即彼的表达方式，积极寻求"第三种价值"和"第三种出路"，使自己来源于实践的观点具有了创新意义和实践价值，大大提升了被录用的概率。

(二) 传播媒介选择技巧

除了在语言表达上下功夫之外，教师研究成果成功出版还需要恰当地选择传播媒介。前文提到，当前基于出版的传播媒介无非是报纸、期刊、图书和电子出版物几种类型。结合实际情况来看，当前 B 教师主要选择的是报纸、期刊和图书三种传播媒介出版研究成果。所以在这里主要讨论如何选择报纸、期刊和图书出版的方法。

首先，是选择报纸出版。通过报纸出版研究成果是一种有效方式，当前比较主流的教育类报纸如表 5-3 所示：

表 5-3　　　　　　　　教育类主流报纸一览

报纸名称	周期	省份	网址
《中国教育报》	日报	北京	http://www.jyb.cn/
《中国教师报》	周报	北京	http://paper.chinateacher.com.cn/
《教育文摘周报》	周报	北京	不详
《现代教育报》	周报	北京	http://www.modedu.com/
《天津教育报》	周二报	天津	http://www.tjjyb.com.cn/
《当代家庭教育报》	周报	北京	http://www.cfen.net.cn/
《新课程报·课改导刊》	周报	内蒙古	不详
《少年素质教育报》（教师版）	周报	河北	http://www.snszjybs.com/
《学苑新报》（教学论坛）	周报	河北	http://www.xyxb.cn/
《现代教育导报》（综合）	周报	山东	不详
《江苏科技报·教育周刊》	双周报	江苏	http://www.todayedu.cn/jyzk/
《教育信息报》	周报	浙江	http://www.zjjyb.cn/
《教育时报》	周报	河南	http://jysbnews.shuren100.com/
《考试报·教师版》	周报	陕西	不详

从当前教育类报纸出版的内容来看，主要刊登的是比较主流的教育话题和教育新闻，专门讨论教学学术研究的报纸比较少见。因此，在报纸类杂志上发表的教师研究成果也主要偏向比较新奇，能吸引人眼球，具有一定影响力的教育教学研究实验"业绩"或者某种教学方法总结。此外，当前许多教育类报纸的定位在于宣传教育改革和教育发展方面的信息，定位于给广大教育工作者、学生和家长传播教育信息而较少传播研究成果。例如"《中国教育报》创刊于 1983 年，目前由国家教育部主管，中国教育报

刊社主办，是国内唯一一份国家级的，面向全国教育界的教育日报，是迄今为止中国最具权威和最有影响力的教育新闻媒体。其一、三版为教育要闻版，二版为评论版，五版为深度报道版，同时还办有内容丰富的专业周刊，如高教周刊、校长周刊、职教周刊、课程周刊、学前周刊、家教周刊、理论周刊、读书周刊、环球周刊等。几乎所有的教育行政部门一把手、大学党政一把手读《中国教育报》；80%以上的中小学校长读《中国教育报》；70%以上的中小学教师读《中国教育报》、近50%的大学教师读《中国教育报》；几乎所有民办教育机构和民办学校订阅《中国教育报》。"[①] 因此，《中国教育报》发行量比较大。但是这些报社都有自己的编辑或者教育记者，接受外来投稿的文章量比较少，这增加了 B 教师投稿的难度。当然，除此之外，还存在一些其他非教育类报纸，也有教育栏目或者板块，也可接收投稿。

其次，是选择期刊发表论文或者选择出版社出版书籍。在学术期刊上发表教师研究成果是 B 教师成果传播的一种重要形式，也是主要形式。长期以来，B 教师都依赖于这种传播方式公开研究成果。由于 B 教师研究成果具有"个体性、可及性、交互性和有效性"等特性。因此，其形成的多为实践性知识，这种知识形态的最大特性就是偏向"实践"，其成果表述和话语方式与纯理论教育研究有较大区别。也正是这种差异，实际上使得当前存在着不同类型的学术期刊——偏向理论探讨的学术期刊、偏向实践的学术期刊以及理论与实践并重的学术刊物。

以比较常见的学术期刊为例，大致划分出三类与基础教育密切相关的教育类学术期刊（见表5-4）。

表5-4　　　　　　　　不同类型教育期刊一览（部分）

偏向实践期刊	偏向理论期刊	理论与实践并重期刊
《中学政治教学参考》	《教育研究》	《课程、教材、教法》
《教学月刊. 中学版》	《北京大学教育评论》	《上海教育科研》
《中学语文教学》	《比较教育研究》	《人民教育》
《语文建设》	《清华大学教育研究》	《教育科学研究》
《中小学外语教学》	《教育与经济》	《外国中小学教育》

[①] 中国教育报刊社：《中国教育报媒体简介》（http：//www.cepa.com.cn/ssmt/zgjyb/）。

续表

偏向实践期刊	偏向理论期刊	理论与实践并重期刊
《历史教学》	《教育科学》	《中小学管理》
《数学通报》	《教育理论与实践》	《中国教育学刊》
《化学教育》	《教师教育研究》	《当代教育科学》
《中学物理教学参考》	《教育学报》	《教育评论》
《中学生物教学》	《华东师范大学学报.教育科学版》	《教育探索》
……	……	……

以上对三类教育杂志刊文偏向的划分并没有绝对的界限，也不存在严格的划分标准，只是依据杂志的载文风格作大概划分，同时并不排除其中一些杂志载文风格的变化。总之，上表是为了让中小学教师清晰地认识到出版传播路径的差异，使其在出版成果时，正确选择适合自己写作风格的杂志投稿。此外，关于图书出版的问题，由于没有过多的教师涉及这一出版路径，在此不作详细的讨论。概言之，出版社同样存在出版偏向，要与出版的"把关人"进行细致沟通和理解，方能达到出版成果的目的。

总之，从 B 教师选择出版传播的整个过程来看，体现为一种从个体知识到公共知识的传播路向，是一种基于理论又从实践到理论的"上下交融"的教学知识传播模式。由于中小学教师是教学实践的主体，其在教学实践中形成的知识应属于实践性知识的范畴，这种知识的最大特性在于其个体性。然而，B 教师却选择通过出版来传播这种研究成果，实际上实践知识理论化过程和公共化过程，其目的和本质体现为知识的公共化，以使其发挥更大的效益。因而从个体走向公共是教师研究成果传播的本质体现。

第四节 教师研究成果出版传播的外部影响因素

前文以 B 教师的成果传播为个案，分析了教师研究成果出版的源动因与基本过程。这种分析有利于更加深刻的认识出版传播路径。然而，在认识其原因和过程中，研究者发现愿意选择出版传播的教师并不多。究竟为何会出现这种现象呢？基于这一问题，本书有必要进一步探讨影响 B 教师研究成果发表的内外部因素，以利于提出更加适合于中小学教师研究成果发表的有效策略。通过对 B 教师的观察、访谈和归纳总结发现，B 教师之所以会成为一名优秀的教师研究成果出版传播者，主要受到主体和环境两方面核心因素的影响；主体主要是指作为成果创造者的教师，环境主要是指出版传播所具备的外部条件。因此，总体上可以从教师的内部追求和外在生存需要两个方面来阐述教师研究成果出版传播的影响因素。

研究者对个案的考察首先是从其外在行为和所处环境入手，而比较易于归纳和揭示的也是影响 B 教师研究成果出版传播的外部影响因素。结合追踪观察、深度访谈和对资料的关键词归因，研究者总结得出以下五条影响教师研究成果出版的外部因素。

一　把关人效应："能不能发表我说了不算"

从 B 教师的论文发表经历来看，其想要将成果公开发表最重要的是能够通过"论文评审"，这就是传播学中的把关人效应。把关人是传统传播学中的重要概念，把关人对传播内容具有重要影响，教师研究成果出版传播也不例外。最先提出"把关人"这一概念的是库尔特·卢因。1947 年他在《群体生活的渠道》一文指出："信息总是沿着含有'门区'的某些渠道流动，在那里，或是根据公正无私的规定，或是根据'守门人'的个人意见，对信息或商品是否被允许进入渠道或继续在渠道里流动做出决定。"① 实际上，从词义上来理解，最先"把关人"被翻译为"守门人"，意即守住进入两个不同话语空间通道的人。这就如同足球场上的守门员一般，守门员是为了守住球门，不让足球进入，而传播学中的把关人的责任在于守住"信息"流通环节。"在传播学中，'把关人'是一种普遍存在的现象。他具有较大的权力制定传媒机构的政策，在传播者与受众之间，'把关人'起着决定继续或中止信息传递的作用。"② 这种把关人效应在传统的印刷出版传播中体现得最为明显。

施拉姆在明确"信息网上布满了把关人"的前提下指出，把关人的效用体现为"出版编辑决定着出版哪些作家的作品，对他们的手稿作哪些删减，这就明确了出版编辑是出版传播活动中重要的把关人，肯定了把关人

---

① ［美］沃纳·赛佛林、小詹姆斯·坦卡德：《传播理论——起源、方法与应用》，郭镇之译，华夏出版社 2000 年版，第 217 页。
② 马婕：《新媒介时代对传统把关人的重新审视》，《编辑之友》2011 年第 4 期。

的地位和作用"[1]。关于把关人效用问题，有学者从三个方面来加以说明：即个体层面的"把关人"，组织层面的"把关人"和社会层面的"把关人"[2]。把关人效用在韦斯特利——麦克莱恩传播模式中体现得最为明显。这种模式将传播活动简单的归类为传播者、把关人和受传者三者之间的信息传递与交流。这一活动充分体现出把关人在传播活动中的作用。还有学者归结了韦斯特利——麦克莱恩传播模式中把关人的作用，[3] 首先把关人也是信息的传播者。这主要体现为对社会文化信息的传播，因为把关人相当于是一个中间人，将传播的信息传播给大众。其次把关人是传播内容的过滤者。也即是说，传播什么样的信息到受众方，由把关人来决定。再次把关人是传播信息的调节者。把关人有对信息的适当更改权，也同时具有对传播活动进行调整的权利。最后把关人充当着传播者与受传者之间的桥梁作用。我们知道出版传播等传统传播方式的不足在于缺乏交互性，读者与作者之间难以及时沟通和交流。但这并不能说明出版传播没有信息的反馈和交互，把关人在这个过程中就充当着信息交互的桥梁作用。读者与作者之间就是通过把关人来沟通和交流的。

"把关人"这一主体具体到 B 教师研究成果出版传播中来看，其指的是教育类杂志的编辑、主编、专家审稿人、出版社和会务组等。当前发表学术论文的标准首先是被个人把关，即各个教育杂志的编辑或者出版社编辑主导着教学学术传播。如 B 教师的研究论文首先需要发至编辑手中，编辑有权进行第一轮筛选。这一轮筛选将会导致很多教师的成果"石沉大海"。这一轮筛选的主要标准是选题是否有创新。事实上，这对 B 教师而言，也是一件比较困难的事情，因 B 教师的研究成果基本上是根据实际问题提出，形成的研究成果也是为应用而产生，其根本宗旨是解决实际问题，并不关心研究选题是否时兴或是否吸引眼球。因此，B 教师的论文也很难在第一轮"胜出"。当然，确实有些论文选题是非常新颖，是来源于实践的真智慧，这些论文将会被编辑送到专业的审稿专家手里。然而，从当前的教育类杂志审稿群体来看，多为高校教授或者中小学教学名师等在专业方面功底非常深厚的"专家"。因此，这一轮筛选的主要标准是研究成果的学理性和规范性问题。传统的知识检验标准注重知识的真理性，与

---

[1] 师曾志：《出版传播事业中把关人的地位和要求》，《编辑之友》1997 年第 5 期。
[2] 贾骏：《略论"把关人"研究》，《安阳师范学院学报》2007 年第 4 期。
[3] 师曾志：《出版传播事业中把关人的地位和要求》，《编辑之友》1997 年第 5 期。

实践认识论提倡的有效性和交互性生成有巨大区别。故而这一轮同样使很多中小学教师的论文难以通过。可见这种极其严格的论文写作规范和评审标准并不适合中小学教师。且不论这种标准是否合理，可以肯定的是教师应该有自己的话语方式，有自己的研究方法和成果表达方式。用传统的标准来衡量，自然让很多教师的成果未能出版。

除了上述两类把关人之外，还存在以组织或团体为主的把关人，例如某会议需要提交论文，则有会务组委员把关参会论文；某论文竞赛的参赛论文，则有相应的论文评审专家作为把关人。可见把关人在教师研究成果出版中发挥着至关重要的作用，对 B 教师研究成果出版起着巨大的影响。正如 B 教师所言"论文能不能发表出来不是我说了算"。此话虽然有些过于归因于把关人效用因素，但也不无道理。

二 校长领导力："我们跟着校长学发文章"

校长是学校的领导者，校长领导力是推动学校向前发展的重要力量。美国著名学者詹姆斯·库泽斯和巴里·波斯纳在《领导力》一书中指出：领导力，是领导者如何激励他人自愿地在组织中做出卓越成就的能力。[1] 故而校长领导力是指"校长在领导学校过程中具有的影响力"[2]。例如 B 小学校长的领导力在教师研究成果出版上得到充分展现，这是校长自愿在组织中做出卓越成就并产生影响力的具体体现。从对 B 小学校长的观察和了解发现，这位校长是一位写作能力强，比较喜欢通过文字来表达教学和工作的领导，而且这位校长具有很强的科研意识和成果传播意识。他认为：

> 学校的发展主要靠教师，教师除了教学，还得搞科研，只有科研与教学结合，才能促进学校的整体发展。在这个过程中，教师要有积极形成研究成果的意识，这些成果也是学校发展的宝贵财富。不仅如此，教师们还要懂得分享自己的成果，这样学校才能实现整体发展。(2014/11/28)

足见，B 教师获得较多出版机会与校长领导密切相关。校长对学校成

---

[1] 李昌明：《领导力与造就优秀企业人才》，《经济论坛》2005 年第 6 期。
[2] 孙绵涛：《校长领导力基本要素探析》，《教育研究与实验》2012 年第 6 期。

果出版氛围的形成也具有积极的推动作用。B小学校长主要是通过顶层设计达到预期目标的。B小学校长先从学校层面优化教师研究成果传播环境，特别是从制度环境上完善教师研究成果出版。这些制度包括教师论文发表和书籍出版保障制度、管理制度、评价制度和奖励制度等，其中奖励制度的建立是优化学校出版传播环境的重要策略。例如B小学校长积极增强论文发表奖励力度，采取校学术委员会集体评议和学术论文分等评奖制度，做到了公平、公正和公开的评定和奖励教师研究成果出版。这对B教师成果出版积极性提升和B小学传播环境形成起着积极推动作用。B教师正是在校长制定的激励制度影响下，成功发表了具有一定数量的研究成果。可见制度层面的优化策略从校长这一角色入手会取得更好的效果，这也是校长领导力的一种重要体现。

三 论文发表氛围："不是我们不想分享"

在教师研究成果出版传播中，教师是传播主体，其在整个传播生态系统中处于核心地位，正是由于教师与传播环境的互动，才能促使出版传播得以发生和发展。因此，教师要积极发挥成果传播的主动性，但就外部动因而言，这种主动性又与教师所处的具体论文发表氛围息息相关。通过调查分析发现，教师的成果发表积极性是非常高的，特别是刚毕业时，B教师试图在教学和科研上都有所突破，特别是想根据自身的研究能力优势，多探索教学，多出成果。不仅如此，B教师还促使学校出版氛围活跃起来。如当研究者问到"您平时是否开展一些科研活动和发表论文？"这一问题时，B学校多数同事回答是这样的：

> B教师同事1：因为我是B教师的学生（中小学老教师带新手教师的师徒制），她会经常写一些文章来发表，她比较熟悉投稿的方式，所以我也积极地写了一些，正准备发表。
> B教师同事2：平时也会写一些来发表，不过都是发在普通刊物上，发不了核心期刊，感觉很难的样子。（2015/09/22）

为了进一步探析B学校教师成果出版受传播生态影响程度，研究者到A小学和C小学调研时也访谈了教师论文发表问题，得到的问答是这样的：

A教师同事1：我也想发（论文），但是写不出来，而且别的教师都天天上课，我去写论文，别人会笑话的。（2015/10/16）

A教师同事2：平时有写一些论文，那都是为了应付任务，基本没想过发表，在中小学没有这种氛围。（2015/10/15）

C教师同事1：我不太习惯写论文，也不太会写，都是在网上发表一些随笔啊、教学反思什么的。（2015/10/29）

C教师同事2：学校没有这个要求，我们教师之间也没有这个氛围，所以很少写的。（2015/10/30）

从以上几位教师的回答可以推断出这样的结论，即具有相对成熟的传播氛围的B小学教师在发表论文方面的积极性相较于A小学教师和C小学教师而言要高得多，两种不同传播环境的教师的出版心态也完全不同。实际上，教师内心极其渴望出版和发表成果，却由于当前中小学没有形成积极、热情的成果出版氛围，使得许多教师只能望而却步。B小学曾经也面临这个问题，但他们在这几个方面做出了积极努力：

第一是"专家引领"。这里的"专家"指的是学校范围内或者学区内具有成果出版经验的教师，特别是论文发表数量较多的教师。B学校以这些教师为中心建立了研究成果出版共同体，在校内"教育研究中心"共同开展工作。共同体建立采用了"邀请"的方法，从最初的"兴趣小组"向"大团队建设"迈进。即先由几个有共同兴趣的教师带领，走在前面，进而逐步带动其他教师参与。

第二是"创造出版交流空间"。B学校构建了专门的"教师研究成果出版交流论坛"，这个论坛一方面是为了讲解自己的研究成果，传播研究成果，促进学校全体教师的进步；另一方面也要鼓励教师积极分享自己的出版传播经验，让更多教师了解传播的基本方法和技巧，提高教师的成果出版意识和传播能力。

此外，B校长还组织开展论文写作、参加比赛、论文发表和书籍出版等提高出版与发表氛围的活动。当然，这也得益于学校部分教师的积极配合和本身夯实的写作基础。由于B小学校长个人擅长写作，故而积极推动了同样具有写作能力的其他教师形成论文并得到出版。B小学在此境遇下也形成了论文写作的风气，每逢市级或区级的论文比赛，她都积极参加。例如在重庆市"第十二届全市基础教育课程改革征文大赛中"B小学63

名教师共提交了 88 篇（每位教师提交论文数量不限）参赛论文，足见该校浓烈的写作氛围和教师写作的积极性。案例 B 教师在 15 年的从教生涯中，从不间断写作，几乎每年都参加重庆市相关部门组织的教师论文大赛，且几乎每次都能获得奖项。到目前为止，她一共获得一等奖 3 项，二等奖 6 项，三等奖 6 项，优秀奖若干；同时她还发表了学术论文 6 篇。可见，B 教师之所以能够形成如此丰富的出版成果与学校的出版氛围分不开。

四　出版传播路径："我们一起学习发表"

在影响教师研究成果出版传播的外部条件中，物理条件也是教师研究成果出版的重要组成部分。没有物理环境的支撑，教师的传播氛围就难以维持，学校的制度只能是形同虚设。因此，教师成果传播的物理环境建设是外部支持条件，而传播路径是物理环境建设的具体体现。出版作为一种传播路径或媒介，是将出版物和传播者相连接的中介。这种传播路径与面对面交流不同，面对面交流需有组织者将教师集中起来，受时空限制较明显，而出版传播则不受时空限制，仅需明确传播者与传播路径联系起来的中介及其方法。因此，传播路径的掌握成为传播者顺利出版成果的关键步骤。实证案例表明，B 教师在论文发表方面具有一定优势。由于校长在这方面能够积极主动联系出版社或者杂志社，学校其他教师也经常发表论文，掌握了论文投稿方式和论文审稿流程等，形成了一个比较成熟和完善的论文发表渠道。此外，在论文撰写方面 B 教师也具有非常成熟的经验，熟练地掌握了一线教师的论文应该写成什么风格、用什么样的语言来表述容易发表等技巧。通过访谈进一步了解 B 教师的其他两位同事，他们也认为论文发表路径不是什么大问题。笔者以为，对传播路径的物理创设和主体掌握对 B 教师选择通过出版来传播自己的研究成果具有相当大的影响。由此也可以认为，成熟的出版传播通道是影响教师研究成果出版的重要因素。

B 小学教师成果传播的物理环境建设上主要从这样几个方面做出了努力：一是设立校级的"教师学习室"。这里的教师学习室的主要配备就是满足各科教师不同层次需求的教育报刊，相当于大学的"阅览室"。在对 B 小学校长进行的访谈中了解到，以前 B 小学虽然也订阅一些报刊，但都是分散的放在各个教研室或者教务处等地方，没有一个集中学习的环境和氛围，导致大部分教师很难积极主动地去学习。而自从集中设置了教师学习室之后，教师可以广泛了解各种不同的教育报刊的风格和投稿方式，促进了教师研究成果出版。二是设置"教师出版成果展专栏"。B小学在校内专门设置了教师出版的研究成果展览专栏，这一方面可以展示教师的研究成果，另一方面还可以树立教师研究成果出版的榜样，触动和推进其他教师研究成果出版的积极性。三是"论文发表经验交流会"发挥的积极作用。B学校每学期都不定期的组织开展这种类型的经验交流会，在交流会中教师积极分享自己的传播经验，包括如何选择传播路径和论文写作技巧等，对B教师以及其他教师成果出版具有极大的促进作用。

五 教师生存环境："我得为此付出代价"

教师外部生存环境同样影响着教师的专业发展。与教师研究成果面对面传播相比，教师研究成果出版被看作"额外的工作"。因为面对面传播以教学行动为主，这本来就属于教师日常教学工作的基本组成部分，所以不会被认为是工作负担，而认为是理所当然的事情。另外，还由于通过行动来呈现研究成果的方式不会占用教师额外的时间，不会对教师日常的工作与生活造成困扰。但是，出版研究成果的情况就大不相同。出版研究成果（如论文和书籍）需要花大量的时间来思考和将成果总结提升，这是一项极其复杂和系统的工作，因此，中小学教师对此并非欣然接受。以下对话能够反映出中小学教师对论文写作等出版手稿的排斥性。

> B教师：小陶（B教师同事1），（2015）11月23日要交论文参加比赛哦！你要抓紧写好啊！
>
> B教师同事1：啊，好难过！！最怕写论文，怎么办啊！！！
>
> ……
>
> B教师：小陶，你有没有写有教学日志或者教学反思啊，拿一篇给我看看。
>
> B教师同事1：啊，又要写！！！……（2015年11月23日B教师提供的QQ聊天截图）

教师为何会对论文写作这么"反感"？换言之，是什么影响着教师研究成果出版？显然，除了前文提到职业信念之外，还有一个重要的原因是教师生存现状。教师的生存现状包括教师的家庭生活、学校人际关系、教师职业发展境况等。例如在与 B 教师访谈过程中她主动提到了这一点：

> 访谈者：您认为除了您刚才提到的教师个人专业追求之外，还有什么别的因素在影响着您的成果出版吗？
>
> B 教师：我觉得还有一个重要的原因就是教师自己的生活情况，特别是家庭情况，就是家人对你的支持非常重要。因为写这些东西是需要多付出很多时间的。特别是像我们这种做妈妈的，平时需要照顾孩子，我基本上都是等孩子上床睡觉之后才开始写点东西。有时候，甚至也没有时间写，因为白天要上课，晚上要批改作业，还需要备课，根本就没有时间去写东西……这就需要家人的理解，需要同事的支持。也就是说，我不是一个人在努力，而是生活处处都在考验我和支持我。(2015/11/20)

由此可见，论文写作等工作于 B 教师而言并不是一件容易的事情，这与其生存状况息息相关。B 教师既要完成基本的教学任务，又要照顾家庭，还得用自己额外的时间来批改作业和备课，哪还有精力再去进行写作，并且写论文对于中小学教师来说本来就是一件特别困难的事情。因此，教师的生存状况是影响教师研究成果出版的重要因素，没有良好的家庭环境和同事的支持，没有教师个人坚强的意志力，没有突出的拼搏精神和职业自觉，很难产生优秀的论文或书籍。用 B 教师的话来说就是"我必须付出更大的代价，才能获得更多的成果"。

第五节 教师研究成果出版传播的内在影响因素

教师研究成果传播存在内在的规律和特殊形式，同时受教师个人因素和传播生态双重条件制约。显然，教师选择出版来传播研究成果并不是随心所欲，率性而为的，而是具有深刻的理论和现实基础和特殊的生态环境需要。研究表明，教师对出版研究成果的需求是迫切的，但并不是每个教师都能够出版自己的研究成果。前文对 B 教师的剖析清晰地展示出教师研究成果出版的外部影响因素，对其他教师出版自己的研究成果具有借鉴意义。但外因只有通过内因才能发挥作用，因此教师研究成果出版传播的关键还在于内因。归结起来，教师研究成果传播的内在影响因素主要包括以下三个方面：

一 教师的理论修养

教师是育人之人，其面对的是鲜活的生命，故而需要用生命关怀之心去对待教育，对待教学和对待学生。教育是一种精神存在，光靠法律和规范难以达成。因此，要提升教师的教育关怀，实现教师研究自觉，做到教师专业发展自觉显得尤为重要。专业自觉是教师研究发展的终极目标，教师研究成果传播作为教师专业发展的重要组成部分，其对教师专业自觉影响巨大。教师专业自觉就是要促成全部教师的整体发展，而来源于实践的教师智慧无疑是促成这一目标的重要手段。从B教师成长历程可以证明，要做到专业自觉，首先需要做到教学行动自觉和反思自觉，进而达到理论自觉。

首先，是B教师的教学行动自觉。行动是实践的核心，教学和研究由教师的"行动"组成。认识来源于实践，只有不断的行动，才能对教学实践有深刻的认识。需要指出的是，由于教师工作具有明显的重复性（循环教授不同年级，重复讲解教学内容，反复担任某个学科的教师等），容易出现"十年如一日"的教学境况。强调行动自觉就是要打破教师工作的守旧和成规，让行动成为教师的教学习惯，让在行动中教学成为教师生活常态。例如B教师的论文写作行为是其自觉行动的体现，并非外部任务压迫使然；B教师把教学叙事作为一个教学环节，每次都积极主动的完成，并非来自管理层的任务；B教师的积极投稿和发表文章是自觉主动的行为，并非项目结题需要或者校长指派的任务。也正是因为B教师的"行动自觉"才换来丰硕的教学成果。因此，教师的主动行动才能称得上是行动自觉。B教师的行动自觉在于教师积极主动的付出，为探索教学之奥秘，解开学生奇妙的内心世界而努力。这也是B教师认识教学，形成教学研究成果的前提和基础。

其次，是B教师的教学反思自觉。只有行动而没有反思，这种行动即使是自觉的，也是没有思想的，也不能达到真正认识教学的目的。因此，行动自觉还需要反思自觉加以统整。就B教师而言，反思是她洞察自身的重要方式。教师作为一种职业，是不断发展与进步的过程，会经历入职、初职、发展到成熟几个阶段，教师在每个阶段都要不断认识教育，取得新的进步。一味强调行动的重要性，而光行动却没有对行动本身进行再思考，也就只能说是"实践"和不是"促进实践"。B教师在教学行动中自觉反思，不仅能审视教学行动前的认识，还能从实践过程中迸发出智慧的火花，生成新的知识基础，从而快速的提高自己对教学的认识，进而增加教学知识。反思还是B教师认识学生和认识教育的根本所在。促进学生全面发展是教育的根本目标，而要达到这一目标就要对学生有深刻的认识。B教师认识到在日常工作之中面对的是具有鲜活生命的人，每个人都是独特的生命存在，不用心去体会和思考，就无法体悟何为教育，无法达到真正的专业自觉。因此，她认为自我反思是直接提升教学的重要方法，教学反思是直接提升专业能力的重要途径，职业反思是认识教育和实现专业自觉的重要理念，也是研究成果形成的基础。

最后，是B教师研究的理论自觉。行动、反思到结果呈现过程就是认识的发生过程，这是教学学术的认识论基础，也是理论自觉的前提。出版的教师研究成果多为显性知识，而显性知识一定程度上体现为理论性研究成果。通过行动与反思之后，最终形成显性知识并将其出版和发表，这可谓是B教师研究成果的理论化过程，是她研究理论自觉的具体体现。因此，可以认为教师的理论自觉就是指教师通过行动和反思形成对教育教学的认识之后，积极主动梳理认识，使其成为系统、合逻辑的显性教学知识的自我规约。理论自觉是B教师研究成果知识属性本身的需求，也是出版传播路径的必要前提。如B教师为了实现研究成果出版，积极主动保持自己的行动自觉和反思自觉以保证她对教育教学实践认识的敏感性。但B教师也认识到，这种知识是实践性的，其虽然能够很好地指导实践，对实践起到相应的效用，但是却很难保存和传播。因此B教师在行动自觉和反思自觉的基础上，进一步要求自己实现理论自觉。B教师在访谈中表露自己在工作中慢慢地感受到是理论自觉促成了成果出版，认识到出版成果的过程也是教师理论自觉的过程。可见教师理论自觉是教师研究成果被发表在期刊或报刊上和形成具有独立性和广泛传播价值的教育书籍的充分必要条件。唯有形成如论文、报告或书籍形式的教师研究成果才能更好地被保存和相互传播，进而促进教师整体专业发展，实现学校全体教师的专业自觉。

二 教师的出版素养

随着大众传播媒介的盛行，信息传播充斥于大众生活的方方面面。人的学习活动往往也通过这些传播活动来实现。B教师的学习与学术传播也不例外。"学术理念与精神的确立离不开媒体"①,中小学教学作为学术,势必走向公开。世界著名的未来学家阿尔文·托夫勒指出:"文化技能不可能仅仅来自教科书或培训班。具备这些文化技能的一个前提条件是,要熟悉自己所住街道以外的世界是如何运作的。这类知识日益来自传媒环境。"② 可见我们生活在一个传播环境之中。鉴于当前知识传播的重要性,传播学者专门提出个体媒介素养的概念,甚至出现了专门的媒介教育。"媒介素养教育使人们正规地享有大众传播的资源,充分利用媒介资源完善自我,参与社会进步。"③ 媒介教育的核心就是培养人的媒介素养。媒介素养是指"人们面对媒体各种信息时的选择能力、理解能力、质疑能力、评估能力、创造和生产能力以及思辨的反应能力。"④ 美国学者索曼在1995年把媒介素养教育分为三个阶段:⑤ 第一阶段是关于如何选择及分配花在传媒上的时间;第二阶段是发展批判性的思考能力,去分析及质疑传媒所传递的信息,并了解这些信息是如何建立的;第三阶段是从社会、政治及经济各方面进行分析,从而让人们学会根据以往经验从传媒中取得信息,同时明白传媒是如何推动全球消费经济的。结合媒介素养的具体内容,根据索曼对媒介素养提升的阶段理论,联系B教师研究成果出版传播实际,本书认为教师研究成果出版传播媒介素养提升主要受以下几个方面的影响:

第一是教师对出版传播知识的掌握程度。教师要想利用传播媒介获取更多教育知识以促进专业发展,就有必要理解传播过程的基本知识和掌握通过传播媒介获得信息的能力。理解出版传播知识包括认识不同的传播媒介,认识不同的传播模式,识别不同传播路径的优势与不足,熟悉各种常见教育期刊或者出版社的出版偏好等。B教师就是一位善于解读不同期刊,认真学习传播媒介相关知识的教师。通过长期的杂志阅读与分析,B教师基本理解了不同教育类期刊的选题偏好、行文风格、杂志投稿方式和

---

① 王靖、陈卫东、刘卫春:《媒介素养与高校教师专业发展》,《长春大学学报》2012年第1期。
② [美]阿尔文·托夫勒:《力量转移:临近21世纪时的知识、财富和暴力》,刘炳章译,新华出版社1996年版,第403页。
③ 陈晓慧、杨菲:《美国教师媒介素养教育研究》,《中国电化教育》2011年第6期。
④ 张开:《媒体素养教育在信息时代》,《现代传播》2003年第1期。
⑤ 田中初:《媒介素养:一种正在兴起的教育实践》,《浙江师范大学学报》2004年第1期。

投稿周期、审稿流程以及录用标准等。理解这些传播媒介相关知识对教师成功出版研究成果具有重要作用。事实也证明，B 教师能够形成大量丰富的出版成果，也是得益于自己对传播媒介的关注和理解。如果教师不了解这些基本的传播知识，就很难选择适合自己的成果传播方式，进而影响教师呈现研究成果，最后导致教师在传播上的无力与无为。例如笔者在与 B 教师同事 1 交流过程中了解到，她也认为自己与师父（B 教师）在文章发表方面巨大的差异在于很少关注出版物，不太了解教育杂志的特性和要求，甚至连投稿都没有关注过，因此至今还没有公开发表的研究成果。足见，教师要清楚了解传播知识，特别是关于论文发表和书籍出版方面的知识，才能很好的应用出版传播路径来实现成果公开。

第二是教师对出版传播的批判反思能力。教师要想充分利用传播效用，使自己成为一名优秀的教师研究成果传播者，首先需要成为一位优秀的受传者。作为一名优秀的受传者应懂得如何获得与自己职业相关的信息。要实现这个目标，先要具备识别信息的能力。当前是一个知识爆炸的时代，各种期刊层出不穷，各种书籍出版花样繁多，教师应具有基本的信息识别能力，知道哪些杂志发表的教育论文相对优秀，哪些教育研究成果具有积极正面的价值。在识别信息的基础上进行信息的批判性反思。媒介批判反思能力也是教师传播素养的重要组成部分。对其他研究成果的批判反思，就是指教师能够利用自己的人生观和价值观对成果所反映的教育现象、教育价值和教学主张进行深层分析，揭示出传播者传播教师研究成果的意义和价值。值得指出的是，教师的出版批判意识不是一蹴而就的，而是持续发展的结果。例如 B 教师最初涉足出版传播时，是一种"文章能够发表就好"的心态，并不太关心杂志的级别，更不会去考虑杂志的发文质量。在积累一定的出版经验和具有一定的教育批判意识之后，B 教师开始关注一些更为优秀的杂志，并尝试去理解和批判性接受杂志上的文章，进而使她达到了"知道哪些文章好，哪些文章不好，哪些杂志值得去发表文章"的出版批判能力。

第三是教师对出版传播技巧掌握程度。对传播的认识和反思是为了应用传播。因此，教师除了解传播知识，学会甄别和批判传播内容之外，就是学会应用传播知识和技巧。传播技巧指熟练运用传播原理、传播知识和传播策略于现实并在传播活动中所体现出来的传播方法和技术。由于传播媒介种类繁多，不同的传播媒介具有不同的传播技巧和方法。教师需针对不同的媒介采用不同的传播技巧。就出版而言，其主要通过"文字"实现传播，其传播技巧主要体现在教师对文字的表达上。例如 B 教师主要就是懂得了如何选择期刊和论文写作两大传播技巧而获得成功。认识期刊是作为一个好读者的开始，因此教师应经常阅读所属学科的教育杂志，以便于正确选择期刊发表文章。论文写作方面，除了具备基本的论文写作功底之外，还需要从传播学视角思考论文写作的思路和方法。例如在论文写作中可以适当使用暗示法、新奇法、悖论法等文章结构设置技巧，还可以适当使用引证、印证、隐喻、假借和比较等写作论证的方法。这些方法有利于教师研究成果出版，从而提高成果走向公开的概率。

第四是教师树立了促成自身专业发展的出版传播信念。媒介素养之所以成为教师职业发展的基本需求是因为媒介对教师的专业发展具有积极促进作用。从这个层面上来讲，教师不仅要认识传播和懂得如何使用传播技巧，还需懂得如何通过传播知识来促成自己的职业提升。例如前文所言，B 教师职称评定需要一定的论文发表数量，如果 B 教师能够很好地利用出版传播，那么发表论文就不会成为她的难题。故而教师应清晰认识到成果出版不仅是为了满足职称评定、课题结题需要，更是为教师能够在教学实践中得到成长，进而促进教师专业发展和促成教师个体实践知识公共化的需要。这也充分说明教师研究成果出版和教师专业提升之间是相辅相成，密不可分的。教师专业发展离不开来源于实践的研究成果，实践性知识的形成也离不开教师一定水平的专业化。从更宏观上来讲，教师研究成果出版是一项促进教师整体队伍提升的事业，这其中包括为增加教学公共基础知识而努力着的任何一位教师。例如 B 教师从发表文章之初，就将成果传播定位在促成专业发展的目标价值上，从而使得她在一切传播行为中，少去许多功利取向，多了几分真诚的职业向往。

三 教师的职业学养

如果说教师专业发展更倾向于教师作为某一知识域的研究者的发展需求，那么教师个人职业信念就是教师作为类群体的一种文化心理需要。研究发现 B 教师的个人职业信念引渡对整个研究成果出版具有极大的促进作用，深刻影响着教师职业发展。

教师职业信念是 B 教师成功出版研究成果的重要因素。教师职业信念存在不同层次和水平。大致看来，研究者认为现实生活中存在这么几种教师，一种把教师作为副业，一种把教师作为职业，一种把教师作为事业，一种把教师作为志业。这四种教师职业观，将教师对工作的态度分为了四个不同的水平。把教师作为副业的人常常是为了保有一份稳定的收入，并没有在教育上付出太多，而且还在社会上兼职做别的事情，并且把社会其他事务放在主要位置，而把教师这个职业作为副业；把教师作为职业的人既没有过多的事业心，也没有完全得过且过，教学上的一切事物都是应付性的，没有积极主动的意识；把教师作为事业的人积极热心地投身教育，为教育教学积极付出，也会做出很多成绩，但是这种教师没有把真正的心思放在教学上，而是放在学校发展和个人发展上；把教育作为志业的人，是真正喜欢教育的人，这类人每天都全心全意地投身在教育之中，积极探索先进的教育理念和教育方法，设身处地为学生发展而思考，为争取成为一名优秀教师而奋斗。

显然 B 教师属于有职业信念的教师，是前文提到的第四类教师。前文提到教师研究成果源于职称评定，课题任务或者教学和学校需要等动机。但是这些仅仅是教师研究成果出版的外部动力因素。换言之，教师可以不评职称，也可以不做课题，学校的发展也可以不管，只要搞好教学就行。然而 B 教师却成功地成为一名优秀的教师研究成果出版者。实际上 B 教师虽然是个案，但是在全国来讲，像 B 教师这样的案例并不少见。这些教师为何会既是一名优秀的施教者，又是一名成果丰富的教育研究专家呢？研究者从 B 教师那里得到斩钉截铁的答案就是"我热爱这个职业"。诚然，如果作为一名教师，没有一定的职业热情和职业追求，就只能"一本教案上十年"，"每天都在重复昨天的故事"。因此，论文发表和书籍出版不是一朝一夕能够完成的事情，它需要花费教师大量的心血，需要教师在繁重的教学任务之外，额外地思考和工作，需要教师在下班之后，继续工作之外的工作。因为论文写作是对教学的反思，是对教师日常教学的深加工，是教师工作的元工作。由此可见，如果教师没有比常人更多的付出，没有去苦心专研，是无法实现成果出版的。当然，中小学教师是充满智慧的群体，他们的研究论文应该与教师的日常教学紧密联系，基于实际，运用日常工作中的灵感和经验，加以总结和提升，这样自然能够形成更多的教师研究成果。而其关键点在于需要教师树立正确的职业理想和职业信念。

第六节 传统挑战：教师研究成果出版传播的价值诉求

通过对 B 教师的深度访谈，采用归因分析的方法，得出 B 教师及其他 4 名案例相关访谈者的访谈结论，通过重点词汇分布计算方法，得出如图 5-1 所示的结论。这个结论表明，职称评定、课题需要、教学需要和学校发展是教师选择出版传播路径的重要价值诉求。

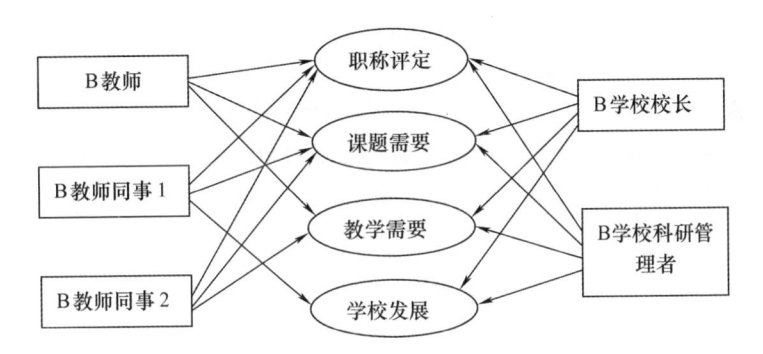

图 5-1 B 学校教师研究成果出版的价值诉求

一 职称评定驱动

由于 B 学校是新成立学校，同一时间内引进了大量教师，所以职称评定成为教师最为关注的问题。职称是一种职务名称，教师专业职称具有不同的内涵。就专业化程度而言，职称指的是专业技术人员的技术水平、能力，其具有严格的等级划分，不同的等级代表了不同的专业技术水平，职称越高一定程度上说明教学水平越高。此外，职称也表示一种学术头衔和岗位性质。拥有不同职称的教师将获得不同的岗位和不同的学术能力标识。实际上，就制度层面上来讲，职称的差别也就是福利待遇的差别。概言之，教师的职称代表着教师个人的水平，也代表着不同的收入。而要想得到职称进阶，必须发表一定的研究成果（主要指论文），因此职称成为教师专业成长的原动力。又由于在中国大部分区域，教师职称评定的一个硬性指标就是发表学术论文。由此，职称评定也成为推动 B 教师发表论文的直接动因。如在与 B 学校的 5 名教师谈到"为什么要发论文或者出版书籍"时？都一致回答说职称评定是重要驱动力之一。

二 课题研究需要

过去课题研究对于中小学教师而言是一个相对陌生的概念，但自新一轮基础教育改革以来，教师被赋予"研究者"的新身份，中小学教师与课题研究不再陌生。当前基础教育领域各种教师研究课题名目众多，不胜枚举，如国家级课题、省级课题、市级课题、区（县）级课题、校级课题等，此外还有各种协会组织开展的课题。在教师研究运动浪潮下，课题研究从大学走向中小学，从理论界走向实践界。然而，中小学教师研究的评价机制并未跟上时代步伐。其中最典型的一条结题要求就是需要形成一定的书面研究成果，比如论文、书籍和研究报告等。例如《重庆市教育科学规划课题管理细则》第十七条规定，从 2010 年立项课题起，重庆市教育科学规划课题成果必须包括下述 2 项：①重庆市教育科学规划重大招标课题要求公开出版 20 万字以上的学术专著 1 部，同时在 SSCI 或 CSSCI 期刊上发表 2 篇以上学术论文；各类课题的重点课题要求在中文核心期刊上发表 1 篇以上学术论文；一般课题要求公开发表 1 篇以上学术论文。公开发表的学术论文或出版的专著必须与研究内容密切相关，并在可能情况下明确标注"重庆市教育科学'十×五'规划 + 课题类别成果"字样。②不少于 6000 字的研究报告、2000 字以内的工作报告和 1500 字以内的课题成果公报。① 可见，撰写论文成为中小学教师课题研究的一个重要任务，发表论文成为结题的一个重要指标。从这些现状和关系来看，课题研究就反过来成为论文发表的动力和源泉。因此可以说，教师之所以发表论文，跟课题研究以及课题结题密切相关。例如重庆市近年来大力提倡中小学教师做科研，B 教师所在区域每个教师都有科研课题，这些课题结题需要的论文发表量是非常大的。

三 教学实践内生需求

虽说教学实践是以"行动"为主的教师与学生的交互过程，但这一过程并不是单独的身体参与，也不仅是以心化人的独立内在活动，还是一个内外部相联系的思考过程和认识过程。因此就教师而言，任何一个教学行

---

① 重庆市教育科学规划办公室：《重庆市教育科学规划课题管理细则》（http://www.cqjy.com/Item/939.aspx）。

为与活动都将涉及对教学内外部的思考。由于出版的成果要求具有较高的思辨性与学理性，故而 B 教师出版的也多为具有思辨性和学理性的论文，但这些成果是基于实践的经验总结和提升，是符合一般教学规律的思考的结果。这也说明，论文写作的过程有利于教师对实践的深入思考，也是教师教学实践本身继续向前发展的内生式需求。概言之，教学实践需要教师不断审思和发现，而出版成果是一种具体的方法。反过来看，研究成果出版对教学实践内生发展也具有积极的促进作用。因此，教学实践内生需求成为教师出版研究成果的一个重要原因。

实际上，教师教学实践的内生需求又体现为学校外部发展和教师专业发展的动力需求。当前中小学提倡"科研兴校"，促进学校内涵式发展。这表明中小学管理者已清晰地认识到，要实现学校内涵式发展仅靠教学是行不通，还需要学校教学、科研、教师和学生的整体内涵式发展。学校内涵发展是一种文化彰显，是让整个学校教师素质、学校文化和学生素质都得到提升的综合性变革。一所有内涵的学校就是一所有文化的学校，是一种隐藏在不可见的环境中又处处可见的总体感觉。这种"内涵"需要教师对学校教育和教学进行深入思考，形成可及的成果形式，以彰显学校个性与文化特色。学校整体发展首先是教师专业整体发展，教师专业发展首要任务在于提升教师对教学实践的认识，要提升教师对教学实践的认识，就有必要深入开展教学研究，撰写具有一定影响力和理论水平的科研成果。教师研究成果出版最终是为了促成学校的整体发展，学校整体发展成为教师研究成果出版传播的源动因和落脚点。

第六章　教师研究成果网络传播

　　场景7：今天，是学校的学期总结大会，也是成果表彰大会。以往这个时候总是念念哪位教师的论文获奖了，哪位教师的赛课得了第几名。于是乎获奖者眉开眼笑，继而剩下几双无力的鼓掌之手。但是，"吴教师（化名）今年的博客获得了过万的点击率，为我们学校传递了正能量，学校决定予以特别嘉奖。"唯有校长的这句话让在场的各位教师兴奋异常。他们或许是感到奇怪，或许是感到不太适应，或许是感到一些忧伤？[①]

　　如果认为教师研究成果面对面传播和出版传播属于以"言语"为根本的信息"叙述"范式，那么网络传播则是对这种范式的颠覆。网络传播从其诞生之日起，就被赋予"技术"的标签，是科学技术发展的直接产物。网络传播区别于前两种传播的独特之处就在于其"技术范式"的彰显。网络传播的存在改变了口头交流、论文写作或书籍出版的习惯，是集数据、文本和声像于一体的传播媒介。实现了从文字符号、声音符号到多功能界面交互式交流的进步，是教师研究成果储存和成果管理的革命性拓展。网络传播"叙述"范式革新的根本原因在于传播理念的转变，其内在本质绝不仅是信息技术的发展问题，而是对面对面传播和出版传播的承认和超越。网络传播并不否认面对面传播的必要性，因此其不遗余力的开展、创造、生成、解构和建构人们情感交流的机会。网络传播也不否认以文字为主要符号表征的出版传播，而是在利用文本的前提下倡导"超文本"，突破单一符号表征的界限。当然，这一切与后现代的整体语境有莫大关联。后现代意蕴中的叛逆、抗拒、颠覆、超越和跨界在网络传播中得到彰显，而网络传播也正是在后现代语境下诞生。因此，技术革新与后现代思维的

　　[①] 资料来源于考察学校一位教师的教学日记。

形成是一对促进网络传播发展的重要因素。"互联网的出现固然是人类通信技术的一次革命，但仅仅从技术的角度来理解互联网的意义显然远远不够。"① 正如美国麻省理工学院电脑科学实验室的高级研究员克拉克所指出："把网络看成是电脑之间的链接是不对了"，互联网的最大功能不在于技术层面，而在于人的"交流"。② 因此，网络传播与其认为是一种技术革新，倒不如说是一种传播理念的解构和建构过程。

正如场景7所展示的，随着传播技术的革新，网络传播被中小学教师所承认，并成为教师研究成果交流的重要方式。教师在网络上传播研究成果不仅是一种成果传播路径的技术革新，更是一种新的生活态度和新的教研理念。故而本章将考察中小学教师研究成果网络传播的现实与可能。并以C教师为个案，深入理解当前中小学教师研究成果的网络传播现状、特征、呈现范式和影响因素。在讨论以C教师为个案的教师研究成果网络传播之前，首先对其研究历程和基本科研情况做"叙事"式解说，以便于理解C教师传播的实然状况。

第一节 C教师着眼提升教学质量的研究历程

C教师是一位小学数学教师，她既没有A教师那样参与学校整体变革的经历，也没有经历B教师那样从农村教师到城市教师的蜕变过程，但是有一点是与前两位教师相同的，即C教师也是一位通过不断地教学研究获得专业成长的优秀教师。虽然C教师不像B教师那样是一位从农村到城市的教师，但是却可以说她既是一位农村学校教师，又是一位城市学校教师。因为该教师所处的学校在城乡接合部，既远离繁华的市区学校（如A小学和B小学），又远离偏远的农村小学，处在一个即将繁华的待开发地带。正因为如此，C教师为本课题研究的案例选择起到了补充作用，能够让整个研究更加全面和具体。同样地，作为一名学校和所在区的优秀中青年骨干教师，她是唯一一位城乡接合部的区级教学名师。这位教师同样经历了艰辛的教学探索历程。

访谈得知，C教师在C小学任教已有6年，由于整个学校的教师队伍

---

① 吴风：《网络传播学：一种形而上学的透视》，中国广播电视出版社2004年版，第63页。
② 吴风：《网络传播学：一种形而上学的透视》，中国广播电视出版社2004年版，第63页。

平均年龄和教龄偏高，全校45岁以上教师占60%以上，故而她是学校最年轻的教师。原因在于近年城乡接合部生源向主城区转移以及"撤点并校"，使得很多其他教学点的教师集中到C小学，该校已经有3年没有新进年轻教师。实际上，学校老教师偏多也给青年教师成长提供机会，特别是给C教师职初成长提供了很好的机会。据C教师介绍，在入职之初，她有幸跟随了两位老教师，两位教师作为她的"师父"，手把手地教她教学和管理班级。C教师告诉笔者，每当她遇到了教学问题，就会去找老教师交流，经验丰富的老教师们都会热心的指导和分享经验，帮助其解决这些教学实际问题。她认为这些问题的解决过程其实就是一个合作探究的过程，因为这整个过程经历了提出问题、分析问题和解决问题等基本的教育研究流程。也可以说，C教师正是在入职初期通过教学学术共同体得以成长。大约在入职3年之后，C教师开始独立自主开展教学研究，她的研究主要集中在教学方面，尤其是对"快乐·高效"教学的研究，已形成了一定的成果。C教师基于自己学生和自身特质进行深入思考，并认为让学生快乐学习，让自己的教学有效是"教和学"完整提升的核心。因此，她开始了自己独特的教学研究之旅。经过几年的探索，C教师形成了自己独特的教学风格，成为一名真正让学生快乐和让教学高效的优秀教师。而此后，C教师的主要教研工作就是自觉地对自己的教学研究成果进行修正，另一份重要工作就是在网络上学习和传播自己的教学研究成果。

在网络上学习教学知识和传播研究成果是C教师的最大亮点之一。根据C教师介绍，由于她所在学校地处城乡接合部，既非教育资源极其丰富的市中心学校，也非资源匮乏的偏远农村学校。这种区位条件使得C学校在教学资源相对匮乏的情况下还必须积极跟上城市学校的发展步伐。但教育教学资源始终是学校发展的瓶颈，正是因为这种状况使得C教师和学校的其他教师认真去思考教研发展路径和教学质量提升问题。在访谈中C教师讲了一个非常生动的小故事：

> 我们这里既不是城市又不是农村，因为没有城市学校好，又没农村学校那么差，但是学校归城区管，城区学校要做的事情，我们都必须落实，特别是这样那样的培训或教学研讨活动，我们参加起来特别的费劲。一来是由于交通不便利；二来是我们缺少教师，每位教师的教学任务都很重，没法抽开身去忙其他事情。记得有一次我要到区进

修学校上研讨课,前一天必须要找教师帮忙代课,找不到教师代课就得给学生布置好任务,让学生自习。第二天早上五点多就得起床开始准备,六点去等公交车,赶到进修学校刚好八点一刻,八点半会议开始。我坐在那里等着做准备时发现附近城区的教师才陆陆续续赶来。经历这次之后,我就在想我们如何避免这种艰难的教研奔波之路。后来区里边给学校配了电脑,要搞什么"网络研修"。我一听这个项目,就觉得挺适合我们学校,后来就积极地学习网络技术知识。实际上最初也就是想通过网络这种便利的方式来避免我的来回奔波,并没有想太多。(2014/12/29)

根据 C 教师的讲述,这个"没有想太多"成为她网络研修的开端,并使她后来得到长足的发展,她这一行动也推动了学校教学质量整体提升。原来自那以后 C 教师积极投身于网络研修之中,给自己制订周密的教学质量提升计划,并把自己的每一分耕耘和收获都用电脑记录下来,慢慢地养成在网络上传播各种研究成果的习惯。同时 C 教师积极借助网络的便利性,从网络上的教师同行那里学到很多解决教育教学问题的方法,对自己的教学质量提升有很大帮助。经过 3 年的努力,C 教师教学能力得到大幅度提升,清楚地了解网络上各种关于教师研修的网站的功能并能够熟练地运用这些网站。后来 C 教师还将自己的"网络技术"传播给学校其他教师,学校全体教师网络应用水平得到长足提升,还形成了利用网络进行教学研讨的良好氛围。

第二节 教师基于网络传播的成果呈现方式

无论教师选择何种传播路径传播研究成果,成果本身都将成为传播的先决条件。不同的传播路径决定不同的教师研究成果呈现方式,不同的呈现方式适合于不同的传播路径。因此,有必要对教师基于网络传播路径的教师研究成果呈现做深入探讨。通过前期的调研,研究者细致了解了 C 学校的基本情况,认为该校网络传播平台比较完善,教师具有网络传播的倾向,特别是 C 教师更是在网络传播过程中体现出优异之处。因此,本书逐渐确立以 C 教师为主要案例教师的网络传播案例群,并通过案例整合和研究者总结反思的方法对 C 教师网络传播的研究成果进行了细致地考察和分析,概括了以 C 教师为代表的教师研究成果网络传播的呈现特征、基本形式和表达要求。

一 教师研究成果网络传播的呈现特征

单从教师研究成果本身来看,其内容包含着过程性知识和结论性知识,在形式上具有稳定性和清晰度之区别。然而,当处于具体传播情境之中的教师研究成果与不同的传播路径相联系时,传播路径将赋予教师研究成果不同的特性。又由于教师研究成果是产生于实践的个体性知识,与理论性知识在形式上有所区别,从而增强了教师研究成果处于不同传播路径之中的差异。由于通过网络传播的教师研究成果是集声像图文为一体的多元化传播,因此,其成果的形式也就形形色色,各不相同。在网络传播路径中,教师研究成果的呈现同样展现出区别于面对面传播和出版传播的一些新特点。根据研究者对 C 学校教师研究成果网络传播现状的考察以及对 C 教师深入地访谈和分析发现,当前中小学教师通过网络发表的成果从属性上来讲可以分为两类:一类是文本化的研究成果,另一类是行动性的研究成果。因此,讨论基于网络传播的教师研究成果呈现特征主要从网络文本和网络信息两个方面来谈。

(一)作为网络文本的教师研究成果特性

"文本"这一概念出自英文的"text",是指由句子组成的结构本身。就教师研究成果而言,文本指向论文或者书籍。然而,随着西方文学理论的渗入,文本被赋予了新的内涵。它不仅指某种形式的"文字",还与设计事件的过程和思维有关,并把文本看作一种"有待读者解释"的形式。据此理解,文本不仅指教师发表的某篇论文或者某本书,还指网络承载下的文本——网络文本。网络文本是指"以互联网为载体,以文字为主要表达形式,包括音频、视频图像等多种类型所构建的意义空间"①。据此定义,基于网络传播的教师研究成果是网络文本的存在,并具体指教师在日常教学研究中形成的各种以文字为表达形式的研究成果,包括论文、教学反思、教学日志、教学视频或音频等。基于网络文本的基本特征,研究者通过收集整理 C 教师日常通过网络传播的教师研究成果和分析其特征发

---

① 吴满意:《网络媒体导论》,国防工业出版社 2008 年版,第 211 页。

现，这些文本具有延异性、开放性、碎片化等特征。

首先，C教师借助网络传播的研究成果具有延异性。延异性是德里达提出的一个区别于传统知识观的稳定性和确定性的核心概念。其理论以结构主义为基础，意在反传统、反理性和反权威，主张意义应该在实践中寻求，并且这种文本的意义是流动不屈、漂浮不定，认为能指并非一定指向所指，而有可能指向另一个能指。这种延异理论认为文字或符号的意义应该从这些符号的差异和关系之中去寻找，还指出符号或文字实际上是一种"缺席的在场"，这就从根本上否定了意义的确定性，主张个体去寻找可替代的符号的意义差异。C教师的研究成果在网络传播环境下体现出延异性特征。由于C教师的研究成果是其个体来源于实践的知识，是"每一项在场事件"形成的文本或其他形式，这种知识在交互之中产生，是现实情境中各种网络节点相互作用的结果，是一种关系的结果性体现。这种知识的意义从其被形成文本开始，就注定延续其差异性，从而不能保持其意义的完整。因此，传播于网络的教师研究成果失去了原有的意义，也可以说，一千个读者将赋予教师研究成果一千种意义。正如C教师所言：

> 网络上的很多东西是教师临时生成的智慧，这些东西产生于一瞬间，正是这种灵感的迸发使得我们拥有很多精彩的教学案例。这一点也是很多网络上的同行朋友的共识。也正因为如此，网络上的那些东西读起来特别有意思，每一个人都可以有不同的理解，甚至还可以随便去改变，使其符合自己的需要。（2015/09/30）

其次，C教师通过网络传播的研究成果具有开放性。传统的出版传播路径由于其文本篇幅限度，理性知识观的要求，科学逻辑的思维禁锢等，使得教师研究成果相对封闭和单一，这与传统的出版路径属于平面线性传播有关。但是，网络传播最明显的功能就是"超文本"性，超文本由信息和链接组成，加上网络浏览器的技术支撑，使得文本间变得不再是连续性的，呈现出分叉、可选择和即时交互的阅读。网络传播的超文本特性扩展了C教师的研究成果被阅读的面和提高了被交互的可能，进而也将她的研究成果吸纳进一个开放的巨型网络系统。C教师研究成果的开放性具体体现为教师个体研究成果不再是孤立存在。即便这种知识最先源于C教师，但是通过网络知识整合，通过超文本链接，能够将与C教师同类或同主题的研究成果方便而快速地整合起来，形成与传统出版的书籍类似的成果形式。并且，这种整合具有极强的开放性，能够跨越时间和空间的局限。简言之，网络传播将为个体教师研究成果建立不同的关系，这种关系是动态生成，没有明显界限，可以往任意方向变换形式的过程。这个过程增强了教师研究成果的功用，也变换了教师研究成果的形式，使其处于无尽开阔的知识世界之中。这即是通过网络传播的教师研究成果的开放性特征。

再次，C 教师通过网络传播的研究成果呈现碎片化特点。就 C 教师的研究成果所显示出的碎片化特性而言，体现在两个方面：一方面是成果形成过程的碎片化，另一方面是研究成果内容碎片化。网络让实时信息分享成为可能，进而也成为 C 教师分享研究成果的重要形式。C 教师研究成果不是一蹴而就，而是她平时生活的积淀。她的教学知识是来源于实践的认识，其形成本身具有临时性和偶然性。如 C 教师将教学中的点滴灵感记录于微博之中或者微信朋友圈等网络平台就是一种常见的形式。故而可以说，C 教师研究成果的形成过程是知识的碎片化呈现过程。这些碎片化的知识通过网络文本的形式记录，随即转化为"信息"被传播开去。C 教师平时的教研思考常常是较小篇幅的文本，而且出现时间比较短暂，容易被其他信息所覆盖。这就加深了她的研究成果在传播过程中的碎片化程度。自 2015 年 9 月 4 日止，C 教师共在自己的 QQ 空间发表了日志 114 篇，在"教师教研论坛"的社区发表文章 59 篇，在微信朋友圈发表教育相关内容1300 余条，在 QQ 空间发表"说说"1876 条。C 教师的这些成果体现出的最大特征就是"随意性"，换言之，其呈现出来的是不成体系的碎片化知识。以下是两则 C 教师的网络日志，能够说明其研究成果之间的关联性并不大，而是一种碎片化的思考和叙述。

案例1：

《把课堂搬进电影院》

一句话，我们把课堂搬到了电影院。事情是这样的……

奥斯卡最佳动画长片《超能陆战队》在祖国大地火热上映了。一时间，机器人大白，这个呆萌暖男机器人俘获了不少观众的心。当我在微信上看到电影的介绍，立即想起去年最佳动画长片《飞屋环游记》，那唯美浪漫的画面在我的脑海里挥之不去。我产生了一个看似

第六章 教师研究成果网络传播

荒谬的想法，这次我的学生可以去电影院看看吗？我可以给他们坐在电影院观影的体验吗？

有了想法，但我不敢说。首先是带他们出去，我要承担风险，给学校添麻烦，领导会同意？另外，看电影孩子要自费，家长会误会吗？还有，孩子们对看电影到底了解多少？如果大家平时都有这样的生活方式，再费周折组织完全没有必要。

担心影响孩子们上课，我事先没有透露任何一点儿消息。课间，私底下随机找了几个学生了解情况。结果正如我所料，相当一部分的孩子都没去电影院看过电影。也许很多人会很吃惊，现在的电影票这么低廉，他们没去过吗？是的，首先，我们学校地处城乡结合区域，离最近的电影院也有很远的距离，居民平时去看电影并不是那么方便；其次，我们学校有一部分是父母进城务工的家庭，没有这个消费习惯和能力；此外，还有一个很重要的因素就是放开二胎后，很多同学都有小的弟弟或妹妹，家长们的精力根本无法顾及这么多。带大的去，小的坐不住，又不能扔下小的不管。这就是我在组织活动过程中所了解的具体情况，这也是我们学校的孩子很少去电影院，或者说是很少有机会外出见识的主要原因。

了解了学生的情况，我便开始行动起来。星期二放学，我在校门口集合了一些家长，大致地说出自己的想法。家长们一如既往地支持我，纷纷给我出主意。"×教师，去吧，去吧！""×教师，我们一点意见都没有。""×教师，你先在班级群里说一声，让其他家长看看。"这些家长是多充满智慧啊，他们知道这一鼓励，×教师又有动力干活了！哈哈！

星期三课间，我跟校长说了我的想法，得到了她的支持和批准。接着，我在班级QQ群里发了个信息就去上课了。下课回来一看留言，家长们都很支持！我一开心，很快就完成了所有工作，打电话咨询电影院，了解团购的信息；给家长写通知，让他们了解我这么做的初衷；写好了带孩子外出活动的学校申请。

星期四，我一一打电话确认，所有外出前的准备就绪。下午，又利用了一点时间，跟孩子说明外出要注意的事项，以及文明出行和使用3D眼镜的要求，电影院观影须知的礼仪。

星期五下午，全员准时出发。孩子们如约看到了白、萌、胖的大白。他们为大白的可爱捧腹大笑;为身穿盔甲的大白喝彩;为充满爱和正义的大白落泪。

看完电影出来最有意思。黄××杰说,卢××刚才哭了三次。泰迪死的时候,她哭了;小宏哭的时候,她哭了;后来大白死的时候,她又哭了。我问,你觉得好看吗?他脱口而出,给我看五六遍我都不会腻。刚上车,有个学生立即问我:"×教师,我们以后还有机会来吗?"我说,没有了哦。我们只能体验一次,下次只能和爸爸妈妈来,或者以后我和×教师老了,轮到你们带教师来了。

他们说,好啊!好啊!同学聚会带你们来看电影!

梦田班又一个活动结束了。在梦田班,活动是一种常态,它不会因为谁而停止。作为教师们,在不影响学习的前提下,我们希望能增长他们的见识,能扩大他们的视野。我们校长说过,我们现在做的是平民教育。当你面对的是一群大部分为普通老百姓的孩子,教育除了怨天尤人还能做些什么?这真的值得我们思考。

每每组织活动,辛苦的同时,又觉得很幸福。校长的支持和建议,家长们的理解和拥护都给我很多鼓励。我的副班主任刘教师为了配合班级活动,把自己下午的课调到早上,下午跟着我跑来跑去;我们联系包车的廖×爸爸是一位公交司机,这几天不舒服在家休息,特地帮我们找了一位很有经验的师傅开车。晚上,还打电话问我,"×教师,您对今天开车的这位雷师傅的服务还满意吗?有没有给我丢脸?孩子们开不开心?"得到我肯定的回复,他连连说,孩子开心就好,开心就好!这些背后的人,成就了班级的一次次活动!

我们把课堂搬进了电影院,是的,事情就是这样。①

案例 2:

《随机应变》

这天,学校突然停电。学校一向高大上的午餐,饭菜没能及时供应。

多了二十多分钟的等待时间,孩子们会乱晃吗?如果在走廊追逐打闹,肯定不安全。复习阶段,作业多,为何不提前把今晚作业做一

---

① 资料来源于 C 教师 QQ 空间日志,时间为 2015 年 3 月 7 日 11 时 45 分。

下？今天晚上就会多一些玩和休息的时间呀！都怪我，贪玩的教师一个！这段时间，整个年级的孩子都在教室，因为期考的到来没了室外体育课。别班的孩子笔耕不辍，我还时常跟综合科教师借课，带着他们下去又是踢球，又是打篮球。美其名曰：运动课！所以就这样，梦田班等吃饭的时间，大多数孩子把今晚的任务搞掂了……

饭菜来了，考虑到不饿着孩子们，学校先供应各班饭和素菜，肉菜要稍后。平时，梦田班吃午餐都是排成一列队伍。可是，今天已经迟了一些，分餐动作快点儿，孩子们就能吃快点儿，以免耽误午睡。今天，我临时让班长分成两列，左右开工居然省下很多时间。

只有素菜，虽然孩子们没有怎么抱怨，但是站在成人的角度，教师肯定希望孩子能吃开心一些。怎么办呢？我扫了一眼，咦，不是有满满的一桶汤吗？排骨金针菇汤，汤里有猪肚、蘑菇、排骨呀！换做平日里，考虑到健康饮食，我是不允许泡饭的。但是今天，大家可以随意选择是否泡饭。

宣布决定，一阵欢呼！

……

此刻，孩子们早已进入梦乡。起床后，有红喷喷的苹果等着他们！

而我……又没睡午觉。①

（二）基于网络信息的教师研究成果特性

以上是从教师研究成果的文本形式上分析其特征，讨论的是内部属性的问题。这里将从网络信息角度分析教师研究成果的"信息"属性，阐明教师研究成果的网络信息传播特征。基于网络信息的一般属性，结合C教师发表在网络上的具体信息内容，本书认为其主要包括可复制性、耐久性和可变性等特征。

首先，C教师基于网络传播的研究成果具有可复制性。可复制性研究成果的存在颠覆了过去C教师研究成果呈现的传统形式。这是超越口语和书写文字的一种全新的文本形式。这种便利的文本复制降低了C教师研究成果形成成本，使她的研究成果可以非常容易地得到扩散，可以方便、毫

---

① 资料来源于C教师QQ空间日志，时间为2015年1月22日13时45分。

无变化地复制、储存和传播。当然，也正是因为如此，通过网络传播的研究成果也产生一定的负面问题。例如，相较于传统的出版传播而言，通过网络传播的教师研究成果更容易被复制、抄袭和借用，使 C 教师成果版权难以保障。另外，这种简易的复制性传播由于是在没有传播"把关人"情况下发生，从而大大影响研究成果质量。

其次，C 教师基于网络传播的研究成果具有可保存性。教师研究成果在网络传播中的可保存性特征是相对于面对面传播而言的，这些成果不会瞬间消失，而可以反复呈现而不受时空限制。加之网络强大的搜索功能，使得 C 教师研究成果的可重复再现能力得到保障。特别是当前掌上电脑（智能手机）的普及，使得网络教师研究成果触手可及，保存就更加便利。过去通过面对面交流或者出版传播的成果，无法被快速和广泛的获得，从而引发重复性研究。基于网络传播的教师研究成果可保存且易于检索，从而使 C 教师不断地改进和更新研究成果成为可能。正是这种可保存性避免了教师研究成果无限制的重复研究。

最后，C 教师基于网络传播的研究成果具有异质性。异质性是相对于同质性而言。由于 C 教师研究成果是源于自身实践的认识，其本身具有异质性，加上网络传播信息化程度极高，信息量巨大，使得教师在试图通过网络来传播研究成果时有意识地彰显特色，形成能够吸引受众的表达方式，这种特色就是研究成果本身的异质。此外，C 教师基于网络传播的研究成果不仅指其本身的独特性还包括其"异质化"过程。在爆炸性的网络信息之中，研究成果不断地被改变和应用。不同的读者有不同的理解，进而有不同的应用，因此也就对研究成果进行重新"定性"。这就是体现在网络传播过程之中的教师研究异质化过程。

二 教师研究成果网络传播的基本形式

以上分析分别从网络文本和网络信息两种不同的视角揭示教师研究成果的本质属性和物理属性。在明确其基本特性基础上，有必要进一步探明其外在的表现形式，明晰教师研究成果网络传播的基本过程。

教师研究成果发表在网络上，并转化为网络信息资源，这些信息资源包括三部分：一是纸本出版物的网络版；二是电子出版物的网络版；三是依托计算机网络环境直接在网络环境中自由传递与存取的各种信息和技术。① 由于纸本出版物和电子出版物可以归结为前一章讨论的出版传播范畴，所以本章讨论的主要是指依托于计算机网络环境，直接在网络环境中自由传递与存取的各种信息。即 C 教师在日常教学研究中形成并直接在网络环境中传递的各种研究成果。通过对 C 教师的追踪调查发现，当前 C 教师通过网络传播的教师研究成果主要体现为以下几种类型：

（一）碎片化网络叙事

网络传播的出现和普及为 C 教师发表研究成果提供了新路径。这种传播路径能够及时促成教师研究成果的公开，是 C 教师喜闻乐见的传播方式。根据 C 教师发表的研究成果来看，碎片化叙事可以作为一个重要的体现形式。碎片化是通过网络传播的教师研究成果的一项重要特征，之所以存在这种特征是因为教师研究成果本身的碎片化存在形式。例如 C 教师常常在自己的朋友圈发表碎片化的教学感悟或真实教学故事。朋友圈一般指腾讯旗下的"微信"社交平台，微信 4.0 版本 2012 年 4 月 19 日更新时上线，用户可以通过朋友圈发表文字和图片，同时可通过其他软件将文章或者音乐分享到朋友圈。这种交互式平台允许单独的文字、文字与图片、单独的图片以及微视频的形式表达事实。C 教师在朋友圈发表的一般为教学事实和感悟，例如参加某种教育培训活动的感悟，听到的某位教育家的经典话语与自己的反思，看到精彩的教学片段与自己的评论等。除此之外，C 教师还在 QQ 聊天软件中的"动态"栏目中发表类似的信息。这些内容一般比较短，声、像、图、文可以自由组合，受众易于阅读和评论。由于这些内容的发表一般都会加上教师个人的思考和观点，在一定程度上代表着教师个体的教学理念和教育手段，因此可以被视为教师研究成果的一部分。其传播过程也可视为教师研究成果传播，但这种通过网络交换平台发表的教师研究成果是零散、非系统性的实践知识，所以笔者称其为碎片化叙事。这种文本看似比较零散和混乱，但却始终与教师个体教育信念分不开。研究者对 C 教师累计发表的碎片化文本进行梳理就发现，她能够形成自己的一些教育原则和规律，如前文提到的两个案例也充分说明 C 教师始终围绕"快乐·高效"教学进行思考。

（二）网络化教育日志

教师研究经历了一个从被动行动者到自觉研究者的发展历程，"大致

---

① 蓝曦：《网络信息资源的类型及其评价》，《现代情报》2003 年第 9 期。

经历了从20世纪80年代中期大力实施程序繁复、要求严格的实验研究,到20世纪90年代末以来的倡导探寻教育意义的叙事研究等方法的历程。"[①] 这种变化历程促使教师教学叙事、教学日志等新的研究成果形式的产生。"日志"源于法文,在英文中也有不同的表达,如"field notes""diary""journals""logs"等,原意指对个人经验和日常事务的持续记录。"教育日志可被译为'teaching journals',也被称为'研究日志''教学日志''反思日志''教师日志'等,是指教师对自己的生活事件和教育行为进行定期的记录,在此基础上对自己的教学活动中有价值或有意义的事件进行深入反思和批判性分析,探寻有效解决教育教学问题的具体方法。"[②] 伴随着21世纪以来网络传播的普及,越来越多的教师选择通过网络来发表自己的日志,被称为网络教育日志。以C教师为例,她常常采用"QQ空间"中的"日志"专栏来形成和传播自己的研究成果。诸如此类的具有即时生成和即时传播的网络平台,还有各种网络交换社区和博客,各种教师专业发展论文以及专业化、有组织的各种教师教研交互网站等。这些网络平台大多呈现的是教师相对系统的教学实践和事实,并伴随有教师的反思和批判分析,以及教师如何针对教学问题而提出解决方法的过程等。这是广大教师乐于参与的一种传播方式,并且其受众都是自己的QQ好友或微信好友,这些"好友"中大多为自己的同事或同行,能够及时与传播者进行交流和讨论,获得及时反馈和改进的机会,还能够使其他教师及时了解和学习新成果。C教师认为这是一种非常适合于中小学教师传播研究成果的新路径。

(三) 电子化正式文本

C教师除了有一定数量的网络教育叙事成果和碎片化个体知识外,还在网络环境中呈现正式论文、图片或者视频等研究成果。这些研究成果多在政府部门主办的网页或者一些合法的社会组织主办的网页中呈现。例如教育管理部门网站会征集一些具有一定逻辑性的论文,C教师通过网络投稿的方式在这些网站上完成发表。另一种是社会自行组织的网络论文发表平台,例如C教师在重庆市教育协会网站发表的文章(学会办刊收录以外的文章)没有出版刊号,但是会标明作者,供同行学习和参考标注。在这

[①] 郑金洲:《教育研究的方法与成果表达形式之一——教育日志》,《人民教育》2004年第12期。

[②] 王攀峰:《浅析教育日志》,《教学与管理》2013年第4期。

类网站发表的文本也具有一定逻辑,自成观点且有理有据。还有一种当前组织得比较广泛的"教师教研网",这是一种固定向教师开放,需要以教师身份注册、登录才能获得交流和发表权限的交互性网站。这个平台拥有大量教师教学资源,同时也刊载有许多具有实际效用的教师研究成果。C教师便是在这一平台上发表了多篇研究成果,并因积极参与互动而享有很好的知名度和声誉。C教师还专门作为这一网络平台推广的主讲教师到其他县城做"教师教研网"运用培训。C教师的专业成长表明,这也是一种教师研究成果表达的有效形式。

三 教师研究成果网络传播的表达要求

教师研究成果的网络传播、出版传播和面对面传播的表达要求各不相同。这与各种传播自身的属性和基于传播路径的教师研究成果呈现特征及基本形式有关。针对网络型教师研究成果的特殊性,探索网络传播的教师研究成果表达方法和技巧很有必要。根据对C学校5名教师特别是C教师基于网络的研究成果形态分析发现,这些研究成果在表达上存在以下独特之处:

(一) 声像图文相结合的多元表达方式

网络传播的教师研究成果之所以有较高的接受度和关注度,是因为其具有多元表达的特性。多元表达就是借助不同的符号来表达,包括声音、图像、文字等。从C教师的网络性研究成果来看,在114篇QQ空间日志中,有46篇是图文结合的。在其"教师教研论坛"的社区文章中,有许多是以"微视频"教学形式呈现。并且一个有趣的现象是,C教师采用多种形式表达的文章的点击率远远高于用单一文字表达的文章。这说明声像图文结合的成果表达具有更大的可读性,更容易使读者接受,且比较容易接收和理解。这种表达方式不仅避免了读者阅读时的枯燥之感,还能够更大程度的让读者理解实践现场,还原实践知识所表达的真实意蕴。

(二) 叙事与议论结合的双重逻辑表达

图文结合的教师研究成果表达决定其具有相当大的叙事性质和可读性。这实际上也表明教师的许多表达多为叙事性文本,即这些文字多是教师经历过的一些教学故事,例如一堂精彩的课堂教学记录,一次有意义的班队活动叙述,一场精彩的报告等。但是C教师的网络叙事又不仅仅是"新闻式"地报道,还兼具评述或议论,以及"反思"实践认识的过程。

这种反思性实践话语主要涉及的是对叙述事件的观点赞同与否，对事件的认同程度，对事实的批判与接收程度等。这种议论是教师的一种反思方式，是由叙述上升到研究成果的一种必要的步骤。这种叙事与议论相结合的表达方式更能引起读者的共鸣或引发读者思考。将叙事和议论结合，体现为一种双重逻辑表达。这样能够更好地体现出教师研究成果的传播价值。

（三）为学术对话留足交互和生成空间

网络文本具有交互性特点。这种交互性要求 C 教师发表的教师研究成果要有读者意识，尽量客观地叙述客观事实，为读者提供思考的鲜活材料，为学术对话和学术讨论留足空间。不仅如此，这些网络文本还具有两个重要的价值：一方面这些材料可以作为其他研究者和实践者的案例参考；另一方面能够为教师专业发展提供帮助，即陈述事实要能够为教学知识增长打下基础，建立教师的教学论学科自觉意识。此外，作为网络性文本，教师研究成果在观点表述上，要留足讨论的余地，为理论研究留足讨论空间，为实践指导实践留足扩展空间，从而使有意义的教育活动具有更高的知识价值。例如 C 教师在叙述某个教育事件时，总是采用商量和发问的口吻，这种语气更能够提醒读者思考，获得读者的评议。由于网络传播具有即时性，其接受同行评议的效率也非常高。因此，留足对话空间也就是给自己的成果传播留足了获得启发的机会，是促进自己思考的一种重要方法。

（四）积极养成符合网络文体的表达习惯

《现代汉语词典（2012 年版）》收录了大量的网络热词，网络文体的形成正是网友的突发奇想继而迅速普及而形成的，例如"给力""雷人""地沟油"等，这些词汇是网络文体形成的基础。网络文体在网络中盛行多年，从知音体、梨花体、脑残体到近年流行的甄嬛体、十年体，曾经流行过的网络文体已经达到数十种之多。网络文体如今已经超越"雷""圈""给力"等风靡一时的网络词语成为网络流行语的强势形态。[①] 如 C 教师认为在网络中发表研究成果，势必需要熟悉和遵循这些话语习惯，不然就"OUT"了。这种话语方式增强了教师研究成果意义表达的不确定性。不确定性是网络文体的最大特征，这种不确定性指向多元、含混、间

---

① 王玮：《浅谈网络文体的文本间性》，《福建广播电视大学学报》2013 年第 2 期。

歇、随意或反叛。教师在表达网络成果时，也应引起足够的重视，应做到合理避免又不失偏颇。C教师认为跟随网络表达步伐，能够使自己快速融入网络世界之中，而适当地学习和使用网络词汇，对提高文章阅读量，提高自己的网络信息获得量都大有裨益。

第三节　从碎片到整体：教师研究成果网络传播过程

对基于网络传播的教师研究成果呈现方式的讨论是为进一步准确界定教师研究成果，也是为深入理解教师研究成果在网络环境中存在的特性。在理解教师研究成果网络传播基本属性之后，需进一步讨论教师研究成果传播路径本身。教师通过网络传播教师研究成果，除了存在传播内容差异之外，也存在传播过程的区别。在此将从教师研究成果网络传播路径的类型与价值两方面进一步讨论教师研究成果网络传播的基本过程。结合教师网络传播现实来看，教师研究成果的网络传播也可分人际传播、群体传播、组织传播和大众传播四种类型。

一　网络中教师研究成果人际传播

从对C教师的跟踪观察和访问得知，人际传播是C教师日常传播中的一种普遍和首要的形式。人际传播最初源于面对面传播，"指个人与个人之间直接的面对面的信息沟通和情感交流活动，是社会生活中最直观、最常见、最丰富的传播现象，具有明显的社会性特征"[1]。随着网络技术的发展，这种在现实情境中的面对面传播方式开始向网络转移，并成为网络传播中的常见传播方式。特别是当前随着移动掌上电脑和4G网络普及，使得即时聊天和即时分享信息极为便利。甚至还出现了"手机控"和"低头族"这样的畸形社会现象，足见网络人际传播之盛行。教师作为社会人，其自然不能避免受社会常态化现象影响。这种传播方式是教师研究成果面对面传播的网络衍生，其与前文讨论的面对面传播在传播内容和传播流程上没有太大区别，但也存在其特殊之处。

首先，从传播渠道上来讲，C教师研究成果的网络人际传播是以互联

---

[1] 尹章池：《网络传播导论》，武汉大学出版社2013年版，第23页。

网聊天软件平台为中介。人际传播一般分为直接传播和间接传播，直接传播是指以语言为载体，人与人之间在同一空间内进行面对面的交谈；间接传播是指以文字为载体，以其他传播媒介为中介进行个体间的信息沟通。因此，教师研究成果的网络人际传播属于间接传播，其借助的是QQ、微信、电话、短信息等网络聊天工具来取代平时的语言对话。教师借助这些聊天工具可以和相隔千里之外的教师进行学术讨论和交流。由于教师的成果来源于日常生活，是教师个体对实践的反思和提炼而成，这种专业对话对教师个体知识的总结和提升具有积极意义。

其次，从传播手段上来讲，C教师研究成果网络人际传播借助于文字传播，但形式多样，容易理解。无论是C教师通过QQ聊天，还是发表短小的"博文"，都越来越能够做到接近现实生活中的面对面传播。由于网络传播属于间接传播，其在动作表情、情感交流方面不能与面对面交流相比。但随着网络技术的完善以及网络文本的更新和进步，C教师的网络交流可以借用如图片、声音、视频、"聊天表情"等丰富的形式来传播研究成果。

最后，从传播情境上来看，C教师是在一种虚拟和匿名的场景下进行成果传播的。这允许C教师可以在广阔的网络中任意寻找志同道合的聊天对象，可以自由地表达自己的观点，可以直截了当地批判和商榷而不会碍于"情面"。这种放开社会心理压力的传播环境使得教师能够迸发出智慧的火花，形成新颖独到的观点。例如在与C教师聊到她与徒弟的"网络聊天与面对面交流的区别时"。C教师认为：

> 我明显的发现，徒弟在网上跟我讨论一些教育教学问题时更加的积极和敢说，而不像平时在办公室聊天那样，问什么说什么。另外我还发现，我们通过QQ聊天时，能够更加清晰地表达出各自的观点，逻辑更加清晰，这可能跟聊天时安静的环境以及可以有思考的时间这些因素有关。(2015/09/30)

C教师的聊天表明，教师在网络人际传播中的特殊情境对教师成果交流具有更加明显的积极作用。

二 网络中教师研究成果群体传播

C教师参与的另外一种网络传播形式是群体传播。"群体指的是由共同的利益、观念、目标、关系等因素相互联结相互影响作用关系的个人的社会集合体。"① 群体可分为正式群体和非正式群体，正式群体是为实现某一组织的目标而集合在一起；非正式群体是为共同信念和个人利益而建立。为更好的理解教师群体传播的运作过程，研究者加入了 C 教师所参与的一个关于"快乐教学"的 QQ 群。通过阅读和分析他们的聊天记录和聊天模式，研究者发现网络中 C 教师的研究成果传播大致包括这样几个方面。

首先是组织成员身份的获得。C 教师在群体传播中能够获得参与权是由"链条"关系产生。所谓"链条"关系就是一种线性的关系逻辑，即群体中的每一位教师都是由相互熟悉的另一位教师推荐和邀请。其基本形成模式是由 1 增加到 2，2 增加到 4，4 增加到 16 的 2 次方增长模式。这种多向度的链条式发展方式促成教师网络群体的形成，并确认了教师参与传播的身份。

其次是在群体传播过程中存在研究观点达成一致的过程。在这个过程中，教师研究成果的群体传播中以"意见领袖"为中心。"意见领袖"是教师网络群体传播中的问题讨论的发起者，教学案例的传播者，提供意见和评论的中心参与人。研究者发现，在 C 教师参与的几个网络群体组织中，每个群都会有一个或几个"意见领袖"，C 教师是其中一个群的"意见领袖"之一。"意见领袖"的形成以"活跃因子"作为重要的评价指标。也就是说，在一个网络群体中，经常发言，积极投入到话题讨论中的人都有可能成为"意见领袖"，并且一个群至少有一个以上的"意见领袖"。如果某个群体中不存在"意见领袖"，那么这个群就很有可能会终止传播活动的开展。

最后是教师群体传播的重要功能在于"排除偏离意见"，使整个群体的意见得到统一，促成教师研究成果观点的一致性。群体传播能够"排除偏离性的意见，将群体内的意见分歧和争论限制在一定范围之内，以保证群体决策和群体活动的效率"②。这就是教师群体传播区别于论文发表等传播方式的不同之处。群体传播本身不仅是 C 教师展示教师研究成果的过程，也是她的研究成果形成过程。研究者认为教师群体传播的知识处于一种"变革性"状态。所谓"变革性知识"是一种本书之中所指的处于实践

---

① 郭庆光：《传播学教程》，中国人民大学出版社 2007 年版，第 89 页。
② 郭庆光：《传播学教程》，中国人民大学出版社 2007 年版，第 93 页。

性知识和理论性知识之间的知识形态。这种知识既不是实践性的，也不是理论性的；然而又既可能成为实践性知识，也可能成为理论性知识。群体传播为这种知识的存在和发展提供了空间。

三 网络中教师研究成果组织传播

C 教师参与的网络传播中有不少活动是以组织的名誉在展开或依附于某个组织而存在。组织传播是指组织所从事的信息交互活动。组织是由某个集体构成的，但组织传播的内涵比集体传播更为狭窄和具体。集体传播强调个人在传播中的效用，而组织传播讲求集体意义和集体目标，任何信息发表和传播都是以组织名义进行，以为组织服务为最终目标。组织传播是为了公共利益、公共价值、公共目标，是在共同体框架内坚信的价值取向，这些利益、价值和目标都是以达成共识为前提。教师研究成果的组织传播也是其中一种传播类型。

就教师的网络组织传播而言，其目标主要有两个方面：一方面是为了促进组织内部专业共同体的发展。教师的组织传播一般由学校或片区内的教育行政部门或者更高层次的教育组织行政部门作为领导主体开展的。这些组织内部的成员相对比较固定，对象比较明确，例如 C 教师参与的"中小学教师研修社区"。由于这种网络教师研究成果传播平台的参与对象都是教师，因此，其根本目的就是提升组织内部成员的成果分享效率，促进教师专业发展。另一方面是为了促进组织本身的发展，如 C 学校组织的教师研究成果平台是为了促成学校的发展，片区行政部门的组织传播即是为了片区教育发展。这种整体的发展要求同时也是对外传播本组织研究成果的重要方式，这也是组织传播的重要目的。故而总体上来讲，组织传播是为了促进教师研究成果在组织内部和外部得到更加广泛的传播。

根据教师组织传播目的的不同，其传播渠道也存在两种不同形式，即正式的组织内部传播渠道和非正式组织内外部交互渠道。以 C 教师参与的"教师教研论坛"为例，这个论坛是学校领导的自上而下的组织性传播。这类传播需要由学校的网络管理人员把关，教师形成的成果想发表在学校首页需经教师组织评议并且得到校长的签字同意。此外，这一传播路径的功能还体现为为学校科研管理提供便利。因此，其内容主要涉及科研管理条例的发布、课题申报、课题成果展示等。另外，如 C 学校网页设有自由论坛板块，这些板块可以任由教师发布信息（不排除网络管理人员在后台把关的可能），这种平台可称为组织内外部交互的非正式渠道。在这论坛之中，教师可以不受限制地发表自己的研究成果，以供组织内部和组织外部其他人共同评议。此外，这还是一个交互平台，具有极大的互动功能，是促成组织内部人员教学学术交流和成果评议、借鉴的地方。例如前文提到的教师网络教育日志就可通过这一平台发布，并迅速得到同行教师的反馈意见和批判性观点。这对 C 教师研究成果本身的进一步改进以及其他教师及时借鉴都具有积极意义。

四 网络中教师研究成果大众传播

从受众范围来讲，人际传播是受众面最小的传播方式；群体传播和组织传播偏向于内部人员之间的信息交流，其受众面具有相对的稳定性；大众传播区别于前两者的特征在于其受众没有限制，受众面极其广泛。大众传播是教师网络传播研究成果的又一种重要形式，这种形式被 C 教师充分利用并取得良好效果。教师研究成果的大众传播方式具有与前三种传播方式相区别的地方。

第一，是信息发布面极其广泛。大众传播的对象是全体普通教师，教师都能够获得参与信息交流的机会。这与群体传播存在的主要区别在于教师与信息的关系不同。例如 C 教师通过在"QQ 空间"发表日志和在"新浪微博"发表日志的效果是不同的；在"QQ 空间"中发表的教育日志面对的受众是固定的，即只有 C 教师的"QQ 好友"才能获得阅读权利，一般的 QQ 用户难以阅读到这些研究成果。而 C 教师如果在"新浪微博"发表教育日志，则没有限制权利，可以让全部网民都能看到（如果发布者愿意的话）。

第二，是教师在网络大众传播中作为信息发布者存在，其需要受众高度自觉参与和获取信息。大众传播依靠公共、开放的平台传播。例如 C 教师在学校网络平台上，是作为信息发布者存在，相当于新闻记者，负责信息（研究成果）的采集和发布，至于有多少人阅读，她并不能主导。因而，在大众传播平台（如微博和官方网站）发表的研究成果需要受众主动参与。这种主动性具体体现为教师主动发表研究成果以补充受众的信息空白；又体现为受众教师在获取教师研究成果过程中更加自由，在方式、时间、广度和深度上更加自主；还体现为研究成果的传播者和受传者之间基于网络媒体平台的主动互动交流；更体现为教师在传播研究成果过程中根据受传播教师需要而发布成果的能动性。

第三，是教师研究成果网络大众传播体现着显著的非线性特征。由于大众传播是开放的巨型系统，其通过互联网的超链接功能，能够将不同的信息快速整合，使教师研究成果通过"无限相关性"获得大面积传播。这种超链接还能使教师在获取研究成果信息过程中扩展阅读和延伸理解，利于廓清传播者的真实意涵。

C教师研究成果网络传播的以上几种形式并不是孤立存在，相互独立，而是相互联系没有清晰界限的。比如大众传播中也存在人际传播和组织传播，群体传播也有大众传播的痕迹。此外，C教师研究成果传播的四种类型与前文讨论的教师网络传播的研究成果呈现类型也并非一一对应，而是相互交错，互相融合的状态。例如碎片化的网络叙事既可能是人际传播形式，也可能是群体或组织传播形式；网络教育日志可能是组织内部传播的信息，也可能是大众传播的主要内容；网络正式文本多在群体和组织中传播，但也常常用于大众传播之中。而关于教师研究成果网络表达要求方面，则是对四种传播类型都普遍适用的基本技巧。

从教师研究成果网络传播的四种不同形式来看，总体体现为从碎片到整体的教学知识传播转变。由于基于网络传播的教师研究成果呈现的碎片化属性，也源于网络这个知识承载平台的整体包容性，使得教师研究成果网络传播是一种从教师碎片化知识到整体性问题解决的教学知识传播范式转换。简而言之，单个的教师日常教学研究成果通过网络传播平台汇聚成了网络整体知识的有效单元，而从接受者角度来讲，则可以借助互联网的搜索功能和连接功能，将类似的知识单元加以汇聚，进而从整体上理解和接收源于中小学教师的研究成果。

第四节　教师研究成果网络传播的外部影响因素

分析教师研究成果网络传播的呈现方式、基本过程的首要目的在于探明教师网络传播的基本规律，然而其根本目的却在于揭示影响教师实现研究成果网络传播的各种因素。因此，在以C教师为案例的分析之上，有必要探析C教师研究成果网络传播的影响因素。基于教师网络传播的不同价值诉求，根据不同的教师网络传播类型，结合教师网络传播影响因子分析，本书基于访谈资料整理（见表6-1）和关键词分析的基础上，归纳得出C教师有效地达成网络传播的外部因素包括管理层面、学术对话场域、网络交流平台和学术话语体系等方面。

表6-1　教师研究成果网络传播的外部关键影响要素分析

访谈对象/影响因素	管理制度方面的因素	认为可以自由发言和对话场域	有一个较好的网络平台	公开属于教师的话语方式
C教师	+	+	+	+
C教师同事1		+		+
C教师同事2		+		
C小学校长	+		+	+
C小学科研管理者	+	+	+	

一　管理制度：C小学教师网络传播管理制度优势

通过前文分析发现，学校场域是影响教师选择网络传播的重要影响因素。C教师的成功也说明建立学校层面的教师研究成果网络传播管理制度显得尤为重要。学校层面网络传播制度的建立能够保障教师网络传播，是构建网络传播文化生态的基础，也是形成教师网络传播积极性的重要举措。具体而言，C学校教师网络传播管理制度的建立主要考虑了传播主体、传播内容、传播评价、传播技术等因素。

一是C小学建立了教师网络传播人事组织制度。"没有规矩，不成方圆"，人事就是"规矩"和"方圆"的核心。因此，建立必要的网络传播组织人员、管理人员、技术支持人员组织，形成一定规模的传播团队，一定量的组织活动等都是非常必要的。例如C学校就具有很好的网络组织团体"人人通·云教学"网络管理中心。这个组织专门负责学校教师的网络传播工作，还具体落实了负责人和相关协助人员。这种有规制的传播组织能够快速而有效地推进学校网络传播事业发展，提升教师研究成果分享率和学校整体知名度。

二是C小学建立了教师研究成果网络传播监管制度。网络传播具有自由分享知识的特性，但绝对的自由就是一种不自由的表现，因此需要建立相应的网络传播监管机制。C小学在学校层面建立了相应的网络传播监管制度，对学校教师研究成果的质量以及传播内容作适当控制，促使教师研究成果尽量对学校和社会产生积极和有意义的影响。在 C 小学，C 教师正是充当着这个网络传播的监控主体，她根据学校的办学导向和社会道德法律准则，对学校教师的研究成果做出甄别和把关。

三是 C 小学建立了教师研究成果网络传播评价奖励制度。为进一步推动教师的网络传播积极性，C 小学建立了相应的教师网络传播奖励制度。例如将各位教师的研究成果与校内职称初步评选结合，纳入校内绩效工资考核范围。这些奖励制度不仅能够提升教师的积极性，还能为教师研究成果评价提供辅助性支持，能够更进一步提升教师网络研究成果质量。

四是 C 小学建立了长期有效的网络传播技术支持制度。技术是网络传播的基础，技术的更新换代对传播产生重大影响。因此 C 小学建立了一定的技术服务机制。例如 C 小学会定期给全校教师进行网络技术提升培训，确立落实到个人的网络技术支持负责人，与网络传播公司建立长效合作机制等。在这方面 C 学校显然已经走在众多学校前列，他们已经跟相关网络技术平台进行了长期的合作，确定了固定的技术辅助人员，形成了网络技术中心等。这些举措能够积极有效地提升 C 学校整体教师的网络传播水平。

二 对话场域：C 教师教学学术对话场域有效达成

在网络传播公共空间变革前提下，"公共性"的意义也发生了巨大的变化。对现代媒体持批判态度的哈贝马斯认为，真正公共空间的存在应该是"对话性"的存在，"它是以在一个共享的空间中聚集在一起、作为平等的参与者面对面地交流的相互对话的个体观念为基础的"[1]。这种具有"对话"和"交往"的空间存在又必须认识另外一个前提，那就是"话语权"问题。在教师研究成果网络传播的具体情节中指的是"学术话语权"问题。学术话语权"就是在学术领域中，说话权利和说话权力的统一，话语资格和话语权威的统一，也就是'权'的主体方面与客体方面的统一。'权利'着重指行动者作为主体所具有的话语自由；'权力'着重指主体作为权威话语者对客体的多方面影响。"[2] 如 C 教师研究成果传播中的"话语缺失"实际上就是"学术话语"的缺失，具体而言就是教师的话语资格和话语权威的缺失，表现为 C 教师教学学术话语的主体和客体的非同

---

[1] 王岳川：《媒介哲学》，河南大学出版社 2004 年版，第 132 页。
[2] 郑杭生：《学术话语权与中国社会学发展》，《中国社会科学》2011 年第 2 期。

一状态。即话语的权利行动者没有话语的自由，话语的权力执行者对其他主体的统治过严等。网络传播的技术前提和民主、自由文化氛围为C教师话语达成提供了养分。然而，"言说"本身却是C教师作为研究者的一种本性的追求。如教学学术所定义的一样，"接受同行评议"是教师研究作为学术的前提，而评议也是对话的一种方式，没有对话，没有话语，学术也就无从谈起，也就无所谓教学学术话语权问题。

这里重点讨论C教师的言语权利问题。言语权利是C教师作为研究者去传播成果的一种根本追求，也是影响教师传播的重要因素。网络传播为C教师"言说"提供了可能。然而，学术话语权仍然是影响C教师研究成果网络传播的重要因素。一方面，"话语分歧"是影响教师网络传播的公开空间形成的重要约束条件。教师话语权利的获得不仅局限于实践领域的共同体，也不仅是理论研究者共同体的自说自话，而是要寻求理论与实践共同体形成对话与共融的可能性。即理论与实践之间不再是二元对立的存在，而是如前文所说的在教学知识传播路向上的"上下通达"，消除教育理论工作者与实践工作者的话语分歧，形成"共融共通"的学术话语体系。如若不然，C教师研究成果在网络中的传播又将走向对立于理论工作者自说自话状态下的实践者之间的"自说自话"的极端。另一方面，"话语差距"的存在也是影响C教师研究成果网络传播质量的重要因素。虽然，网络传播对C教师的话语权利是无限制开放的，给了C教师大胆发声的机会，但这并不代表C教师可以随意发声和胡乱发声，甚至制造学术垃圾。不得不承认，当前中小学教师的学术话语表达存在着"差异"和"差距"。认识到差异是为了寻求适合的教学学术话语表达方式，认识到差距就要在语言文字上做适当的提升，至少有一定的学术话语涵养和学术话语能力，而不是与口语表达毫无差异的叙述，也不是与学术语言相差甚远的"业余"发泄。学术话语差异和学术话语差距的存在需要面对，但更应该放在"话语文化"的大环境下来思考和解决，积极发挥教师的集体智慧，充分营造一个和谐的教学学术话语新生态。

三 网络平台：C小学的网络平台有利于成果传播

网络传播空间是教师研究成果传播的物质和技术基础。从调查研究来看，在三所学校的网络交流平台构建情况方面，由于A小学相对偏僻，故而没能够很好地搭建网络传播平台。B小学由于是新建的公租房学区学校，网络交流平台正在搭建之中。C 小学虽然是城乡接合部学校，但是比 B 小学和 A 小学都要早建成数年，而且地处重庆大学城区域，相对其他两所学校而言，具有一定的区位优势和接受高新技术的先进意识。因此，C 小学很早就建设并形成相对完善的教师网络交流平台。如 C 小学有自己的独立网站，有"人人通"教师、家长、学生交流平台，有"钉钉"即时通讯软件等在全校运用。这些都成为影响教师网络传播的重要平台。

在建立网络交流平台的基础上，教师需要掌握一定的网络传播技术。C 教师就是这样一位引领全校教师走向网络传播的"专业者"。她在网络传播技术方面积极接受许多新的技术培训，掌握了丰富的网络传播技能。例如学校的"人人通·云教学"网络交流平台就是在 C 教师的带领下在校内得到广泛应用的。C 教师还多次参与了这个专业平台的开发商的专业技术培训，她接受培训之后积极回校进行技术推广。C 教师还多次被邀请到其他区县进行网络传播经验交流与分享。C 教师认为，在一个学校要形成很好的教师研究成果网络传播习惯，首先需要有硬件条件支撑，即网络交流平台建设。除此之外，就是技术的支撑问题。C 教师认为教师对网络传播技术的掌握需要实现"技术自觉"。技术自觉就是指教师自行、主动、积极地寻求技术知识，掌握技术创新路径，实现自由化网络表达和网络传播。因为，C 教师认为，基本的入门技术需要专业技术人员的指导，而在掌握基本技术之后，就需要靠教师积极自觉的技术进步。因为网络传播技术更新换代速度较快，很多技术细节和传播功能在不断的"更新"，而网络又允许和支撑教师自主掌握新技术。因此，教师技术自觉是教师利用网络传播平台的基础要求。

四 话语方式：C 教师独特的教学学术话语新体系

学科的专业化历程成就了教育学，也成就了各个二级学科，更成就了教育的专业术语，即平时所说的"行话"。诸如"行动研究""校本教研""教师研究""反思实践者"等这些词汇都属于教育学专业术语的范畴。当前教师作为研究者，首要任务就是对这些概念的熟练掌握，笔者称为继承理论研究者的话语习惯。因为这些话语方式体现出较高的理论性，每个专业术语都有特定的内涵，不理解清楚这些词汇的基本内涵，无法掌握更高层次的思考方法，更谈不上高层次的思考。此外，由于长期的理论优位和理论性知识检验标准的存在，使得理论研究者所掌握的理论知识具有

"高级的"特殊身份。如 C 教师都是以一种"瞻仰"和"崇拜"的心态去看待理论知识。因此，我们需要继承理论性知识的思辨性传统，但绝不是一种盲目的心理崇拜而后又束之高阁，而是要在掌握的基础上有所突破。当前的教育学科学话语体系还呈现出"外来性"特征。由于教育学本身是一个"舶来品"，其本土味道并不是非常浓厚，加之近年来翻译的国外教育论述多如牛毛，充斥着整个教育理论体系，进而导致许多教育话语被引入和应用。长期的引进和借鉴使得教育学话语的"外来"特征极其明显。

基于这种现状，一方面 C 教师积极掌握教育理论中的各种"术语"和"概念"，继承优秀的话语方式和外来概念；另一方面也积极规范和创新自己的话语新体系，特别是基于网络传播的新的话语方式。C 教师的实践领域与教育理论研究者的关注对象不同，其所思考问题的方式也不同。语言是思维的工具，因此思考问题方式的不同进而影响着话语方式。显然，C 教师拥有自己的话语方式。结合网络文本特性而言，笔者认为，在教学学术的话语体系方面教师应予以创新。这种话语体系所呈现出来的特性至少应包括实践性、适用性和本土性三个特征。基于教学学术就是基于教师教学实践的问题，基于教学实践的行动和基于教学实践的反思。在此基础上强调教师网络传播过程中话语的实践性就是强调其基于实际问题，基于实践现象，基于实践本身，而非空谈理论。强调教师网络传播过程中话语方式的适用性就是强调教师在形成各种网络文本过程中考虑这种话语的有效性，而不是制造"正确的废话"和"文字垃圾"。强调教师网络传播过程中话语的本土性就是倡导教师多一些"原创性"话语，少一些"外来"语，多一些"接地气"的语言，少一些"高谈阔论"。总之，C 教师源于实践的知识在网络中的传播既与网络话语特征相结合，考虑了适应性与生存性问题，又与理论话语方式相结合，扩大了理论价值和实际意义，还彰显出其以实践指导实践的有效性。

第五节 教师研究成果网络传播的内在影响因素

外因是通过内因起作用的。通过调查研究表明，教师之所以会选择网络作为研究成果传播的主要路径，并在 C 学校形成一致的传播行为并深刻地影响着 C 教师的专业发展，这其中具有极其深刻的内在根源。归结起来，从内部机理上看，影响 C 教师网络传播的核心影响因素包括互联网思维、民主心理需求、自由交流机会和网络分享习惯等。

一 互联网新思维

科技的进步使教师的工作与生活处于网络化之中，网络信息的传播和接收已成为教师的日常生活方式。本书中案例 C 教师的大部分工作与网络息息相关。以下是 C 教师对笔者介绍的一些网络传播变化的总结。在过去教师平时的交流需通过"相约"形式得以发生，或者需要专门的时间来开展交流活动。现如今由于互联网和手机、电脑终端的广泛使用，使得教师之间的交流变得方便快捷。过去教师上课都需要认真准备教案，不断重复手写教案，现在则可以通过电脑备课，使用信息化技术极高的"白板"上课，可以应用多媒体，使备课资源实现共享，备课和上课效率得以提升；过去很难亲眼看到和切身体会校外的名师课堂，现在通过视频录像和校内共享能够轻易地实现视频共享；以前同行教师发表的研究成果，只有订阅杂志才能获得阅读机会，现在则可通过电子期刊轻松快速地浏览；过去有什么教育教学方面的想法只能自己用本子记录下来，无法走向公开，接受同行评议，如今不仅能够通过电脑快速记录和保存，还能够及时发表在网络上与同行分享，接受同行评议。显然，教师的日常工作已经离不开信息技术的支撑，教师的工作和生活无时无刻不受一种新思维方式——互联网思维的影响。

二 民主心理需求

"民主"是一个古老而又新颖的词汇。柏拉图曾在《理想国》一书中提出过这样的观点，他认为穷人一旦战胜富人，屠杀了一些人，放逐另外一些人，与余下的人分享政府职权和公职，当此之际，民主就出现了。民主既包含文化的层面，又包含制度的层面，民主具有"软件"和"硬件"的双重性。——"[1] 作为政治价值核心的民主，是一种深层的意识、价值观和行为规范。它一方面维系着人们的观念和社会秩序，另一方面规范着日常的政治和行政活动。如果缺少民主的支撑，离开日常生活中民主意

---

[1] 贾绍俊：《民主文化视角：对认识民主内容和价值意义的再探》，《甘肃理论学刊》2008年第1期。

识、情感和技能的培养，再完美的民主政治制度只能是空中楼阁，很难得到真正实施，即使实施起来也可能出现扭曲、变形现象。[①] 从社会学视角看，教育系统是社会的子系统，其脱离不开政治制度的笼罩，更离不开民主形态影响。杜威甚至认为，民主教育是民主政治的前提和基础。人对民主的追求是一个永恒的话题，教师也不例外。教师作为教育活动的主体之一，既是教育者，也是社会人。在教师的整个教育教学活动中，民主无疑是其主要追求。

民主政治的发展要求社会成为一个开放、自由、平等的环境。网络传播是一个自由和自愿的信息传播场所，是一个民主心理需要的栖息之地。这个境遇能够逐渐满足教师的民主心理诉求，且这种民主直接由知识的民主来实现。在网络中，教师不仅仅传播知识，而且还分享自己的知识。受众教师不但可以有效获得知识，还能够成为知识的真正传播者和决定者。在网络传播中，知识传播是民主的，知识本身也是民主的，这种关系又由"教师作为知识分子"来实现。教师研究成果是教师实践得来的知识，这种知识通过行动和反思而发生，通过传播从个体走向公共。这个过程突破了哈贝马斯所谓的"专家文化"和"知识霸权"，使得教师作为知识分子得到身份肯定，"实践知识""平民知识"和"地方知识"的合法性得以确立。这些都是基于教师对民主的追求。民主政治和民主教育的必然存在而发生和发展的。网络传播本身所具有的民主文化特性也促使教师行为方式和思维方式的变化。与具有同一性极高，孤立性极其明显和被动性特别突出的出版传播相比较而言，教师的网络传播是一种多元化、非线性、交互性的民主情境，这种情境对教师成果的达成和无私的与他人分享的心理需求是一致的。就一个学校而言，如果没有民主的管理方式，没有民主的教育情怀，没有知识的民主性实践，教师研究成果的网络传播也就难以实现。故而可以认为民主情境下的教师知识民主化程度是影响教师网络传播研究成果的重要因素。

三 自由交流机会

网络传播与出版传播的差异在于自由交流机会的差异。出版传播更多以"控制"为主，例如报刊被认为是一种"集权主义"的象征。柏拉图就

[①] 石作斌：《民主文化：当代中国民主政治建设的价值视阈》，《湖北行政学院学报》2012年第3期。

是报刊集权主义的先驱者，他在《理想国》中更加认同贵族政体的倾向，他认为人的本性之弱点容易导致国家民主政治的没落，并最终导致独裁政治的诞生。因此，他认为国家应该掌握在有智慧的人手中，使国民受文化道德权利的控制，并用这种"上层智慧"来统领臣民。用这种理论来审视出版传播不难发现其具有的"智慧统治"的控制传统。与此相对应的是报刊自由主义立场，其主要内容包括："人是理智的动物，人本身就是目的；政府有可能犯错误，应该受到监督；任何人拥有出版自由、言论自由及讨论的权力；应允许意见自由市场的存在，真理能够战胜谬论；人们具有判断谬论的能力。"[①] 这种立场的持有者认为，传播应当是自由的，不应受到控制。如洛克1690年出版的《人类理解论》中提出人作为权利的中心，代表的是自由意识，政府应当是为人民服务的。孟德斯鸠在1748年写成的《论法的精神》一书中严重抨击了"言论罪"的封建统治特色。洛克和孟德斯鸠的观点都异常一致地认为"自由"，特别是传播（言论）自由的重要性。这些自由传播的论述是网络传播自由的雏形，也是实现网络自由传播的根基。

　　网络传播在逐渐改变教师的传播习惯，教师不再轻信报刊和杂志上的"一面之词"，不喜欢来自外部的"控制"，更加喜欢主动地、自由地寻找感"兴趣"的知识，不喜欢自上而下的知识传播路向，而更加愿意与来源于实践的知识进行平等对话。此外，新时期的"知识控制"方式具有更加浓厚的技术色彩，要控制网络传播，需要面对极大的技术挑战。相反，教师需要更加自由地传播，也需要技术提升，并依靠互联网平台的建构为基础。因此，教师网络传播伴随的是一种自由文化背景下的主体公共空间达成过程。自由交流是主体自由的前提，网络自由交流为此提供了可能。在自由交流基础上，主体公共空间的存在是教师网络传播的必要条件。主体公共空间指的是在某一特定场域中，共同体成员所能够自由传播信息和接受信息，能够进行无障碍自由交流的时间和空间自由度。就教师研究成果传播而言，主体公共空间是其重要的影响因素。没有教师的公共空间，教师研究成果就难以自由顺畅地传播。具体而言，教师研究成果传播首先需要自由的网络传播机会为基础，进而需要教师在网络这个公开空间之中存在和实践，进而才能实现研究成果传播自由。就一个学校而言，教师研究

---

① 赵士林、彭红：《网络传播论》，上海交通大学出版社2002年版，第107页。

成果网络传播的达成，首先需要的就是硬件的达成，另外就是网络传播平台的搭建，进而才能形成自由传播的文化氛围，并最终走向公开空间内的自由传播实践。

四 网络分享自觉

教师作为知识的象征在社会文化结构中作为重要的知识分子身份存在，其同样具有实现知识传播自立、自强、自信和自觉的知识使命。知识分享是这种知识使命的重要实践途径。根据费孝通的文化自觉思想，教师研究成果网络分享自觉的前提可归结为教师研究成果自立和自强，教师研究成果分享自信和自觉四个重要方面。首先是教师研究成果自立。前文分析了理论性知识的优势和认识论统治地位，长期的理论优位的现实使得来源于中小学教学实践的知识缺乏自立根基。教师要想把研究成果成功分享出去，走向公众，转化为公共知识，需要先将自己的研究成果"立"起来，形成自己的风格，形成一定的知识体系。这里的"立"就是指中小学教师要积极形成成果，并且是能够接受同行评议的成果，因为只有有成果才能谈"走出去"的问题。其次是教师研究成果自强。教师不但要积极形成自己的成果，还要形成有效的研究成果和能够直接指导实践的成果。教师研究成果意图走向公共知识领域，其首要任务就是得到同行的肯定，要得到肯定就得体现出效用。从这个逻辑上讲，教师研究成果必须是经得起实践检验的成果，是真正通过教师自力更生，通过强大自身而形成的知识形态。再次是教师研究成果网络分享自信。要让教师个体知识最终走向公众，成为"大众知识"就得实现自觉分享。网络传播为教师自觉分享研究成果提供了可能，但如果不对自己的研究成果充满信心，没有从心理上彻底解决教师对自己实践活动自信不足的困境，就很难将教师的研究成果传播出去，即便传播出去也难以引起关注，难以到达公众视野。因此，有了研究成果的自立和自强，还需要对研究成果分享充满信心。也就是说成果自立和自强是前提，而分享自信是心理动因。最后是教师研究成果网络分享自觉。网络传播的特性在于便利性——人人皆可参与和随时随地参加。然而也正因为如此，形成了网络传播的各种乱象，如抄袭、随意传播和错误信息传播等现象。教师研究成果网络分享自觉则是指向一种文化素养高度，是在认识自身知识和文化优势，能够看到自身成果未来前途和明确传播目的基础上的积极、正向的传播行为。这种传播行为是为增强教师专业共同体综合实力和丰富教学论学科知识基础服务的。总之，教师研究成果网络分享自觉是一个成果自立和自强，传播心理自信和传播文化自觉的过程。

第六节 自我实现：教师研究成果网络传播的价值分析

阐述网络中教师研究成果传播的基本步骤和类型是为了使传播过程清晰化，使其基本流程更明确。当值此时，就会产生一个新的追问——"C教师为什么要选择网络传播"？或者说C教师选择网络传播的动因是什么？C教师是如何认同这种传播方式的？诸如此类的问题实际上讨论的是C教师研究成果网络传播的价值问题。通过现实考察与分析发现，C教师选择网络传播教师研究成果具有深刻的价值论诉求。

一 教师体验认知存在回归

教师研究成果是实践性知识的存在，这种知识的最大特点在于个体性。然而一直以来教师多以"身体"为载体，通过"行动"来阐述个体存在以及个体知识。马克思主义认为人的存在有主观和客观两个世界；笛卡尔也认为人的"思"和人的"存在"是一对范畴。显然，人的存在包括肉体的存在和精神的存在两部分。教师作为人，同样以身体存在和精神存在两种形式见诸世界。在客观世界中，教师首先是凭借自己的外在属性而存在，例如教师的身体、样貌、言语和行为等；同时又通过物质属性而存在，例如书本、教室、学校、房子、车子、金钱等；还通过社会属性而存在，如校长、教师、教务主任、班主任、家长等。社会人一般都是通过自然属性来感知教师的存在，并以此为基础来评价教师的存在价值。然而这种教师生存样态却往往很难表明教师本质属性的存在。教师虽然首先是社会人，但却是"特殊"的社会人，是"人类灵魂的工程师"。其每天伴随的是活脱脱的生命而非冰冷的器物，其工作性质就是要用自己的生命去和他者生命交往，用自己的灵魂和他者灵魂沟通，用成熟的心灵去开启、引导幼小的心灵，使之成熟。这些需通过教师的本质属性去体验，需借助教师的认知来存在。故而"以心灵唤醒心灵"的存在才是教师本质的存在。

可见，教师的自然属性和本质属性之间存在着巨大的区别，但却往往面临着本质属性被篡改的危机。

网络传播为改变或者挽救这种危机提供了可能。它能改变教师物质世界的遭遇，使其认知存在得到回归。认知存在是教师精神存在的重要方式，其展示的是教师作为一种职业的知识属性，是教师本质属性的重要彰显手法。社会人通过外在的观察并不能完全领会和理解教师的认知存在，只有教师通过语言主动、自觉地表达才能实现他人对教师真实身份的理解。网络传播是一种很好的实现路径，网络传播主要依靠语言文字来表达，并处于一种虚拟的世界之中，在这个世界之中，教师通过语言来展示认识存在。教学实践知识是教师认知的重要体现，教师研究成果作为实践性知识，除了以行动来表征外，还可以将行动转化为文字语言。故而，此时教师可以抛开任何外在的物质羁绊，进入到真实的认知世界，在网络中的其他人，也可以通过语言去深刻地理解教师的本质。"语言不仅是存在之家，而且构成了存在本身，表达构成了一种可以真切感知自身存在的方式。"[1] 因此，社会人对教师物质属性和本质属性的价值分析可以在网络传播中实现真切的反驳，让教师属人的本质得到革命性回归。总之，网络传播摒弃了教师被物化和外化的混乱身份，充分展现出教育思想和教育知识，让教师实践知识得到理解、承认和解放。这种承认不仅仅是他人对教师身份的认可，也是教师职业自觉和认知升华的良好体验。

二 教师个体精神家园建构

教师体验认知存在的回归将进一步促成教师个人职业精神家园的建成。既然教师的本质属性在于其认知存在的世界，这个世界就要满足教师的精神追求。精神寄托是每个个体的人无法回避的情感需求，网络传播为教师个体的这种价值诉求提供了可能。从美学角度来看，人的精神需求至少包括自我移情满足，社会认同的满足和获得快乐的情感三个方面。[2] 个人不但知道自己是什么还能根据自己的需求来建立明确的自我发展目标无疑是一个完满的人生。换言之，人的自我移情是通过个人意志或潜意识的寻求来扩展或增加自身认同感的过程。在自我移情基础上需要的就是"社

---

[1] 吴满意：《网络媒体导论》，国防工业出版社2008年版，第230页。
[2] 吴风：《网络传播学：一种形而上学的透视》，中国广播电视出版社2004年版，第178—183页。

会认同",这主要针对自身职业而言,这种认同是对社会文化传统的认同,对社会道德的认同。人就是为了要建立一种让他人理解的形象或角色。而无论是自我移情还是社会认同都归结到最高层次的"情感"获得。显然,网络为教师的个体精神家园的建构提供了可能。

由于网络是一个虚拟的世界,在这个虚拟世界之中,教师可以实现对现实压力的反叛,去追寻内心真正的自我,迸发出智慧的火花。哲学认识论认为,"虚拟"是一种超越现实的创造性思维活动。[①] 这种思维活动通过语言符号表达出来并与虚拟的网络紧密联系,构成了人的文化生命存在的意义符号,这种符号意义的表达正是教师内心所期盼表达的情感。丹麦未来学家沃尔夫·伦森认为,人类经历了狩猎社会、农业社会、工业社会和信息社会之后,将进入一个以关注梦想、历险、精神及情感生活为特征的梦幻社会;这个社会中人们的消费注意力将从物质需要转移到精神需求,从科学和技术转移到精神需要上来。[②] 中国传统哲学向来讲究"天人合一"的精神追求,如《道德经》中所言"人法地,地法天,天法道,道法自然"。实际上这就是马克思所说的"真理是最朴素的东西"。显然,教师的主要使命在于明白真理并启发他人去认识真理,这种实践的成败明显影响着教师的精神世界,因此情感的认同也成为教师最本真的追求。教师通过网络这一载体在实践自己的日常所得,无私地分享自己实践中朴素的真理,其想要获得的就是社会认同的情感需求,并没有带有过多的功利色彩。

三 教育实践话语权利消解

"话语霸权"是当前教师研究中需要面对的重要现实问题。"话语权利"的缺失主要体现在教师研究成果的传播上,特别是基于文字的传播。福柯在他的《话语的秩序》一文中认为:"每一个社会,话语的产生过程都是漫无定则的。必定存在着若干程序、控制着、选取着、组织着并重新分配着话语的生产;透过这些程序,话语生产过程所激发的多种力量与危殆,也就能够规避,话语生产过程所可能遭遇的偶发事件,也就得以掌

[①] 殷正坤:《"虚拟"与"虚拟"生存的实践特性——兼与刘友红商榷》,《哲学动态》2000年第8期。

[②] 江潜:《数字家园——网络传播与文化》,复旦大学出版社2001年版,第1页。

握,话语生产过程所需涉及的拙难之具体现象,也就不难躲闪。"[1] 根据福柯的观点,话语权利是阶级社会中的必然产物,在每个社会时代,都存在话语限制和话语规范问题。在不同的社会背景下,在不同的共同体之中,话语方式具有巨大区别,并且这种话语分歧和话语权利划分是不可避免的,然而又是可以根据一定的秩序来控制和规避的。提倡教师研究,无疑是一种教育实践者与教育理论工作者相互博弈,进而出现"教育研究"大背景下的话语分歧和话语权利压制现象。在话语权利世界之中,只有"符合资格的人"方能发表话语,故而就出现中小学教师出版传播的各种困境。但正如福柯所言,这种现象是可以"控制、选取和组织"的,这种危殆能够被"规避"和"躲闪"。

网络传播的出现为教师制造了新的话语机会,促进了教育话语霸权的消解,这无疑是中小学教师所期盼已久的局面。确实,教育理论研究者保有的高度的"话语霸权"对于普通中小学教师而言,是不公平的,有时候这种不公平甚至成为划分教育者等级的标志。显然,这并不符合教育整体发展的要求,也不符合中小学教师作为知识创造者的价值诉求。网络传播促使教师群体传播机制转变,为教师话语提供机会,形成新的话语体系和话语风格,创造一个话语自由空间。这是对过去教育话语权利的消解,是制约和平衡教育者对话关系的具体体现。在网络传播中,那种"符合资格的人"的门槛被消解,所有的教师都能够通过互联网来发出自己的声音。同时,不平等的对话关系在网络中消解,教师可以充分展现自己的实践性知识,并通过传播效果来检验这种知识是否适用。显然,网络是一个开放而包容的巨系统,中小学教师从中获得知识的解放,也获得因知识而产生的认知和话语成就感。教师话语权利的解构与建构,使教师的实践研究成果传播变得丰富多彩;教师在网络中的自由化语言表达能够引发教师无限的实践智慧和解放教师被束缚的自由精神。

四 教师学术对话精神重塑

在前文字时代和前阅读时代,言语是一种"听"和"说"的过程。随着历史的发展,"对话"逐渐成为人类认知发展的主流。"对话"源于希腊语,原意为"通过""言语"来交流。对话在古希腊时期和中国古代得

---

[1] 许宝强:《语言与翻译的政治》,中央编译出版社2001年版,第17页。

到极大的张扬,如苏格拉底、柏拉图和孔子都是对话的高手,比如流传至今的《对话录》《理想国》和《论语》都是以"对话"来连缀成高深的哲学道理。德国神学家马丁·布伯在《我与你》一书中认为,"我—你"关系才是真正的人类关系存在样态,而这种关系的实质是对话的;他认为人生和对话皆为"相遇",没有旁观和静态的角色。[①] 德国文学理论家巴赫金也认为"一切莫不都归结于对话,归结于对话式的对立,这是一切的中心。一切都是手段,对话才是目的。单一的声音,什么也结束不了,什么也解决不了。两个声音才是生命的最低条件,生存的最低条件"[②]。由此可见,对话几乎涵盖着人类文明的全部,人的社会生活都处于"对话"之中。从先哲的历程来看,学术的真谛也在于"对话"精神的存在。足见对话于学问者而言,显得极其重要。当然,诸如前文提到的教师"认知存在"的缺失和"话语霸权"的存在都与"对话"有密切关联。由于对话的存在,进而就有了"说者"与"听者"的对立,也就有了"话语权利"的二元分立。

正如前文所言,当前的教师研究处于一种"失语"或"话语霸权"的统治之下,相对好一点的境况也就是"自说自话"的个体生存。网络传播的出现改变了教师的这种境况,使教师从"自说自话"到达"学术对话"精神追求之中。教师学术对话精神的重塑也成为当前教师的渴望和当务之急。教师过去的"失语"在于没有"对话"的机会。网络传播给了教师发声的机会,为教师的学术对话提供了一个全新的平台。教师的网络学术对话能够增强现场感和参与感,比出版传播更具情感交流优势;网络学术对话还能使教师自由思想交流成为可能。在网络中,教师能够毫无顾忌地表达自己的学术观点而不用担心面对面交流中存在的"碍于情面"问题,这种激烈的对话往往能够激发教师的教育智慧;网络是学术对话的一个平等对话的最佳平台,是"话语霸权"祛除的利器。在网络中,教师没有自然属性,只有本质属性,这保证了教师在"人格"上的平等地位和对话的表象与真实、情感与理性的统一;此外,教师在网络中的学术对话还具有"等待"的功能。在网络空间之中,对话的机会是平等的,给对方反驳的

---

① [德]马丁·布伯:《我与你》,陈维纲译,生活·读书·新知三联书店2002年版,第1—6页。
② [德]巴赫金:《诗学与访谈》,白春仁、顾亚玲译,河北教育出版社1998年版,第340页。

机会也是充足的,而等待也是理所应当的,就如同苏格拉底从来都没有忘记"暂时搁置自己的观点和判断"一样,网络中的对话能够避免面对面交流中的"头脑风暴""心直口快"和"言多必失"等问题,形成"句句斟酌""一字千金"的智慧教育观点。总之,网络传播中教师学术精神重塑不仅是教师个体成长的需求,也是学术对话的精髓所在。

第七章 教师研究成果传播途径的交叉分析

为了解决教师研究成果传播问题，本书首先探讨了教师研究的发展历程，认为教师研究在继续向前发展，并体现出对教师研究后续研究的关注与需求。进而本书探讨了教学学术的认识论基础，认为中小学教师研究主要指教学研究，将教学研究上升为教学学术，需要认识其内在运行过程和教学学术指导实践的可能。再则本书通过对教师实践性知识的研究弥合了教师研究成果的认识论过程，得出教师研究成果作为教师实践性知识的观点。以上问题的澄清为教师研究成果传播提供了可能，即阐明了为什么要传播教师研究成果，教师研究成果从何而来，传播哪些研究成果等基础性问题。在此基础上，本书审视了当前的教师教学知识传播路向，探索出了超越传统的新传播路向。传播路向的确立为传播过程奠定了基础，也提出了探析传播形式和传播路径的要求。根据传播学的基本原理，本书试图继续回答教师研究成果传播不同传播路径的区别与联系，教师为何要选择不同的传播途径传播研究成果，都产生什么样的效果等问题。

第一节 教师研究成果传播呈现方式分析

教师研究成果呈现是教师研究成果传播的前提，不同的呈现方式将通过不同传播途径传播，而传播途径的不同也限制着教师研究成果的类型和表征方式。根据前文分析，教师研究呈现方式分为内容和形式两个方面。教师研究成果呈现所具有的内容属性也即教师研究成果的类型。教师研究成果呈现所具有的形式属性也即教师研究成果的表征方式。

基于教师研究成果内容和形式的分析，教师基于三种传播路径所呈现的研究成果在清晰度和稳定性上具有明显差异。就清晰度而言，从面对面传播、网络传播到出版传播的呈现方式逐渐清晰；就稳定性来讲，从面对面传播、网络传播到出版传播的呈现方式越来越稳定。当然，对教师研究成果的不同分类会得到不同的结论。例如就教师研究成果中的结论性知识和过程性知识而言，结论性知识具有更高的稳定性和清晰度，因为结论性知识自成体系，结构比较稳定，又属于抽象概括的知识，能够让人准确地理解和解释。相对而言，过程性知识更多地指向如何做，而如何做本身与文本就是作为一种悖论而存在，因此如何做只有在做中才能深刻理解。又由于如何做的知识往往是随时可变的（达到目标的方法有千万种），故而相对而言，过程性知识的稳定性较低。从教师研究成果文本的正式程度和非正式程度上讲，正式的文本更具稳定性和清晰度。因为正式文本是经过作者精心思考，按照逻辑方式细致撰写而成，具有思维严密，表述清晰，易读好懂，相对稳定等特征，如论文、研究报告等。而非正式文本由于其形成过程具有随意性，也不注重逻辑，因此，其并不是系统的知识形态，故而清晰度就不高，理解起来不太容易，其稳定性也会随着研究成果实用价值的下降而逐渐淡出教师的视野。

教师研究成果呈现"形式"展现出的特性还与传播途径息息相关。如图7-1所示，通过整理编写出版的教师研究成果具有更高的清晰度。因为它是通过书面形式表达受众不熟悉的概念和见解。因此，教师出版的研究成果会出现在第一象限。此外，在教学中存在一些从未经过教师镌刻和陈述的发现性知识，形成了稳定的形式，这些知识有可能代表的是教师研究中的行动和实践，如教师的录像课，写出来的故事文本等会出现在第二象限。又如，教学实践中的故事（特别是教师在教学中比较成功的课例）的清晰度也不高，但是故事在不记录文本和对象的情况下，得到了流畅的传达，但是不具有稳定性，因此这类知识会出现在第三象限。第四象限主要想说明的是正式的演讲（指各种学术交流会等）如何体现其稳定性和清晰度。因为正式场合的演讲往往阐述的是教师想发表（出版）的正式文章的手稿（参会论文），因此其具有相当高的清晰度，故而可以在象限图的右边。然而它却出现在右下角，因为这毕竟是通过面对面交流来发表自己的成果，因此它是流动性的而非稳定性的。

基于对教师研究成果呈现方式的稳定性与清晰度分析，结合教师研究成果传播途径的特性，可以进一步得出如下结论（如图7-1）：以学术文

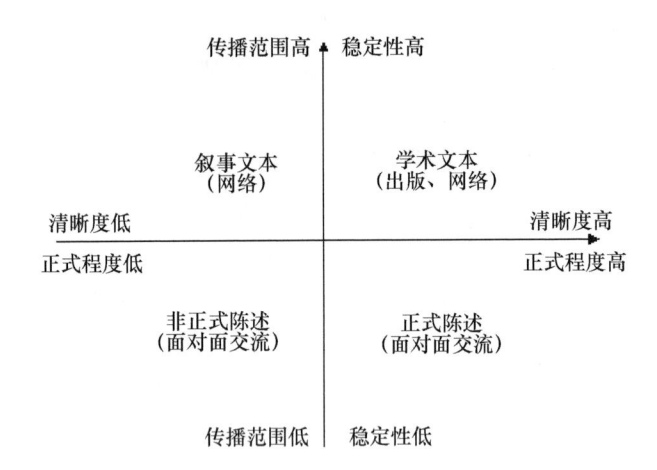

```
           传播范围高 ▲ 稳定性高
                    │
         叙事文本    │   学术文本
         （网络）    │  （出版、网络）
                    │
  清晰度低          │          清晰度高
 ─────────────────┼─────────────────
  正式程度低        │          正式程度高
                    │
         非正式陈述  │   正式陈述
        （面对面交流）│  （面对面交流）
                    │
           传播范围低 │ 稳定性低
```

图7-1　教师研究成果呈现方式属性及其与传播途径的关系

本形式为主的出版路径体现出较高正式程度和较广泛的传播范围，因此处于右上方。由于网络传播路径的便捷性和随意性，使其成为一种传播范围最广的传播路径，因此其处于上方，又因为网络传播具有正式和非正式的两重性，所以其分布在上方的左右两边。由于面对面交流需要在特定场域发表知识，传播范围非常有限，因此其处于下方，然而也因为面对面交流具有正式和非正式之分，所以面对面交流分布在下方的左右两个区域。总体而言，从面对面交流、出版到网络的传播范围越来越广，从网络、面对面交流到出版的正式程度越来越高。

第二节　教师研究成果传播过程差异分析

教师研究成果传播过程是呈现方式确立的后续步骤，也是将呈现方式与传播路径对接起来的重要环节。基于前文分析，教师研究成果呈现方式可用稳定性和清晰度两个概念作为分析框架，来确定其所指内涵与外延。例如以"语言"和"行动"为主的面对面传播稳定性较差，但具有可调试的清晰度，以"文字"为主的出版传播却具有较高的稳定性和清晰度，以电子化文本为主的网络传播综合了"语言""文字"和"图像"等不同信息传播载体，也具有较高的稳定性和清晰度。当然，无论教师选择何种方式来承载研究成果传播，又都在实践中不断探索其发展方式，并且不同传播信息的载体所指的稳定性与清晰度并非永恒不变,而是处于动态平衡的场域之中。正如前文图7-1所示,教师研究成果会在不同的象限之间相互变动。例如以行动为主的呈现方式也会逐渐地被中小学教师转化成书面成果,进而提升其稳定性;又如在同一象限之中,教师也可以通过单方面提高稳定性或者清晰度的方法来提升或降低某项成果的性质。例如在面对面传播之中,教师可以通过"重复表达""提高说话声音""创造具体的情景""借助具体教具"等方式来提高教师所需要表达的教学知识的清晰度,使受传教师(听课者)更容易理解。以上这些变化的可能性就是在教师研究成果传播的过程中发生。因此,教师研究成果传播过程将对教师研究成果属性产生重要的影响,具体如表7-1所示:

表7-1　　　　传播途径和信息载体对呈现方式的影响

传播途径	传播信息载体	稳定性(高—低)	清晰度(高—低)
面对面传播	语言(口语)、行动	低	动态
出版传播	文字(书面语)	高	高
网络传播	语言(口语)、文字、图像	动态	高

受不同呈现方式所决定的成果类型之影响,教师研究成果呈现方式和传播路径之间具有密切的关系。实际上,不同的成果类型将会被不同的传播路径过滤,并被选中输送到不同的传播渠道上。这就是传播学所谓的"导管效应"。意即教师会受到传播途径的严重影响,只能根据既定的研究成果传播路径(导管)公开研究成果。例如教师通过研究形成的书稿或者论文会选择在期刊或出版社出版;教师形成的教学叙事、教学日志、精彩教学实录等会通过网络传播或在一些报纸和实践类期刊发表;而教学视频、教师示范课、赛课等会通过面对面交流来传播,而平时教师口头上的故事陈述,常规的教学听课和评课也是通过面对面交流来完成。基于前文分析,一些具体的教师研究成果类型与传播途径的关系可用表7-2来表示:

表7-2　　　　成果呈现方式与传播路径的关系

教师研究成果类型(部分)	传播途径
书稿、论文	出版:学术期刊、出版社

续表

教师研究成果类型（部分）	传播途径
教学叙事、教学片段、教学反思	出版：实践期刊、报纸；网络：个人网站、官网、论坛
教学视频、示范课	出版：教学光盘；网络：个人网站、官网、论坛；面对面交流：听课
口头故事陈述、常规听、评课	面对面交流：正式或非正式交流、点评交流、讨论

从表格中可以看出，不同教师研究成果呈现方式将决定其可能选择的传播途径。例如教学视频、示范课、赛课、口头教学故事陈述等主要通过面对面交流来实现传播；书稿和论文主要通过出版来实现传播，叙事性文本主要通过网络来实现传播。但值得强调的是，教师研究成果类型与传播途径之间并非一一对应的关系，而是交互可变，根据实际需要而选择的。总之，根据不同教师研究成果呈现方式的属性，结合不同教师研究成果传播途径的各自特征，以及对3名案例教师的深入分析，笔者总结归纳了教师研究成果传播的3种途径的基本流程。

一 面对面传播流程

教师研究成果的面对面传播过程正如教学学术思想所指出的一样，是一个以教学为学术基础，承认"教学"作为学术成果并将其在行动中展示出来的过程。显然，这个过程需要在特定的环境——教学活动中完成（这里的教学环境是一个广义的概念，包括影响教学前、教学中和教学之后的一切情境）。在教学环境之中，教师的教学作为传播知识的学术，包含了传播者（授课教师）向受传者（学生）传播内容知识的过程。然而，鉴于本书探讨的是教师研究成果传播问题，因此研究者关注的是另一类受传者——其他教师。这里的"其他教师"可以指公开课上的听课教师，也可以指教师培训会上的听课教师，还可以指师徒交往中的"徒弟"。此外，在这个传播过程中还存在两种不同的知识形态，一种是内容性知识，即"教学什么"的知识，另一种是方法性知识，即"怎么教学"的知识。第一类受传者（学生）收获更多的是前一类知识，而第二类受传者（听课教师）则同时收获了两种不同的知识类型，其中又以后一类知识为主。当处于同一个情境下的教师相遇时，面对面交流就变得不可避免，这也是教师面对面传播区别于其他传播方式的独特之处。面对面传播可以及时得到同行教师（或专家）的"反馈"，以促进其教学发展。总体而言，教师研究成果面对面传播即是在一个共同的教学环境时空下，教师传播者发出关于内容和方法的知识信息，学生和其他教师作为信息接受者获得信息，并及时地将接受到的信息反馈给教师传播者的过程。教师研究成果面对面传播的基本流程，可用图7-2表示：

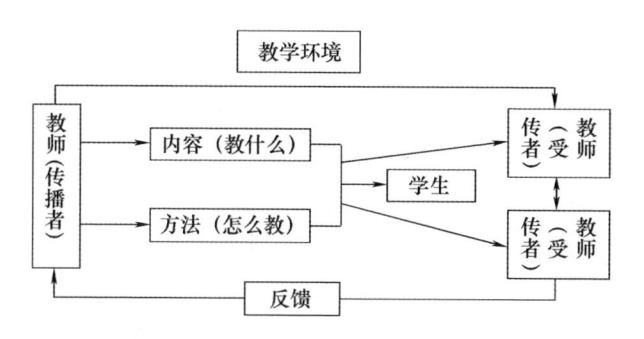

图7-2 教师研究成果面对面传播流程

二 出版传播流程

教师研究成果出版属于传统的传播范畴，但与一般意义上的出版传播又具有较大区别。出版具有知识理论化功能，这一点在教师研究成果出版传播上也不例外。但是就传播的逻辑起点而言，其与传统传播具有较大区别。教师研究成果的传播过程是一个"从个体知识走向公共知识"的过程，即并非简单的知识理论化过程，而是一个教师个体知识走向公共知识的转化过程。之所以这么认为是因为科学实践哲学认为知识原本是个体的，但可以通过传播使教师个体知识逐渐走向公共化和走向普遍适用的理论。因此，根据教学知识传播的"教学—学术"路向，其基本传播流程可用如图7-3所示。

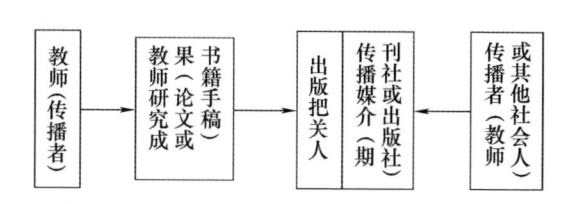

图7-3 教师研究成果出版传播流程

在教师研究成果出版过程中，中小学教师作为传播者，首先是从实践中产生研究成果，并将其通过个体升华，形成具有一定理论深度的论文或书籍手稿。接着是通过出版的一个极其重要的关口——出版把关人的审阅。能否通过把关人审阅是教师研究成果能否走向公开的重要环节。当然，教师在形成手稿的过程中，也会非常注意这一点，比如对出版知识的了解，对期刊出版物的偏好分析，形成与期刊风格一致的论文等。显然，只要能够通过出版把关人的审阅，手稿就能够进入期刊和出版社等传播媒介，最终顺利走向公开。接着是以教师为主的读者群对教师研究成果的主动接受。需要指出的是，教师通过出版传播研究成果不像面对面传播和网络传播一样，能够得到受传者的及时反馈。因此，在教师研究成果传播流程中，笔者没有特别探讨这种反馈及其产生的效果。

三　网络传播流程

前文探讨了教师网络传播的四种不同类型，分别为网络中的人际传播、群体传播、组织传播和大众传播。教师在网络中的人际传播主要通过即时聊天软件实现声像图文的互动与交流。教师在网络中的群体传播主要通过视频通信技术实现网络面对面交流或者通过某个群体组织发起的网站开展主题式讨论。教师在网络中的组织传播主要是指由政府部门等教育管理部门设置的网页上进行信息交流和成果发表，是有固定"会员"的教师研究成果网络分享方式。教师在网络中的大众传播则是指通过一些公用网站公开发表的教学研究成果，这是一种在不受限制的网络环境中任人浏览的成果传播形式。笔者认为无论何种形式的网络传播，都经历着如图7-4所示的传播过程。

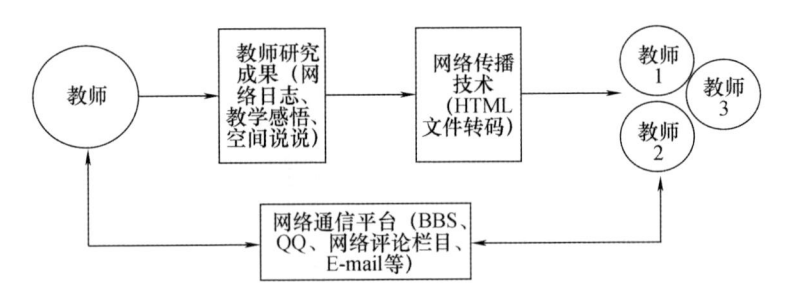

图7-4　教师研究成果网络传播流程

根据教师研究成果网络传播流程图可知，网络传播同样由传播者（教师）、传播内容、传播媒介和接收教师等要素组成。中小学教师作为网络传播中的传播者，会将自己的教学反思和教育叙事等文本形成电子稿，进而通过网络技术转码传输，发布在庞大的网络媒介之中。继而是接收者（教师）主动和自由地接受教师传播者发布的研究成果。最后是教师传播者和教师接收者之间通过网络社区交互平台、即时聊天软件等通信工具进行信息交流、反馈、发表评议和促成教师传播成果的修正与完善。需要指出的是这个传播流程只是教师研究成果网络传播基本过程的概括，其中还会有很多具体的变体和衍生方式，在此不一一列举。

第三节 教师研究成果传播影响因素分析

通过前文研究可知，不同教师会选择不同途径传播研究成果，但这是从传播学视角探讨教师研究成果传播的运行规律。除此之外，教师研究成果传播还受众多复杂的内外部因素影响。根据第二章指出的传播路径分析框架，结合对3名案例教师的分析，笔者得出如表7-3所示"教师传播途径选择及其影响因素"的对比分析表。通过对比分析发现，教师选择三种传播途径存在各自独特的原因，受制于不同的影响因素。就面对面传播而言，从外部条件上看，主要受环境氛围的影响。因而"情境"在教师面对面传播中起重要作用，而教师教学创造和展示能力、教学反思能力、参与教研共同体的程度将从更深层次上影响教师研究成果传播。就出版传播而言，从外部因素来看，期刊和出版社的"把关人"对教师能否出版起决定性作用，而教师所处群体的论文发表能力以及教师对出版传播的理解程度也对出版传播效用产生较大影响。从内在影响要素分析发现，教师的写作能力、理论修养、传播素养等是影响教师出版的根本因素。就网络传播而言，从外部条件上看，主要受网络"技术"和资源影响，例如较为先进的网络传播平台，较为完善的网络管理制度等。另外教师适当掌握网络话语方式和懂得进入网络交流场域的方法也是重要的影响因素。从内部要素分析来看，教师具有创新性网络思维，一定的话语表达欲望，研究成果的自觉分享能力等是影响网络传播的根本原因。从更为深层次和更上位的层面思考发现，在根源上影响三种传播途径的因素在于文化、知识、技术的差异。

表7-3　　　　　　　　教师传播途径选择及其影响因素

传播途径	教师	外因	内因
面对面传播	A教师	学术生态圈，教研共同体，学校制度文化，研究场所等	教学创造与展示能力，教学反思能力和教学共同体融入能力等
出版传播	B教师	把关人效应，论文发表氛围，对出版传播的了解程度等	写作能力，出版素养，理论修养等
网络传播	C教师	网络管理制度，网络交流平台，学术对话场域，网络学术话语体系等	互联网思维，心理需求，交流机会，分享自觉意识等

"文化场"是影响教师研究成果面对面传播的核心要素。笔者认为教师研究成果传播是一种文化现象，甚至可以认为教师面对面传播就是一种文化存在。这种文化现象体现为一种文化心理场的存在与利用。由于教师的核心任务在教学，教学本身具有差异性和复杂性，仅仅通过教师体认来实践教学完满是不可能的，因此集成智慧成为教师教学的文化心理需要。这种文化心理需要具体体现为对教学无知的恐惧和对教师教学经验交流的天然需求。面对面传播是这种心理需求的可能满足路径，也正是因为这种需求引发着教师的教学创造力，教学共同体形成和教学反思习惯养成。因此，有这样一种心理场的存在为教师面对面交流文化场的形成奠定了内生基础。教师研究成果面对面传播作为一种文化存在还体现对情境和环境的外生逻辑需求。因为面对面交流必须是"在场"的沟通，是一种以口语为载体的"认识交换"，这种交换必须通过"对话"和"交换"来发生。然而这些要求如果没有"文化场"是无法实现的。比如教师所在学校是否具有相互交流的传统（开展教学研讨会不会被认为是无用的），如何看待交流的价值，是否有交流的条件等都将会形成根深蒂固的文化场域。如果教师处于一个不重视交流的文化场之中，交流的心理需要和交流的专业需求都将会被抹杀在摇篮之中。

"知识观"是影响教师研究成果出版传播的核心要素。无论影响教师研究成果出版的内外因素多么复杂，其根源在于教师内在的"知识观"差异。因为出版传播是一种传统的传播方式，其独特之处在"立言"而非"立说"，而"立言"正是众多文人的"远大理想"。教师作为知识分子，同样具有理论知识出版倾向。在当前出版（发表）极其不容易的情况下，中小学教师之所以仍然选择出版传播方式来发表自己的研究成果，其根源就在于整个社会对理论知识的崇拜，对"真理"的高度认同。以至于教师一面承认自己的教师研究成果是来源于实践的、个体的、可及的、交互的和有效的知识，一面又歇斯底里地想要促成这种知识的客观化、真理化和公共化。所以选择出版的教师会不断地去提升自己的理论修养，费尽心思的去冲破"把关人"的束缚，努力使自己走进掌握高深学问的人群之中。当然，中小学教师的理论知识观及其出版传播现象的存在也是一种突破理论与实践界限，促进两大阵营的融合与发展的有效途径。因此，笔者并不认为新的实践知识观的提出是要去匡正和挽救受传统知识观"毒害"的教师，而是认为实践知识观应该对传统知识观进行必要的继承和超越，从最根源处促成教师研究成果传播与教师专业发展相得益彰的局面。

"技术规则"是影响教师研究成果网络传播的核心要素。从价值维度来讲，教师选择网络传播的原因在于解放内心的分享欲望，实现专业高度自觉。然而教师的这个梦想与追求受到"技术规则"的严重限制。技术规则指向运用经验、知识和技能于事务之中的一套法则，其积极肯定"工具"的有用性，追求事物发展的"效率"和"功用"。就网络传播而言，如果没有网络技术的存在，没有互联网信息交互平台的建立，教师的自由交往愿望就会受到压制，最终又返回到面对面或出版传播的话语公开方式上去。因此，教师为了满足内心的职业渴望和自由诉求，为了让更多的教师参与网络分享的命运共同体之中，都积极地把网络技术规则的掌握作为晋升入自由言语世界的有效工具。久而久之，技术规则和工具理论法则成为影响教师网络传播和选择网络传播的价值依据，并深入地影响教师的日常教学分享行为和价值观念。当然，有了网络技术规则的支撑，并不能将教师完全推向成果的网络传播通道之中。而事实又表明教师通过网络传播研究成果是有效与合理的，其关键就在于技术规则伴随着教师这个主体发生了传播实践。这种传播实践是教师合目的的实践活动，是与以技术规则为基础和教师职业追求的价值理性相结合的产物。因此，教师为了促成自己和他人进步的研究成果网络分享，作为一种高尚的价值追求，其在本质上受技术规则支配。

第四节 教师研究成果传播价值诉求分析

教师研究成果传播是一种合目的的教育行为，有其深刻的理论源泉。

从教师研究发展历程来看，教师研究成果传播有必要走向公开，使实践指导实践成为可能。从教学学术视角来看，教师研究成果传播是完成教师研究成果"公开"的必要步骤，是将教师研究上升到学术高度的重要方法。从实践认识论角度来看，作为个体的实践知识走向作为公共的理论知识，使其以大众可及的方式充分交互，形成对实践的效用显得非常重要，而教师研究成果传播为这种追求提供了可能。从具体的实际案例来看，选择不同的传播途径，也存在不同的价值取向和传播诉求，具体如表7-4所示：

表7-4　　　　　　　　教师研究成果传播的价值倾向

传播途径	案例教师	价值诉求
面对面传播	A教师	教师个体发展，交流实践知识，推动学校整体发展
出版传播	B教师	职称评定，课题结题，教学内生需求，学校发展
网络传播	C教师	体验认知存在，精神追求，话语权利追求，对话机会寻求

就教师的面对面传播而言，其内在价值诉求在于促成教师个体专业发展，充分交流教师实践性知识，推动学校整体发展。就教师出版传播而言，其价值诉求在于满足外在的职称评定需要，课题结题需要和教学发展需要；现实表明教师选择出版传播更多出于外在需求而非内在本质需求。就教师网络传播而言，主要体现为内在价值诉求而少了许多"功利"取向，例如教师为了体验认知存在的回归，追求个体教研精神，追寻相对自由的话语权利和平等的学术对话机会等。中小学教师采用三种不同传播途径具有各自不同的价值取向表征，第四章、第五章、第六章以及如上所述是对教师直接体现出的成果传播的价值诉求分析。深入思考会发现，教师选择不同传播途径发表成果存在着不同的价值倾向。归结起来，主要有"实用"价值取向，"功利"价值取向和"人本"价值取向。

教师研究成果面对面传播体现为"实用"价值取向。"实用"价值取向是一种为了自我和他者成长的追求，其并不关照实践认识活动的客观性和真理性，而只关心对自己或者对第三者是否有效和有用的问题。中小学教师之所以会选择面对面传播途径来公开自己的研究成果，实际上体现的就是一种实用倾向的价值追求。例如中小学教师开展的示范课活动，其最直接的目的就是为了教会其他教师如何教学，促进学校教师的专业发展。在教师的示范课展示中，采用什么样的方法，是否符合真理知识观等并不是教师所关心的问题。而对一堂好的示范课上得是否成功的标准也在于这是不是教师的原创，能不能让其他教师感受到教学的激情，是否促使其他教师去思考和有所收获等。前文分析也表明，教师通过面对面传播的研究成果多为实践性知识，实践性知识是一种个体的、可及的、交互的和有效的存在。因此，教师传播这种形式的知识需要通过个体去行动和反思，需要与他者发生交互，需要促使这类知识发挥效用。故而从根本上讲，选择面对面传播方式本身就决定了其"实用"价值取向的存在。正如表 7-4 所展示的，教师面对面传播研究成果所追求的个体专业发展，实践知识交流，学校整体发展都是站在一个较高的层次上去看待知识传播问题，也都是从为了第三者发展的"实用"立场去开展各种传播活动。

教师研究成果出版传播体现为"功利"价值取向。"功利"价值取向是一种"正当"的追求，且这种追求首先是为了个体的，指向的是伦理道德的范畴。其与"实用"价值取向的主要区别在于，"实用"价值取向指向的首先是他者并与个体同在，而"功利"主义价值取向则首先是一种满足个体的行为。教师研究成果出版传播是一种"功利"主义价值取向。在现实教育情境中，中小学教师最初都是通过出版来传播自己的研究成果。例如 A 教师、B 教师和 C 教师在最初都体现为功利化的成果出版倾向，这种倾向源于对教师本身的生存环境、对教育教学的理解程度，并与专业自觉能力有密切关系。例如教师职称评定必须发表相应的论文，课题结题需要出版成果，教师个人教学发展也需要出版的成果作为支撑等。这些外部环境推动教师选择出版传播成果，而这些方式也成为教师出版传播走向功利的根源。但案例研究发现，B 教师持续选择出版传播，并通过这种途径获得了专业发展。原因在于她的传播行为已经超越了出版传播本身所固有的功利取向，是在挑战传统意义上的质的飞跃。换言之，如果说 B 教师最初从实践得来的认识是个体的和情境的，但这些认识经过系统的思考和实践的验证后，进一步将其形成合逻辑的教学知识，通过期刊或出版社出版传播出去，那么这个过程就超越了个体的功利追求本身，而转化为一种对公共的责任和对功利的超越。

教师网络传播体现为"人本"价值取向。"人本"价值取向强调人在行为事件中的决定作用，认为人本身应该为自己的行为负责，并认为每个人都是有自由意志的，有能力决定自己的行为和自己的目的，并特别强调以人为本的理念。总之这是一种彰显个性的价值取向，其既不像"实用"

价值取向那样去寻求能够满足自己和他者的知识,也不像"功利"价值取向那样过于受到外部条件的控制与限制。正如对 C 教师研究成果网络传播价值取向分析所展示的一样,其之所以选择网络传播在于体现自己的认识,并彰显自己的存在,在于建立自己的精神栖息之所,在于争取自己的话语权利,还在于实现与他者的对话,彰显自己的个人存在和自由意义。具体而言,如 C 教师作为一名年轻教师,其在学校整个教师队伍之中并没有过多的发言权,但是她却在网络中找到这种可以自由言说的机会。实际上,C 教师在网络上分享自己的研究成果并没有追求回报,而首先是为了寻找自由言语的机会。当然,C 教师网络传播行为的发展在满足了自己内心自由寻求的基础上,还实现了其附带的知识价值——其他教师能够学习她的教学方法。并且随着教师评价制度的改变,C 教师的网络传播将会得到一定的认可和赞扬。无论如何,教师网络传播是一种自觉自愿的行为,它没有"稿费"只有"点赞",没有"掌声"只有客观公正的"评论"。也正是这种价值取向,促成了教师自觉的专业发展。

总之,三种传播途径都能有效促进教师专业发展。教师专业发展是教师研究中的重要议题。如何促成教师专业发展存在不同的路径和方式。从对教师研究成果传播途径的研究来看,无疑这也是一条促进整体教师专业发展的有效路径。从研究程序上来讲,本书选择的 3 名教师都至少在其学校范围内属于优秀教师,进而研究者考察了 3 名教师采用不同传播方式实现专业发展的历程。这里实际上设计了一个研究前设,即这些教师为何会如此优秀却有着不同的成果传播经历?那么从相反的视角来思考,则表明了三种传播途径对教师专业发展的有效作用。因此本案例研究表明,出版并不是教师研究成果传播的唯一方式,教师可以通过不同的传播途径获得专业发展。在传统知识观指引下,发表论文成为教师职称评定和教师专业发展的重要指标,甚至是唯一指标。教师习惯地认为专家型教师都是通过多年的教学积累和丰富的论文或著作等出版成果来成就自己的专业发展。本书表明事实并非如此。虽然研究成果仍然是评价教师专业发展程度的重要指标,然而关于"什么成果?如何传播?"的问题解决上却存在不同的解决办法。如表 7-5 所示,A 教师形成优秀的教学并通过面对面传播(主要体现为上公开课)成就了自己的专业发展;B 教师形成论文手稿并通过出版传播(主要体现为发表论文)成就了自己的专业发展;C 教师形成网络叙事并通过网络传播(主要体现为网络日志)成就了自己的专业发展。

表7-5　　　　　　　　　教师传播途径与专业发展现状

教师	传播途径	教师成果传播现状	专业发展现状
A教师	面对面传播	30余堂好课，12节微课视频，10余场校外报告	高级教师，区级教学名师，骨干教师
B教师	出版传播	有教学日记6本，诗集2本，学术论文10余篇	高级教师，区级教学名师，骨干教师
C教师	网络传播	QQ空间日志114篇和"说说"1876条，论坛社区发表文章59篇，朋友圈发表动态1300余条	中级教师，区级教学名师，骨干教师

第八章 结论与启示

教师研究成果传播是教学研究领域的重要议题，其涉及教师教育、教学知识和学术传播等领域。本书借助传播学的分析框架，以教学学术思想和实践性知识理论为基础，阐明了教师研究成果传播的应然传播路向，认为教师研究成果传播应该改变传统的传播路向，走向"教学—学术"式的教学知识传播新路向；还辨明了教师研究成果作为实践性知识的检验标准，认为教师研究成果是来源于实践的认识，具有实践性知识的特性，其具有区别于理论性知识的独特检验标准，即只有属于个体的、交互的、可及的和有效的知识才能称得上教师研究成果，并认为教师研究成果传播过程实际上是教师个体知识走向公共的过程。此外本书还根据前面两个结论和传播学分析框架，得出了教师研究成果传播的三种不同传播途径的理论划分框架，并通过个案研究的方法检验了教师采用三种不同传播路径的内在机理和外在影响因素。采用"解剖麻雀"式的个案研究方法对教师研究成果传播不同途径的分析，是为了探析不同教师选择不同传播路径传播研究成果的差异性根源，并总结归纳相应的结论，得出对教师研究者、教育理论研究者和教育管理者相应的建议。

第一节 研究结论

正如本书研究缘起所提出的，以文字的形式通过论文、书籍来发表与传播虽然是一种办法，但由于教师所做的研究与学者所做的研究在目的、方法等方面不同，其成果的呈现、传播也应当有别。因而，论文、著作不是他们有效交流研究成果的唯一途径或主要途径。基于研究缘起提出的现实问题，本书提出了教师如何传播研究成果这一核心问题？具体问题包括教师研究成果传播如何可能？教师研究成果传播是否存在不同的途径？教师为何选择不同的传播路径传播研究成果？通过理论研究和实证个案研究，最后通过交叉分析的方法试图对这些问题做出回答，并总结形成如下研究结论：

一 教师研究成果传播存在多种途径

实证研究表明，教师研究成果传播存在多种传播途径，论文和书籍并非教师研究成果传播的唯一途径。从教师研究成果传播途径的应然分析到实然考察，从理论的推理到案例考证，从传播途径发现到对不同传播路径研究，并以具体案例为验证材料，通过目的抽样方法，以 A 教师、B 教师、C 教师为例的实然考察表明，教师研究成果传播存在三种不同途径：面对面传播、出版传播和网络传播。面对面交流传播是借助一定的空间，以"口头语言"为主，以"手势语言"和"面部语言"为辅，将教师的研究成果传播给受众的过程。出版传播是指狭义上的书籍、论文等形式的成果传播。出版作为教师传播研究成果的一种途径，最大特征在于受"把关人"主导，即所有需要出版的研究成果都需要编辑、编审等相关出版人员筛选和过滤才能传播出去。网络传播是教师研究成果传播新途径，它允许教师将研究成果以文本、图像或视频等多种方式在网络上公开和交流。这种传播途径展现其他两种途径所不具备的独特传播形式、传播特征和传播功能。总体而言，三种传播路径具体特征和功能上也显示出不同之处，具体如表 8-1 所示。例如与网络传播比较而言，面对面传播由于处于具体的情境之中，有利于感情的交流，利于教师缄默知识的获得。而网络传播依靠虚拟的网络环境交流信息，其真实性和准确性常常受到质疑，但是网络传播方便快捷，交流效率较高，且网络传播可能会弥补面对面传播过程中所缺少的"碍于情面"而不好言说的真实知识。出版传播由于出版要求较高，在知识的普遍性和权威性上具有较大优势，然而却并不一定利于他人理解，无法在真实情景中感悟和亲身体会。

表 8-1　　　　　　　　三种发表路径的优缺点比较

传播途径	优点	不足
面对面传播	便于理解，易于情感交流，有利于教师研究成果的模仿、借鉴和转化	时空局限性，受经费开支限制，易流于形式

续表

传播途径	优点	不足
网络传播	便于发表和交流，路径多样，提高教师研究的积极性，能够快速提供教师研究的能力和影响力，及时的反馈，成本较低	缺乏真实性、有效性，质量不高，缺乏情感交流
出版传播	便于携带，不受时空限制，传播范围广泛，学习便利，便于阅读，知识权威，利于保存，理论导向和信息导向	出版周期长，路径单一，要求较高，参与人数少

二 教师应选择适宜的途径传播研究成果

教师个体的实践性知识一旦突破传播障碍与相关路径相连，知识就处于传播之中了，但通过不同的路径传播就会有不同的受众，产生不同影响。因此不同教师应选择适宜的传播途径发表研究成果。例如，B教师发表在刊物上的研究成果就能够很快的到达整个刊物的读者群，不仅如此，这些发表在刊物上的成果还会被转载和引用，扩大受众面。然而，C教师却选择网络传播方式传播研究成果。尽管网络可以提供高效的信息沟通，但出版可以为知识的延伸在时间和空间上提供更多的可能性，故而某些类型的教师研究者只能选择适合自己的某种传播路径。但是可以肯定的是当前的教师大多积极的做出自己的选择来分享他们的成果。教师研究者可以在相同的路径传播不同形式的知识。如B教师发表在理论刊物上的学术文章很受欢迎，C教师在自己的微博发表教学反思，点击率也非常高。有些教师通过图像化表达，有些教师通过书面表达，还有些教师通过教学来表达自己的学术思想。教师研究者也能通过自己的角色类型和人际网络来做好自己的经纪人并把握好自己的边界，进而做出正确的传播路径选择。显然，教师的这些选择不是毫无根据的。他们根据自己的研究目标做出选择；他们对受众的需求和兴趣做出选择；他们明确的希望选择符合自己个性的传播路径传播他们的成果；他们会注意与自己的研究成果相关的传播路径标准和要求。教师的各种研究成果按其各自特点，以及各种发表路径的特征，应当选择相互对应的发表路径。例如教学反思作为一种文本路径，其更方便在网络上进行呈现，并可以得到网友同行的即时认可和提供改进意见；但是通过常年积累形成的教学反思，又可以通过出版书籍来实现更大范围的推广和永久的保存。再比如示范课作为一种高级专业教师或优秀骨干教师的研究成果，更适用于面对面地展示给教师同行。因此，根据不同成果类型，适当地选择相应的发表路径能够使教师研究成果发挥更大的效用。

三 教师研究成果传播受多种不同因素影响

研究表明不同教师采用不同传播途径传播研究成果受多种不同因素的影响。个案研究发现，A 教师由于善于表达，具有较为开放的话语表达空间，校长决策上倾向于推出能够上台讲课的教师等因素，从而选择了面对面传播的方式来分享自己的研究成果。可见 A 小学既有的学校文化环境对 A 教师的成长产生了重要影响，例如较好的优质课展示制度，和谐的教研共同体，较为完善的教学学术生态等对 A 教师选择面对面传播研究成果具有积极影响。A 教师开展的影响整个学校课程与教学改革的口风琴教学，则对 A 小学教研文化的形成，对教师实践知识的公开与分享，以及对通过教师研究及其成果传播来促成的专业发展风气和氛围的形成都具有积极意义。并且 A 小学较为重视教学比赛，注重教学质量，教师之间具有较强的教学发展意识，这些也深刻影响着 A 教师的成果传播与专业成长。B 教师由于擅长文字写作，具有过硬的文字表达能力和出版传播素养，且所在学校具有浓厚的论文发表氛围和完善的出版奖励制度，从而选择了出版传播的方式来分享自己的研究成果。又由于 B 小学校长在写作方面的偏好，催生了 B 教师乃至全校教师对论文和书籍出版的热情。C 教师由于擅长计算机技术，且具备接受新事物的新思维和自由表达需求，其所在学校也有相对成熟的网络交流平台和学术对话氛围，于是选择网络传播来分享研究成果。C 教师还基于网络技术基础和学校网络设备丰富的优势，积极引领学校教师形成了浓厚的网络教研氛围，通过网络技术引进方式，积极促成了教师网络教研交流习惯，形成了通过网络传播促进学校教师专业发展的良好局面。总之，不同教师选择不同类型的传播路径存在不同的外在动力因素和内部生成因素，不是凭空设想，任意而为的。这也表明教师要想成功实现研究成果传播，应该审时度势，认真分析自身条件和所处的生存环境，选择适合自己的方式传播研究成果。

四 教师研究成果有效传播能够促进教师专业发展

教师研究成果传播能够有效促进教师专业发展，这个过程是教师通过自身实现专业知识发展的过程。显然，如果认为教师研究成果传播过程是教师知识公共化过程，那么这个过程同时也是教师个体知识专业化的过程。由于教师源于实践的知识属于教师个体，而教师将这种知识公共化的过程中，并没有遗失和抛弃这种知识，相反，是在传播并接受公开评议之后，进一步在教师内心得到升华。因此可以认为教师研究成果传播过程是教师个体知识公共化的过程，同时也是教师专业发展的有效过程。或许有学者会质疑这种知识转化过程的必要性和有效性，甚至会质疑教师研究过程本身的科学性问题。然而正如实用主义所提出的，无论教师研究成果过程如何，其至少促成了教师的专业发展，而3名案例教师的成长过程就是很好的证明。再则学者们之所以有这样的质疑，主要在于知识观的差异，而本书在实践性知识检验标准上大费文墨也是为了辨析和回应这种顾虑，相对案例教师所在学校的其他教师，例如A教师所带的几位徒弟的成长，B教师对整个学校教师专业发展的激发，C教师通过网络来带动整个学校教师的研究热潮都表明，从实践得来的教师个体知识公开的必要和专业化的可能性。当然，在这里强调教师个体源于实践的知识走向公共知识领域的重要性和促进教师专业发展的价值，并不否认"专家研究"的价值，更没有无视教学理论知识的武断想法。诚然，理论研究和实践研究都是必不可少的教学研究。甚至必须承认，教师研究必然是基于一定的教学理论而开展的，但是由于教师研究成果传播的受众是广大中小学一线教师，基于受众需求考虑，教师在传播研究成果过程中，会更多地关注研究成果的实用价值，因而偏重于实践类知识的传播。例如关于A教师的口风琴教学，其他教师的兴趣点在于A教师如何在课堂教学中实践操作，而并不关心A教师成功的教学法背后所依据的教学理论是什么。当然，如果中小学教师仅仅将知识停留在个人如何做这个层面，就很容易限制教师专业的进一步发展，因此主张教师研究成果传播是实现教师个体知识走向公共的重要环节。这个环节的完成也是促成教师个体知识飞跃的过程。教师个体知识步入公共视野，能够发挥其对教师专业发展和教学论学科发展与理论同等重要的价值。这就是教师研究成果传播的根本意义所在。

第二节 研究启示

教师在传播研究成果过程中，大致经历着传播成果的呈现，传播路径的选择和传播受众反馈三个基本过程。因此，本章将讨论教师通过不同路径传播研究成果之后，传播者和受传播者所发生的变化（传播反馈）问题。这里的传播反馈与"传播效果"有一定区别。本书讨论传播反馈实际上讨论的是教师研究成果被传播之后，受传播者如何受传播内容影响的问题。故而研究者在此主要讨论不同群体在接收传播内容之后是如何受影响和如何应对的问题。这实际上也是基于本书的讨论结果的一些建议。

一 对教师研究者的启示

以A、B、C这三名案例教师为依托对教师研究成果三种传播路径的嵌入式分析得知，不同的传播路径具有不同的呈现方式、不同的路径选择、不同的影响因素和不同的促成策略。正因为三者存在差异，才成就了三位教师不同的传播风格，产生了不同的传播效果。言及传播效果，就不得不考虑受传播者（受众）问题。就主体而言，教师在传播研究成果过程中，面对不同的传播对象，将产生不同的影响。而与教师研究成果传播者身份相同的其他教师研究者是首要传播对象，也是受众面最广的一个群体。概言之，某一教师传播出来的教师研究成果对其他教师产生着重要影响。在此，研究者主要讨论的是根据研究成果传播路径的不同而形成的对教师的不同影响。

（一）教师个体知识传播应适于他者实践

教师在接收和转化来源于同行教师研究者的研究成果时，首要问题是适应性问题。由于教师研究成果主要以实践性知识为存在形式，这种知识是个体的、可及的、交互的存在，其前提是存在于"情境中"。因此在特定情境中产生知识也就成为教师研究成果的一个重要特性。知识的情境性存在使得知识的普遍适用成为难题。在研究成果传播过程中，这个特征成为受众理解、接受和转化的重要障碍。因此，教师个体知识如何适应他者实践成为核心问题。无论是教师的面对面传播、出版传播还是网络传播，都将面临如何将这种知识有效地转化，为别的教师所用。在访谈中笔者也发现，教师常常关注一个重要的问题"他说的我用得着吗？"如在与三名案例教师的访谈中都谈到这个问题：

A教师同事1：在听取别的教师的报告时，总是觉得他的东西有些不切合我们的实际。有时候想学习他们的一些做法，但是按照他们

的做法出来的却又没有他们的好，可能是我的理解也存在一定问题。（2015/10/16）

　　B教师同事2：在阅读她（B教师）的一些文章，首先是非常佩服她的思维和写作能力，但是如果真要用他们写出来的一些方法，还是需要我们自己去转化一下，需要结合自己的情况来重新设计，不可能是照抄和照搬，那样肯定行不通。（2015/10/22）

　　C教师同事2：我常常在网络看她的东西（C教师），觉得她写的东西非常有趣。有时候我也照着她说的案例做过。比如她尝试的一个主题班会活动，她写出来，发表在她的QQ空间，我认真看了。后边还有很多人评论，有些人提出了更好的建议，于是我就结合这些评论，适当地改动了一下方法，在我自己的班级开展类似的活动，感觉效果还是非常不错。我个人感觉学习别的教师的东西，一定要注意的一个问题就是要懂得因地制宜，做适当的改动，不可能是原来教师的照搬，那样往往得不到良好效果。（2015/10/29）

　　从上述可知，其他教师在吸收和转化运用来源于同行教师研究成果时，显然面临着适应性的挑战。针对这一挑战，作为传播者的教师研究者以及作为被传播者的教师都做出了相应的应对，从而保证了教师研究成果的顺利传播。

　　首先，在面对面传播过程中，教师研究者在传播实践性知识过程中，除了采用不同的呈现策略，除了利用隐喻、比较的方法之外，还采用一些现场性的方法。例如最明显的方法就是通过"重复"来强调重要的或不容忽视的知识点，传播者将通过这种方法来提升教师传播的效果；又例如教师传播者还通过"提高音量，降低声音，变化音调"等方式来吸引受传播者的注意，进而保证研究成果的传播顺利展开。这些方法保证了受传播教师理解研究成果的程度以及准确率。然而，从受传播教师的角度来讲，在面对面传播过程中，能接收和准确地理解多少，则跟接受者个体有直接关联。关于接受者面对面传播的研究成果转化效率问题，多数教师认为，相对于出版传播和网络传播而言，面对面传播更能够深刻地促使教师理解教师传播者的真实意图。如研究者访谈的15名教师中，有12名教师认为，在面对面传播过程中能更深刻地理解研究成果的真实内涵。研究者认为，之所以产生这种现象是因为，面对面传播是在真实的情景中进行，由于教师研究成果来源于真实情景,教师能够身历其境,切身体会"只可意会不可言传"的隐性知识。受传播教师将这种体悟来的知识,通过反思和智慧的应用于自己的教学情景中,进而使"得来"的教师研究成果发挥真正的价值。这是教师接收教师研究成果的基本形式,也是一般转化原理。

其次,在出版传播过程中,虽然文字的表达使得实践性知识暂时脱离了教学情景,但是也可以通过传播者的"精心描述"和受传播者的"合理想象"来实现理解。研究发现,教师研究成果通过出版传播实际上是实践性知识"脱域"的过程。这里的"脱域"是指脱离实际境遇,暂时远离事情发生的特定情景。这个"脱域"的过程即教师传播者文字呈现的过程,通过文字的呈现,将研究成果转化为可以普遍传播的"符号"和"信息"。为了能够使接受者更加清晰地理解教师传播者所表达的知识,传播者常常会采用"叙事"的方式来还原真实的教学或研究场景,其成果也多为叙事性成果。例如 B 教师所形成的一些论文和著作,特别是论文,其在写作过程中考虑了"实践语言"的习惯性,尽量做到浅显易懂而又不落俗套。在内容编撰过程中,也多使用教师实际教学案例为辅助材料,进而达到让受传教师轻松理解的目的。

就教师接受者方面而言,存在教师传播者"精细描述"基础上的"合理想象"过程。由于接受者是通过文字阅读来理解教师的实践性知识,这势必需要适当的想象力来还原教师研究成果产生的真实情景以完成理解。然而这种还原又难以像面对面传播那样无障碍"回放"情景,因此只能通过接受者的"合理想象"来实现"情景再现"进而增强理解。例如,在与 B 教师的同事 1 交流过程中了解到:

B 教师同事 1:我更加乐意去看我们同行教师发表的一些论文,特别是我们学校自己的教师发的文章。因为,看别的教师发的文章比较难懂,而且很难想象他写得东西所发生的真实场景是什么样的。看自己认识的教师的论文,就相对比较熟悉,而且我通常喜欢通过看别的教师的文章来想象他当时是怎么做的。这样的话,自己认识的教师,特别是自己学校的教师写的东西我更能够去想象具体的发生场景,进而理解其真正的写作意图和操作过程。(2015/10/23)

为了进一步证明这位教师所说的"想象"文字资料的过程,笔者继续访谈了另外一位教师,他的回答再次证明了这种"合理想象"的存在。

  B教师的同事2:他(B教师的同事1)说的这种情况,在我身上也经常发生,我不太喜欢看太高深的理论,而比较喜欢读一线同行的教师的出版的作品。因为他们的东西跟我的生活更加接近。在阅读过程中,确实会存在一个他说的"想象"过程,特别是读到自己熟悉的教师的文章时,我就会还原那个教师所写的东西的真实情景,特别好理解。(2015/10/23)

  由此可见,教师在阅读出版的教师研究成果过程中,更多的是通过"想象"来实现对原本情境的理解。然而想象并不是受众教师接受教师研究成果的终结,他还存在一个"二次嵌入"问题。所谓"二次嵌入"就是指教师在接收了传播者的研究成果之后,会将这种得来的知识再次应用于自己的相类似的教学情景之中的过程。教师研究成果接受者的"二次嵌入"就是实践指导实践的过程,就将实践得来的知识应用于实践的具体体现。

  再次,在网络传播过程中,教师研究成果在他者实践过程中同样需要面对适应性问题。网络传播区别于面对面传播和出版传播,是现代信息科技发展的产物。这种新的传播方式应用于教师研究中,必然产生与另外两种传播路径不同的效果。网络文本介于面对面传播的口语化表达和出版物的文字化表达之间。通过网络传播的研究成果既没有出版物那么难以理解,也没有面对面传播那么直接简便。网络传播的研究成果相比较而言更加随意,既是教师传播者真实的实践的表达,也是实践反思的再现,是一种"夹叙夹议"的呈现方式。第六章已经清晰地论述了教师网络传播内容呈现的基本形式和表达要求。在此仅就教师传播者是如何做到更加适应受传者需求进而使"我的知识"适应"他"的一些方法。通过跟踪调查和对部分教师(特别是C教师)网络传播研究成果的分析,并伴随着间断性访谈,笔者发现教师在上传研究成果前都会考虑受众的适应性问题。教师传播者会有"传播意义"的价值前设,即教师会考虑自己传播到网上去的东西在形式上有没有意义,有没有人会去看,能不能吸引别人的注意等;在内容上对别人是否有帮助,内容本身是否有趣,是否新奇等。这些因素都是教师上传自己的研究成果时所考虑的问题。例如在标题上下功夫是非常重要的。正如一位教师所谈到的：

> C教师同事1：我在网络上看其他教师写的东西，首先就是看标题，标题不能吸引我，我就不看了。因为网络上的东西实在是太多了，而且非常零散，我不可能每一篇都看，这是绝对忙不过来的，也看不了那么多。当然，要是自己熟悉的教师，会认真多看几眼，写得好的就继续往下看，写不好的就不看了。（2015/10/29）

C教师的这位同事的观点充分说明了网络文本在传播过程中的随便化和爆炸性，最重要的是点明了教师在传播自己的研究成果时，必须考虑到"能够传播的可能性"。

教师传播者充分考虑传播可能性就是考虑成果的适应性问题，传播可能性某种程度上决定能不能适应的问题。此外，教师研究成果的网络传播同样经历着从脱离情境到受众教师的二次吸收和嵌入情境的过程。如果说教师传播者考虑传播的可能是适应性的前提，那么受众教师的二次吸收与转化就是研究成果能够发生效用的关键。由于网络是一个开放的平台，具有信息的延异性、开放性和碎片化等特征，因而决定了受传播者是自由的成果获得者，也是主动的成果获得者。自由、主动的获得研究成果并利用成果就需要受众教师充分发挥自己的主观能动性。在考虑适应性的前提下，教师常常会积极主动浏览"对自己有用的"研究成果，选择适合自己情况的研究成果。因此，在网络传播中，教师个体知识的他者实践适应性问题更多的是由受众教师到网络中寻求，教师传播者只能尽量展现真实的情境性知识，而能否适应则更多的在于受传者的主动获取。

（二）教师研究成果呈现方式应适于传播途径

前文分析了"教学—学术"传播模式是一个教师既是传播者又是受传者的传播模式。因此，教师研究成果传播于教师群体而言是一个相互作用、相互影响的过程。在教师研究成果传播过程中，无论是研究成果的前期内容呈现，还是后期的内容转化与应用，都涉及传播者和受传者双方，受两方面影响。就教师研究成果呈现阶段而言，不同教师可能选择不同的呈现方式，而教师选择什么样的呈现方式将决定着受众获得什么样的知识形态。因此，教师在应用三种传播路径传播研究成果过程中应注意几个问题：

1. 教师应根据个人特点呈现研究成果

在对教师三种研究成果传播路径的分析过程中发现，A、B、C3名教师分别呈现出不同的研究成果呈现方式。由于，本书是通过目的抽样来确立3名案例教师的，故而其各自特点存在较大差异。从3名教师的呈现研究成果的不同经历，再结合各位教师性格特征的差异分析，本书认为不同教师应根据自己的不同特点呈现不同的研究成果。

A教师是位性格外向的音乐教师，她平时喜欢与学校同事和领导交流，善于言谈，平易近人。笔者长期跟踪了解到，A教师是个多才多艺的教师。学校的各种大型文艺活动、体育盛会或者大型教职工会议，都由A教师来担任主持人；学校在迎接校外领导、同行参观等活动时，也由A教师负责接待和讲解推介。这些现象表明A教师具有较强的沟通能力，在面对面交流方面具有较大优势和特长。其善于言谈、活动参与积极性高和活动组织能力强等特点，这使她在口语表达和行动呈现方面更具有优势。教师面对面传播研究成果主要通过行动、文本和物质三种形式进行，其中"行动"处于核心，文本和物质呈现作为辅助。A教师在通过"行动"来呈现教师研究成果的过程是教师实践的隐性知识显性化的过程。A教师的文本呈现和物质呈现更多是为"行动"服务的。

B教师是一位不善言谈的语文教师，她更喜欢通过文字来表达自己的经历和思想。她是一位写作能力极强，善于积极总结和归纳生活实践的教师。根据笔者了解，B教师不仅担任着五年级两个班的语文课，还担任着教务处的主要工作。平时学校需要上交或者需要整理的各项书面材料大多由B教师来完成，甚至她还负责学校科研课题的主要执笔任务。一方面是由于B教师写作能力比较突出，另一方面是由于学校教师有喜欢写作的优秀传统。例如在重庆市"第十二届基础教育课程改革征文大赛"中，全校64名教职工共提交了122篇论文，几乎每位教师都提交了至少两篇论文。出版传播的首要要求就在于能够写作，需要将自己的所作所为和所思所想通过文字表达出来，而B教师在这方面具有较大优势。

C教师是一位勤于思考的数学教师，她平时没事就喜欢上网，浏览网络，泡在各种网页和论坛之中。C教师还有一个较大的特点就是具有较好的网络技术，几乎全校的电脑和网络维修工作都可以请教她解决问题。正因为C教师是一个积极接触网络的教师，因此她发表在网络上的成果就自然要多于别的教师。而另外一个主要原因还在于C教师勤于通过网络日志的方式来记录自己的教学工作以及研究所得。她常常在论坛发表自己的教学成果,喜欢跟同行教师以及学生在网络上互动。她认为从这个过程中,能够获得一定的成就感和工作乐趣。可见,这位教师又区别于前面两位教师而具有自身的特别之处。

从3名教师的性格特性和教学工作现状分析可知,不同教师由于其成长经历、性格特点、工作场域、学校氛围等因素的差异而存在不同的成果呈现方式。因此,教师应该根据自身不同特点选择不同的传播方式。

2. 呈现方式影响着不同的知识获取

如果说前一点是从教师传播者的角度来讨论教师研究成果呈现与教师个体之间的关系问题,那么这里将关注受众教师在接收研究成果的过程中,由于不同的呈现方式,所导致的知识理解和转化问题。显然,不同的呈现方式彰显出不同的知识特性,基于面对面传播的"行动"呈现,彰显出来的虽然是显性的知识表达,但是受众教师却可以获得更多的隐性知识;基于出版传播的"文字"叙述更多的是以显性的与合逻辑的知识形态呈现,受众教师在接受过程中需要经过理解和情景来还原实践知识的吸收;基于网络传播的"网络叙事"能够同时展现教师的隐性知识和显性知识,是教师正在形成的实践性知识的真实表达,它既具有叙事性的真实情景表达,也有实践反思和反思性实践,能够让教师获得基于情景又兼具反思的实践性知识。由此可见,行动呈现、理论呈现和叙事性呈现都将对受众教师产生不一样的影响。

因此,教师在呈现研究成果的过程中也应当充分考虑受众教师的需要,并结合自身特点,将适合自己也适合他人的研究成果以最佳方式传播出去,进而达到研究成果传播最优化的目的。而不是为了呈现而呈现知识,也不是为传播而传播,而是要为传播而呈现,为有效而传播。

(三)教师传播研究成果过程中应充分考虑成果转化率

呈现方式以知识获取的程度来影响受传播者的成果转化,传播路径则是在更直接的意义上影响着教师研究成果的转化效果。当然,呈现方式和传播路径之间有着密切的联系,教师研究成果的呈现方式决定着不同的传播路径。例如以优秀教学为主的"行动"式的成果呈现最合适于面对面传播,逻辑严密的教学研究论文最适合于出版传播,平时的教学叙事更加适合于即时的网络传播。虽然这几对关系之间没有必然的联系,但通过调查研究发现,不同的研究成果采用相应的传播路径传播会促使研究成果发挥最大的价值。因此，从效果上来讲，呈现方式在一定程度上决定传播路径的选择。进一步而言，传播路径的不同又决定着不同的传播效果。这是由三种传播路径各自的优势和不足决定的，并且每位教师在选择自己的传播路径过程中，都是经过不断地探索和磨炼，经历一个艰辛的历程才达到传播目的的。例如：

A教师擅长面对面传播，并通常以优秀课例或讲座形式来传播自己的音乐教学方面的研究成果。然而，A教师并不是一开始就发现面对面传播这一适合自己的传播路径的。她最开始进入教师角色之际，也常常研究自己的教学，还撰写很多"教学反思"和"教学日志"，但是都由于过去并没有开放的网络平台、期刊和出版社也并不热衷于出版这类成果而使自己的成果一直"压在箱底"。不过，A教师认为这个过程也是必不可少的，她后来的面对面传播如果没有前期探索性积累，很难使自己的成果走向公众视野。有了前提探索和写作，A教师慢慢认识到自己的优势，并尝试通过"上公开课"这种成果公开方式来提升自己的专业能力，促成自己的专业成长。通过几年的努力，A教师从最开始的在音乐教研组上课，再到学校上公开课，直到现在很多（重庆）市内外学校请她去上"公开课"的成长历程。这使她从一位单纯为了上好课的教师蜕变为一位既能够上好课，又能兼顾传播自己一些教育理念和知识的"教育实践专家"。

从A教师选择传播路径的历程来看，教师在选择传播路径上显得非常重要。如果没有选择正确的传播路径，很难使自己在自身专业发展上有更大的突破。当然，教师选择不同的路径会对受众教师产生不同的影响。例如A教师选择面对面传播路径可以使周围的教师迅速而清晰地了解她的教学方法、教学理念和教学特色，在一定范围内具有相当高的知名度和声誉。其研究成果也很容易对周围的教师产生积极的影响。但是B教师由于选择的是出版传播，其在周围教师当中虽然也具有较高的知名度，知道她发了许多论文，出了很多成果，但是并不完全知道她的研究成果具体展示的是什么内容。这就是由于出版传播虽然传播面更广泛，但是却未必是教师喜欢和乐意接受的东西，也并非一定对实践具有积极的指导意义。C教师通过网络传播来实现自己的专业发展，其知名度也是极其高的，无论是周边的教师同行，还是全国范围内的其他教师，都比较了解C教师。但是这种了解又仅仅局限在C教师所能及的网络共同体。并且，C教师的影响并非是仅仅因为自己喜欢在网络传播，还在于他也是一位优秀的教师，具有丰富的教学经验，能上好课，能够具有创意地完成自己的教学工作，并乐于分享这些创意式的成果。

总之，选择不同的传播路径，将对教师传播者和受众教师产生不同的影响。作为一名中小学教师，要合理的选择适合自己的传播路径，才能使自己的研究成果发挥更大的效益。值得强调的是，从3名教师研究成果传播经历来看，他们并非是仅仅局限于某种单一的传播路径而求得生存和发展，而是有效地交叉运用这些传播路径。不能武断地认为习惯于面对面传播研究成果的就不发表文章，或不在网络上发表任何教研成果，更不能认为网络传播这种单一的途径就可以实践自己的专业发展。应该认识到，三种传播路径各有自己的优势，也都存在不足，教师们应该科学合理的选择传播路径，以达到最优的传播效果为目的，为实现专业发展和研究自觉，促成实践知识的公共化为终极追求。

二　对理论研究者的启示

对教师研究成果三种传播路径的探析，其核心问题是为了揭示教师如何分享和传播研究成果的规律。对教师研究成果传播规律理解的目的又在于为理论研究者提供新的视角，更加真实地展示中小学教师研究成果传播现状。这样不仅能引起理论研究者对来源于实践的教师知识的重视，还能让教师实践性知识在教学论学科建设中发挥积极作用。这种诉求意在缩短理论与实践之间既已存在的鸿沟，促成理论与实践一体化，走向共融共通的发展之路。

（一）应当承认实践性知识的合法地位

理论研究者和教师研究者关于知识的争论一直存在，其根本缘由在于对知识的衡量标准不同。理论研究者持有的是传统的"真理性"知识标准，教师研究者则更希望用"实践性"知识标准来权衡知识问题。前文对教师实践性知识的检验标准的探寻证明教师研究者知识标准的合理性存在，而教师研究成果的顺利传播也充分说明教师研究成果指导实践的可能。因此，从教师研究成果传播的现实考察来看，理论研究者应正确面对实践性知识，承认其合法地位。教育理论研究者承认教师实践性知识的合法地位应具体做到这样几点：

首先，教育理论研究者应承认中小学教师源于实践的知识有自己的检验标准。关于教师实践性知识的检验标准前文已经论述，在此不再赘述。

教师研究成果在中小学教师群体中自由和频繁传播的现实提醒我们，教师实践性知识并非一定要上升到理论高度才能指导实践，而应实现"实践指导实践"的可能。这也告诉我们并非只有理论性知识才能指导实践，实践性知识也可以指导实践。故而我们不能用单一的评价标准来权衡教师的实践及其取得的研究成果，应该认识到中小学教师来源于实践的知识的不同之处和优势所在。此外，认识这种知识合法地位的确立是建立在"是否有用"而非"是否真理"的基础之上。这主要源于中小学教师教学的主要任务是为了解决实践问题，问题是否解决可用效用来衡量。故而教育理论研究者可以拥有自己的学术标准，但并非要求中小学教师也达到这个标准，而应换位思考，承认他们所热衷的知识的合法地位。这样更有利于繁荣中小学教师研究，增加教学论的知识基础。

其次，教育理论研究者应承认中小学教师惯用的话语方式。本书第五章、第六章、第七章分别论述了教师研究成果的三种传播路径，研究表明不同传播路径的呈现方式也不同，不同呈现方式的话语方式也存在巨大差异，甚至可以认为不同传播路径存在的根本原因就在于教师话语表达方式的差异。呈现方式不同则传播路径有别，那么理论研究者所热衷的话语习惯就并不一定会是教师研究者所惯用和乐于接受的方式。故而教育理论研究者应当承认和认同中小学教师研究者自己的话语方式。当然，这里并非是否认理论话语的合理性，也不是降低教育话语的标准，而是主张发展多样化的话语方式。晦涩难懂的思辨性哲学话语方式，平铺直叙式的表达，超越常规的网络话语方式等都有合理的存在意义和价值。话语路径的多样化，不仅能够引发不同的教育思考，更能促成教育理论与实践的创新与发展。作为理论研究者，能够在话语上兼容并包，融合创新，将更有利于理论与实践结合，促成新的教育变革。

最后，教育理论研究者要承认中小学教师的研究范式。什么样的方法决定什么样的成果。事实证明，中小学教师通过"实践"和"反思"同样能够完成发现问题、分析问题和解决问题的研究过程，形成具有一定影响力的成果。因此，承认中小学教师以"行动"为主要"方法"的教学研究范式很有必要。行动研究是中小学教师研究的主要范式，其对教学问题的研究是贯穿在整个教学实践之中的。其解决问题的过程也是在行动中完成。例如某教师需要探讨如何把一个教学知识点讲好的问题。这是一个实践问题，除了需要精心设计之外，就是在行动中将这一问题实践好，这就需要用行动来呈现，也只有在行动中才能解决问题。在这个过程中，教师如何教学的知识和如何解决教学问题的知识是同时呈现的。在教师遇到问题，并在行动中反思和整个研究成果通过"教学行动"体现出来的整个过程是相互连贯的系统。换言之，教师的研究过程、成果形成过程和成果传播是同时发生的。这一现象对于理论研究者而言是较难实现的，但却真实地发生在教师研究者身上。因此，如果固执地将理论研究者科学的研究方法套用到教师研究者身上，并不一定能得出了理想的研究成果。

（二）担当教师实践性知识公共化使命

教育理论工作者不仅要承认教师实践性知识的合法地位，还应积极促成教师实践性知识的公共化。教师实践性知识与教育理论知识最大的区别在于其检验标准不同，进而造成知识特性的差异。本书认为教师实践性知识是个体的知识，需要在交互中产生，并要有一定效用。它是一种源于实践的个体知识，具有极大的情境限制。简言之，适合于此教师的知识并不一定适合彼教师，故而教师实践性知识需要一个走向公开的过程。教师研究成果传播研究正是为这一目的而展开。然而，传播过程中仅仅依靠理论工作者对知识的转化和改变是远远不够的。教育理论研究者研究形成的多为具有普遍意义的教育知识，其具有逻辑严密，能够广泛适用的特点。因此，教育理论工作者在促成教师个体走向公开方面具有一定的优势。如果教育理论工作者能够更多地关注实践和实践性知识，保证理论知识源于实践性知识的可能性，将更加有利于教师实践性知识的发展，有利于教师实践性知识的推广，有利于教学论学科的建设与发展。具体而言，教育理论工作者应在以下几个方面做出努力：

首先是积极总结实践知识，总结的过程就是升华的过程。从笔者所调查的教师对象来看，中小学多数教师都具有自己的优势和特色，能够在长期的教学实践中形成自己的特色。虽然教师能够通过教学行动将研究成果传播出去，但毕竟这种传播路径的影响范围是极其有限的。故而形成一定的文本材料，总结提升实践得来的知识，使其系统化与合学理性成为一种必要的诉求。然而正如 A 学校校长所言：

> 教师们日常教学任务繁重，当前师资力量仍然不足，教师们除了认真地上好每一堂课，批改作业，参与日常教学管理之外，已经无暇顾及其他，没有充足的时间来总结和提升自己的研究成果，从而使很

多教师优秀的成果难以取得突破性进展。(2015/10/16)

实际上,A 学校校长所言并非个案,而是中小学教师做研究遇到的一个普遍困境。在前文中提到的 B 教师也正是困于这种情景,而付出了更多的努力才得以突破。鉴于这一现实问题,教育理论工作者应将更多的时间和精力花费在对教师实践研究和总结提升上,而不是每天忙于"学院式"的研究。促进教师实践性知识的公共化,就是要将适合于教师个体的知识转化为普遍适用的公共知识,让更多的教师受益,进而丰富和完善教学论学科知识基础。

其次是协助教师"立说",实现隐性实践知识显性化。通过对中小学教师研究成果传播的研究,引发笔者思考一个重要问题,即中小学教师究竟应该"立言"还是"立说",或者"立言说"?当然,我们既不能主张教师只"立言"而不"立说",也不能主张教师只"立说"而不"立言",能够同时"立言说"固然是好的追求。然而现实情况却是如波兰尼所说的教师们"能做到的要比能说的多得多"。实际上这里说的是一种显性知识的表达和语言表达之不能。正如 A 教师所说:

> 我实际上做了很多事情,也很想像很多教学名师比如窦桂梅他们那样,去总结和提升自己的研究成果,可是你知道,一方面我们没有时间,另一方面我们也没有那个写作能力。(2015/11/13)

A 教师的这一现实困境同样被 C 小学的校长所提及,他说:

> 我们的教师都有很多想法,也做了很多事情。他们都有分享的习惯,你比如他们都喜欢在网络上去发表一些教学感想。有时候学校要求上交的一些教学反思,我认真地去看了,还是有很多教师有想法。但是这些想法都不够系统,缺乏一个系统的整理,要是能够集合全校教师的智慧,将他们的研究成果整理成文字,那也一定能够是一部非常优秀的教学参考书。(2015/10/30)

另外,从教师研究成果的呈现方式和传播路径选择上而言,更多的教师倾向于通过教学行动和网络来传播自己的研究成果而不是论文,这充分说明他们在理论形成方面的瓶颈和能力缺乏的现状。因此，本书给理论研究者的启示是协助教师"立说"，促使他们身上所具有的隐性知识显性化。相较于教师研究者而言，教育理论工作者更擅长成果的呈现和提升，使教师零散的教学实践知识系统化。因此，教育理论工作者很有必要为中小学教师的研究成果形成提供协助，提升教师的写作水平和思维能力；同时积极挖掘和探寻教师日常教学行为中的教育智慧，使其由个体走向公共，跳出特定情境，使更多人受用。另外，教育理论研究者也应积极参与中小学教师的研究成果传播活动，接触现实材料，分析实践经验，通过去接受传播来提升自己的实践素养和对实践知识的掌握，为使个体实践知识走向普遍适用提供可能。

（三）承认并弥合理论与实践之间鸿沟

教育理论与实践之间微妙而复杂的关系使很多教育理论研究者和教师研究者不知所措。而关于两者的关系也有诸多观点，难以统一，而两者之间是否存在鸿沟也尚待探析。本书探讨的教师研究成果传播问题很好地证明了教育理论与教育实践之间鸿沟的存在，充分说明教师群体独立传播体系的存在和可能。然而这种理论与实践传播体系相互分离的现状并不符合教育发展规律。诚然，承认和弥合教育理论与实践的鸿沟，谋求理论与实践恰切的结合是教师研究者和教育理论研究者的共同追求。教师研究成果传播是一种颠覆过去教学知识传播传统范式，突破从"高级"到"低级""自上而下"和从"国际"到"本土"的严密传播体系，并基于教学学术思想，意图实现"上下相通"、理论与实践在教学学术共域得到融合与发展的传播路向。虽然，教师研究成果传播在这方面具有显著的效果，但如果有教育理论研究者共同的努力，将能进一步实现理论与实践的融合。基于教师研究成果的现实状况，笔者以为教育理论研究者至少可以在这样几个方面做出积极努力，以促进理论与实践的共同发展。

首先，承认教育理论与实践既已存在的鸿沟，并尊重理论来源于实践的教育规律。从教师研究成果传播的现实情况来看，并不是想脱离理论的指导，而是呈现着一种前理论指导下的实践创新。从这个现实我们应该认识到光靠理论指导实践的限度，应认识到实践能够指导实践的可能性，并将这种可能性不断扩大。因此，教育理论研究者应承认理论与实践的鸿沟之存在。笔者以为，尊重理论来源于实践的教育规律，借助教师研究成果的传播，顺势将这种来源于个体的、实践的知识不断的理论化和抽象化，使其能广泛应用于教育实践无疑是一个好的办法。此外，承认教育理论与实践鸿沟的存在，是改变教育理论与实践二元对立，逐渐走向统一的前提，是为中小学教师研究成果提供机会和平台，也是给教育理论研究者自己研究实践的机会和场域。如果教育实践教师和教育理论研究者继续一味地各走各的路，各自瞧不起对方，只能使教育理论与实践之间的鸿沟越来越大，最后天各一方。这种违反教育基本规律的教师实践研究和教育理论研究都是行不通的。

其次，关注教育实践是教育理论工作者的基本任务。教育研究缘起于问题，问题来自教学实践，研究实践中的教育问题，教育研究才具有意义。即便是研究教育理论问题，如果理论问题研究不是源于实践，不能解决现实教育问题的研究也是没有任何意义的研究。因此，关注教育实践是教育理论工作者的首要任务。当然，关注实践并非亲身实践，也不一定要作为教育实践家。由于工作环境，研究侧重点不同，教师研究者和教育理论研究者在研究任务上是有一定差别的。不可能要求教育理论工作者具有普通中小学教师一般的教学技能与方法，也不能要求中小学教师完全掌握高深的教育理论知识。从这种现实境遇来看，教师研究成果传播为教育理论研究者关注实践提供了机会。甚至可以说教师研究成果的传播为理论研究者的研究提供了可能。教育理论工作者完全可以通过借助教师研究成果传播来接触实践，关注实践，认识实践和研究实践。教育理论工作者应该谦虚的成为教师研究成果传播的受众，积极了解、理解和评议教师的传播内容，以来源于实践的知识为基点，进一步构建更高层级的教育教学理论体系。

最后，是通过教育理论的话语实践来弥合理论与实践之间的鸿沟。呼吁教育理论研究者认识理论与实践之间的鸿沟不是为了使其偏向实践，强调教育理论研究者关注教育实践也不是让其导向实践，而是为了使教育理论研究者认识到脱离实践的纯粹理论研究指导实践的限度。实际上，合教育规律的实践的能量是巨大的，它是保证教育实践走向正确道路的航标和旗帜，是促进教育发展的内在动因和动力源泉。基于教师实践性知识传播，进一步探析和升华了的教育理论知识必然是能够促成教育发展的知识。当前的教育理论也并非都是脱离实践的，而是缺少一种走向实践的路径。这就如同"教师研究成果传播到理论研究者这里异常艰难"一样，理论需要走向实践并指导实践同样需要合理的呈现方式和传播路径。由于教育理论通常是高屋建瓴、高度提炼、逻辑严密的知识形态,这种知识多为结论性知识而非程序性知识。这种知识可以让教师明白教育是什么而不能够直接明白教育为什么是这样和如何成为这样。在过去,中小学教师想要明白这些,就只能凭借自己的实践去体悟和发现。当然也得承认教师有"逃避"理论,觉得"理论无用"之嫌。因此,教育理论研究者应该充分认识到这一点,在教育理论的话语实践上下功夫。教育理论工作者不仅要有说清楚"是什么"的习惯,也要顾及"为什么是"和"如何是"的问题研究。教育理论研究者不仅仅要将知识系统而合逻辑地呈现出来,也要用简约而不简单的话语将高深的理论讲明白和具体。我们并不缺乏理论,而是缺乏教师明白和能用的理论,这些现实警示我们在话语实践方面的诟病,也提示我们在教育话语实践方面的可为之处。

三 对教育管理者的启示

研究成果传播是当前中小学教师研究需要重视的领域,也是扩大教师研究影响的重要方式。然而,其最主要的内在动因还在于达到促进教师专业发展的目的。从调查研究现状来看,中小学教师之所以乐于分享自己的研究成果,主要就在于自身内心的一种专业自觉。如同俗语所言"干一行爱一行",教师乐于与同行分享自己的研究成果是一种专业自觉的表现。因此,有必要为教师创造更加宽松的外部环境来促成教师研究成果的传播,为教师走向更高层次的专业化提供保障机制。鉴于此,作为教育管理者[1],面对教师研究成果传播的现实需求,应积极转变观念,改变对教师过去的一般看法,认识到教师个体实践知识对教育发展的重要意义。

(一)关注教师研究成果对教师专业发展的意义

前文提到,教师专业发展虽然与自身的能力关系密切,但是也脱离不开外部条件的支持。特别是中国特殊的教师管理制度使得中小学教师职称评定成为重要的专业发展标识。基于这一现实因素,教育管理者应认清教师研究成果传播和教师专业发展的关系。虽然,教师交流和发表自己的研究成果是处于专业的自觉,但是这种专业自觉如果长时间得不到"强化"就会消退。从笔者接触的 15 名教师来看,职称评定就是排在他们面前的一个非常急切的问题。由于中国教师基数较大,老教师职称尚未得到有力

---

[1] 这里的教育管理者主要是指在中小学分管科研的副校长或学校校长以及教育行政部门,如各级教育研究所(院),各级教委,教育厅(局)的教育行政部门工作人员。

解决，职称评定数量很难满足这种需求，因而使得中小学教师中高级职称评定成为一件极其艰难的事情。很多年轻教师由于专业自觉程度较低，又没有专业发展的外部压力，从而导致了"得过且过"，"做一天和尚撞一天钟"的消极懒散现象。面对这种情况，教育管理者应积极看到教师热衷于的成果交流和传播，认识到这种交流方式对教师专业发展的意义，充分将教师专业发展诉求与教师的研究成果传播有效结合起来，达到提升教师研究成果传播积极性的目的。

（二）积极增强教育管理者的教师知识管理水平

知识管理原本为企业管理中的重要概念。维格认为，知识管理主要涉及四个方面：自上而下地监测、推动与知识有关的活动；创造和维护知识基础设施；更新组织和转化知识资产；使用知识以提高其价值。[1] 教育管理者作为教育行政部门的工作人员，与公司企业管理人员在功能和职责上具有相似性。因此，"在教育领域，如何统整教师的知识，如何将教师的实践性知识进行整合，以促进其生成、存储、共享、应用和创新，就成为教育管理当前面临的一个新问题。"[2] 从教师研究成果传播所产生的积极效用来看，充分发挥教育管理者的知识管理能力是对其重要的启示。具体而言，根据维格的观点，教育管理者对中小学教师知识的管理涉及四个方面：一是要积极采用自上而下的行政方式对教师的研究成果（知识）进行有效的检测和筛选，并积极推动这些知识的流动，促成更多教师参与到知识传播之中；二是要积极维护教师实践性知识，促使其转化为教学论学科和教师专业发展的知识基础；三是要促成中小学教师知识的更新，制定相应政策来推动教师的实践创造，让更多的优秀教学，优秀教学日志和优秀教师论文展现出来，传播出去；四是要鼓励教师积极使用原创知识，并自觉分享来源于实践的个体知识，提高教师们对实践个体知识的认同度，进而提升教师研究成果的价值。

（三）积极拓宽教研成果传播平台以及传播机制

第五章、第六章、第七章的研究表明，教师研究成果传播的三种路径各有优势，也都存在不足。不同教师适合不同的呈现方式，不同呈现方式决定着不同的传播路径。作为教育管理者，不能偏执一方，而应为广大教

---

[1] K. Wiig, "Intergrating Intellectual Capital and Knowledge Management" *Long Range Planning*, Vol. 30, No. 3, 1997, pp. 323 – 324.

[2] 程凤农：《教师实践性知识管理研究》，博士学位论文，山东师范大学，2014年，第8页。

师提供一个完整的平台，为教师研究成果的传播提供机会，使其转化为能够为更多教师所使用的教学公共基础知识。这就启示教育管理者既要为适合于面对面传播的教师提供更为广阔的传播空间和更为频繁的传播机会；也要为适合于出版传播的教师提供适当的经费支持和相应的出版渠道；还要为适合于网络传播的教师打造快捷、方便与高效的网络传播平台和传播技术。这样做不仅能够从整体上提升教师的专业水平，还能协助教师研究成果转换，提升来源于实践的个体知识的利用效率。此外，仅有好的平台而没有相应的传播管理机制也很难使教师研究成果发挥更大的价值。因此，教育管理者还需要担当起教师研究成果传播制度建立的责任。该如何传播成果，传播哪些成果，为什么要传播这些成果等都需要有一定的规章制度，而不是放任式的将教师知识充斥在传播通道之中。

第三节 后续议题

总体而言，本书完成了对教师研究成果传播密切相关问题的探讨，但也还存在一些尚待探讨的问题。首先是要更进一步扩大研究样本，将本书的成果扩展到更为广泛的中小学教师研究传播中。例如可以采用问诊的方式，以行动研究为基本方法，促成更多的教师研究成果走向公开。其次是进一步考察教师研究成果传播受众群体的问题，例如教师在面对面传播中如何使成果更加准确清晰的传播，如何确认受传播者接收到了知识；在教师网络传播中的哪些成果是不被接受的，哪些成果是能引起广泛关注并得到有效推广的；此外关于如何激励教师传播研究成果也是值得继续探讨的议题。再次是关注教师研究成果传播之后的受众接受程度及其如何转化和应用研究成果的问题，也即教师个体研究成果如何适应他者实践的问题和实践指导实践的理论基础问题等。最后是关于3名案例教师的继续追踪研究，包括对其传播成果的实际推广效用的追踪研究，对3名教师的研究成果的进一步整理和对其使用价值的深入分析和分类，对案例教师如何进一步通过校本教研来带动其他教师参与研究和传播研究成果的可能等。

附　　录

附录 A　案例教师所在学校同事的访谈提纲

　　首先，非常感谢您能抽出宝贵的时间与我交谈，这给我的研究提供了很大的帮助。为了更进一步了解您平时的教学研究情况和研究成果传播情况，也为了更加细致地了解××教师的研究成果传播情况，我想向您请教几个问题。因为这些信息对我的研究很重要，所以我要对这些谈话进行录音，以便我在日后的研究中整理相关材料，希望得到您的允许。

第一部分　背景了解

1. 您在这个学校教书多久了？教书之前有什么教学经验吗？
2. 您是教什么科目的？教的是哪个年级？
3. 您以前有过做课题研究或教学反思、教学日志等教研经历吗？

（注：这里如果教师回答"有"，将继续下面的连续性问题，如果说"没有"，那就得换一个访谈对象，当然，在这里是通过事先了解和观察选择的访谈对象，因此，访谈都能如期进行。）

第二部分　案例教师同事的传播情况

4. 在您的这些研究经历中，是什么驱使您愿意去做研究？
5. 平时做的研究是什么形式的？您认为学校应该多支持您们做什么样的研究呢？请举几个例子。
6. 您们的研究一般形成什么样的成果？举几个例子。能否简单说说您的成果？
7. 形成的研究成果有没有传播出去？学校鼓励您们将自己的研究成果

与大家分享吗？

8. 在学校的支持下是否有更多的教师传播自己的研究成果？如果是，请举一个例子，如果不是，也请举一个例子。

9. 据您所知，学校有哪个教师在研究方面有突出的影响？请举例说说，具体在哪些方面有突出影响？

第三部分　同事所了解的案例教师的情况

10. 您与××教师平时在工作上的交流内容主要是什么？您知道××教师主要研究什么吗？（如果不知道，那您知道谁的，举例说说）

11. 您是怎么知道的？具体说说通过哪些途径？读她的文章，跟她面谈，或者是其他的哪些途径？

12. 您知道××教师在校外去传播过他的研究成果吗？主要传播什么呢？

13. 您认为××教师传播他的研究成果对学校具有什么样的影响？

附录 B　案例教师所在学校校长的访谈提纲

首先，非常感谢您为本研究提供了方便，并抽出宝贵的时间与我交谈，这给我的研究提供了很大的帮助。为了更进一步了解您学校教师研究成果的传播情况，也为了更加细致地了解××教师的研究成果传播情况，我想请教您几个问题。因为这些信息对我的研究很重要，所以我要对这些谈话进行录音，以便我在日后的研究中整理相关材料，希望得到您的允许。

第一部分　背景了解

1. 您在这个学校做校长多久了？以前有过哪些经历呢？
2. 您有担任教学任务吗？
3. 您以前有过做研究或教学反思的经历吗？谈谈您的研究过程以及形成了哪些研究成果？

第二部分　校长对案例教师的传播支持情况

4. 您个人是怎么支持学校教师交流和分享他们的研究成果的？请举几个例子。
5. 学校方面是怎么支持教师传播和分享研究成果的？具体举几个相关政策。
6. 您能描述一下学校教师是如何传播自己的研究成果的吗？请举例说明。
7. 有哪些教师经常传播和交流自己的研究成果？通常在什么情况下交流？
8. 学校有哪些教师的成果传播产生了较大影响？产生哪些方面的影响呢？
9. 如果把学校急需解决的问题分为五类，你认为应该是哪五类呢？

第三部分　校长所了解的案例教师的情况

10. 您与××教师平时在教学上的交流主要是什么？您知道××教师

主要研究什么吗？

  11. 您是怎么知道的？具体说说通过哪些途径？读她的文章，跟她面谈，或者是在会议上？

  12. 您知道××教师在校外传播研究成果吗？传播什么呢？

  13. 您认为××教师传播他的研究成果对学校有什么样的影响？

附录 C 案例教师所在学校组织者和管理者的访谈提纲

首先，非常感谢您让我自由地观察您的教学活动，并抽出宝贵的时间与我交谈，这给我的研究提供了很大的帮助。为了更进一步了解您平时的教学研究成果传播情况，也为了更加细致地了解××教师的研究成果传播情况，我想请教您几个问题。因为这些信息对我的研究很重要，所以我要对这些谈话进行录音，以便我在日后的研究中整理相关材料，希望得到您的允许。

第一部分 背景了解
1. 您在这个学校教学多久了？您来这之前有过任教经历吗？有的话能否请您分享一下您之前的经历或者经验呢？
2. 您现在有担任教学任务吗？
3. 您有过做课题研究或教学反思等教研活动的经历吗？
4. 您有组织过教师研究成果传播活动吗？一般是怎么组织的？
5. 您们为什么愿意开展研究成果传播活动？

第二部分 案例同事的传播情况
6. 一般什么样的教师能够参加您们的活动呢？
7. 在开展活动时，每一次活动的主讲教师是通过怎样的程序推选出来的？
8. 在选择主讲教师时，有哪些细致的标准？
9. 主讲教师一般采用什么方式传播教学知识或研究成果？讲课、讨论、还是其他？
10. 在活动中一般交流些什么内容？教学反思、论文或者别的什么？
11. 您认为要选取什么样的呈现或表达方式，其他教师才能清楚地理解其他教师传播的内容？
12. 如果可以，能不能谈谈您们下一步的活动计划和想法？

第三部分　组织者所了解的案例教师的情况

13. 您们有邀请过××教师参加您们的活动吗？或者是您们参加过××教师的活动吗？

14. 是否打算近期邀请×教师参加教研成果交流活动？

15. 如果有，是出于什么考虑要邀请他？如何没有，为什么不打算邀请他？

附录 D　教师访谈提纲

首先，非常感谢您能愿意参与我们的研究，并抽出宝贵的时间与我交谈，这给我们的研究提供了很大的帮助。为了更进一步了解您平时的教师研究及其成果传播情况，我想细致地向您请教几个问题。因为这些信息对我们的研究很重要，所以我要对这些谈话进行录音，以便在我日后的研究中整理相关材料，希望您允许。

1. 您认为学校支持您们做研究吗？做关于哪些方面的研究？举个例子。

2. 学校教师的研究一般都形成什么样的研究成果？您形成了哪些成果？

3. 您在形成这些成果过程中遇到哪些困难？是怎么解决的？

4. 这些成果形成之后一般是用来做什么？会积极传播出去吗？

5. 学校支持教师分享（传播）他们的研究成果吗？主要分享哪些成果？

6. 您认为是因为学校的支持教师才分享他们的成果，还是有其他方面的原因？

7. 请简单描述一下您的研究成果？当其他教师在询问您正在做些什么研究的时候，您是怎么回答的？

8. 请问您一般采用什么方式传播自己的研究成果？请分别谈谈在校内和校外的不同情况。

9. 您为什么要分享自己的研究成果？请分别谈谈在校内和校外的不同情况。

10. 当您分享您的成果时，有没有思考过您的读者或者观众？有没有适当的改变自己的表达方式来适应观众？请分别谈谈在校内和校外的不同情况。

11. 您希望同行能从您这里获得什么？

12. 您认为哪些条件有利于您传播自己的研究成果？请分别谈谈在校内和校外的不同情况，举一个具体的例子。

13. 您在传播自己的研究成果时遇到哪些困难？请分别谈谈在校内和

校外的不同情况。

14. 哪些因素有利于您传播自己的成果？请分别谈谈在校内和校外的不同情况，举一个具体的例子。

15. 请描述一个别人听了您的相关研究成果之后的反应的例子？

16. 总结一下，您最关心教学中的什么问题？最想分享什么成果？

17. 您知道还有谁与您关心同一个领域的问题吗？

18. 您最近有些什么教学交流活动？

19. 您有过从校内其他教师那里获得教学经验的经历吗？

20. 您是否有使用从别的教师那里获得的教学经验？

21. 您使用别的教师的经验时会遇到哪些问题？

22. 您是怎么使用从其他教师那里获得的经验的？

附录 E 中小学教师研究成果传播研究观察提纲

观察者：	观察日期：
观察学校：	观察时间：
观察对象：	
观察内容	
1. 教师研究成果呈现情况	
2. 教师研究成果传播事件	
3. 教师研究成果传播环境	
4. 教师研究成果传播活动观察记录	

参考文献

一 中文文献

（一）专著

陈静静：《教师实践性知识：中日比较研究》，华东师范大学出版社 2011 年版。

陈向明：《搭建实践与理论之桥——教师实践性知识研究》，教育科学出版社 2011 年版。

陈向明：《质的研究方法与社会科学研究》，教育科学出版社 2002 年版。

范良火：《教师教学知识发展研究》，华东师范大学出版社 2003 年版。

顾明远：《教育大辞典（增订合编本）》（上），上海教育出版社 1998 年版。

郭庆光：《传播学教程》，中国人民大学出版社 2007 年版。

胡军：《知识论》，北京大学出版社 2006 年版。

季苹：《教什么知识——对教学的知识论基础的认识》，教育科学出版社 2009 年版。

江潜：《数字家园——网络传播与文化》，复旦大学出版社 2001 年版。

姜美玲：《教师实践性知识研究》，华东师范大学出版社 2008 年版。

《朗文当代英语大辞典（英英·英汉双解）》，商务印书馆 2005 年版。

《礼记》，吉林人民出版社 2005 年版。

李秉德：《教育科学研究方法》，人民教育出版社 2001 年版。

李伟：《实践范式转换与实践教学改革》，教育科学出版社 2010 年版。

李晓凤、佘双好：《质性研究方法》，武汉大学出版社 2006 年版。

李新祥：《出版传播学》，浙江大学出版社 2007 年版。

刘庆昌：《教育知识论》，山西教育出版社 2009 年版。

卢洪利：《教师研究成果表达的技巧》，东北师范大学出版社 2010 年版。

《论语·孟子》，哈尔滨出版社2011年版。
马云鹏、孔凡哲：《教育研究方法》，东北师范大学出版社2006年版。
《毛泽东选集》（第一卷），人民出版社1991年版。
孟宪承：《中国古代教育文选》，人民教育出版社1979年版。
《牛津高阶英汉双解词典》（第四版），商务印书馆1997年版。
潘海燕：《新课程背景下中小学教师如何转化和应用教科研成果》，华中科技大学出版社2010年版。
潘洪建：《教学知识论》，甘肃教育出版社2004年版。
裴娣娜：《教育研究方法导论》，安徽教育出版社1995年版。
乔瑞金：《马克思思想研究的新话语》，书海出版社2005年版。
邱炯友：《学术传播与期刊出版》，远流出版事业股份有限公司2006年版。
邵培仁、海阔：《大众传播概论》，高等教育出版社2012年版。
师曾志：《网络电子期刊质量控制研究》，北京图书馆出版社2007年版。
谭昆智、林炜双：《传播学》，清华大学出版社2012年版。
《陶行知全集》（第2卷），湖南教育出版社1985年版。
王策三：《教学论稿》，人民教育出版社1985年版。
王锐生、薛文华：《马克思主义哲学原理》，高等教育出版社2002年版。
王永昌：《实践活动论》，中国人民大学出版社1992年版。
王玉衡：《美国大学学术运动》，北京师范大学出版社2012年版。
王岳川：《媒介哲学》，河南大学出版社2004年版。
文军、蒋逸民：《质性研究概论》，北京大学出版社2010年版。
吴风：《网络传播学：一种形而上学的透视》，中国广播电视出版社2004年版。
吴军：《知识论》，北京大学出版社2006年版。
吴满意：《网络媒体导论》，国防工业出版社2008年版。
徐复等：《古代汉语大词典》，上海辞书出版社2007年版。
徐向东：《实践理性》，浙江大学出版社2010年版。
徐学福：《教学论》，人民教育出版社2013年版。
荀况、张觉校注：《荀子校注》，岳麓书社2006年版。
烟玉明：《学术传播》，第二军医大学出版社2001年版。
杨晓萍：《教育科学研究方法》，西南师范大学出版社2006年版。
叶澜、白益民：《教师角色与教师发展新探》，教育科学出版社2001年版。

尹章池：《网络传播导论》，武汉大学出版社 2013 年版。

俞吾金：《从康德到马克思》，广西师范大学出版社 2004 年版。

张耿光：《庄子全译》，贵州人民出版社 2008 年版。

张能为：《理解的实践》，人民出版社 2002 年版。

张先华：《名家引路：小学语文特级教师评介》，四川大学出版社 2013 年版。

赵士林、彭红：《网络传播论》，上海交通大学出版社 2002 年版。

中国大百科全书编辑委员会：《中国大百科全书·教育卷》，中国大百科全书出版社 1985 年版。

中国大百科全书总编辑委员会：《中国大百科全书·新闻出版卷》，中国大百科全书出版社 1990 年版。

祝振华：《口头传播学》（第四版），大圣书局 1986 年版。

［巴西］保罗·弗莱雷：《被压迫者教育学》，顾建新译，华东师范大学出版社 2001 年版。

［德］埃德蒙德·胡塞尔：《欧洲科学危机和超验现象学》，王炳文译，上海译文出版社 1988 年版。

［德］哈贝马斯：《理论与实践》，郭官义、李黎译，社会科学文献出版社 2010 年版。

［德］康德：《实践理性批判》，韩水法译，商务印书馆 1999 年版。

［德］马丁·布伯：《我与你》，陈维纲译，生活·读书·新知三联书店 2002 年版。

［德］雅斯贝尔斯：《什么是教育》，邹进译，生活·读书·新知三联书店 1991 年版。

［加］F.迈克尔·康纳利、［加］D.琼·克兰蒂宁：《教师成为课程研究者——经验叙事》（第二版），刘良华、邝红军译，浙江教育出版社 2004 年版。

［加］马克斯·范梅南：《教学机智——教育智慧的意蕴》，李树英译，教育科学出版社 2001 年版。

［捷］夸美纽斯：《大教学论》，傅任敢译，人民教育出版社 1957 年版。

［美］梅雷迪斯·D.高尔：《教育研究方法导论》，许庆豫译，江苏教育出版社 2002 年版。

［美］内尔·诺丁斯：《教育哲学》，许立新译，北京师范大学出版社 2008

年版。

［美］欧内斯特·博耶：《关于美国教育改革的演讲》，涂艳国、方彤译，教育科学出版社 2002 年版。

［美］帕克·帕尔默：《教学勇气》，吴国珍译，华东师范大学出版社 2014 年版。

［美］舒尔曼：《实践智慧：论教学、学习与学会教学》，王艳玲、王凯、毛齐明译，华东师范大学出版社 2013 年版。

［美］唐纳德·A. 舍恩：《反映的实践者：专业工作者如何在行动中思考》，夏林清译，教育科学出版社 2007 年版。

［美］唐纳德·A. 舍恩：《培养反映的实践者——专业领域中关于教与学的一项全新设计》，郝彩虹译，教育科学出版社 2008 年版。

［美］威尔伯·施拉姆：《传播学概述》，何道宽译，中国人民大学出版社 2010 年版。

［美］威廉·威伦：《有效教学决策》，李森译，教育科学出版社 2009 年版。

［美］威廉·詹姆斯：《实用主义》，陈小珍译，北京出版社 2012 年版。

［美］沃纳·赛佛林、小詹姆斯·坦卡德：《传播理论——起源、方法与应用》，郭镇之译，华夏出版社 2000 年版。

［美］约翰·杜威：《民主主义与教育》，王承绪译，人民教育出版社 2001 年版。

［美］约翰·杜威：《确定性的寻求——关于知行关系的研究》，傅统先译，上海人民出版社 2005 年版。

［美］约翰·杜威：《我们如何思维·经验与教育》，姜文敏译，人民教育出版社 1991 年版。

［美］约翰·杜威：《学校与社会：明日之学校（儿童与课程）》，赵祥麟等译，人民教育出版社 2004 年版。

［美］约翰·杜威：《自由与文化》，傅统先译，商务印书馆 1964 年版。

［美］约瑟夫·马克斯威尔：《质性研究设计——一种互动的取向》，朱光明译，重庆大学出版社 2007 年版。

［美］朱丽·汤普森·克莱恩：《跨越边界——知识 学科 学科互涉》，姜智芹译，南京大学出版社 2005 年版。

［英］波普尔：《客观知识：一个进化论的研究》，舒炜光译，上海译文出

版社 1987 年版。

［英］凯西·卡麦兹：《建构扎根理论：质性研究实践指南》，边国英译，重庆大学出版社 2009 年版。

（二）学位论文

陈静静：《教师实践性知识及其生成机制研究——中日比较的视角》，博士学位论文，华东师范大学，2009 年。

陈雨亭：《教师研究中的自传研究方法》，博士学位论文，华东师范大学，2006 年。

程凤农：《教师实践性知识管理研究》，博士学位论文，山东师范大学，2014 年。

范士龙：《教师关怀的生活样态研究》，博士学位论文，东北师范大学，2013 年。

黄笑冰：《从新手教师到课程领导》，博士学位论文，华东师范大学，2012 年。

李莉：《初中初任语文教师专业成长的叙事研究》，博士学位论文，陕西师范大学，2013 年。

李利：《职前教师实践性知识发展研究》，博士学位论文，苏州大学，2012 年。

李小波：《论教师的教育研究》，博士学位论文，华东师范大学，2006 年。

刘良华：《行动研究的史与思》，博士学位论文，华东师范大学，2001 年。

潘丽芳：《教师实践性知识研究》，博士学位论文，华东师范大学，2013 年。

秦磊：《农村教师培训实效性评价体系研究》，博士学位论文，东北师范大学，2012 年。

孙传远：《教师学习：期望与现实》，博士学位论文，上海师范大学，2010 年。

伍雪辉：《教育家型教师研究》，博士学位论文，华中师范大学，2013 年。

尹筱莉：《化学专家——新手教师课堂教学特质比较研究》，博士学位论文，华东师范大学，2007 年。

岳欣云：《教师研究的反思与再探究》，博士学位论文，华东师范大学，2005 年。

张立新：《教师实践性知识形成机制研究》，博士学位论文，上海师范大学，2008年。

赵彦俊:《"实习支教生"实践性知识生成研究》，博士学位论文，西南大学，2009年。

周春良:《卓越教师的个性特征与成长机制研究》，博士学位论文，华东师范大学，2014年。

(三) 期刊论文

巢乃鹏、黄娴:《基于网络出版的学术传播模式研究》，《南京邮电学院学报》(社会科学版) 2005年第3期。

陈嘉明:《经验基础与知识确证》，《中国社会科学》2007年第1期。

陈向明:《从教师"专业发展"到教师"专业学习"》，《教育发展研究》2013年第8期。

陈向明:《理论在教师专业发展中的作用》，《北京大学教育评论》2008年第1期。

陈向明:《实践性知识：教师专业发展的知识基础》，《北京大学教育评论》2003年第1期。

陈向明、张玉荣:《教师专业发展和学习为何要走向"校本"》，《清华大学教育研究》2014年第1期。

陈晓慧、杨菲:《美国教师媒介素养教育研究》，《中国电化教育》2011年第6期。

陈振华:《关于教师研究及其方法论问题》，《河北师范大学学报》(教育科学版) 2004年第1期。

崔允漷:《关于我国当前中小学教师专业发展活动的调查研究》，《全球教育展望》2011年第9期。

崔允漷、王少非:《教师专业发展即专业实践的改善》，《教育研究》2014年第9期。

崔允漷:《学校本位教师专业发展：框架及其意义》，《教育发展研究》2011年第18期。

邓小华:《"学术的教学"与"教学的学术"——论中小学科研与教学的关系》，《教学与管理》2013年第27期。

丁道勇:《教师研究的是与非》，《教育发展研究》2014年第22期。

丁钢:《教育叙事的理论探究》，《高等教育研究》2008年第1期。

丁念金:《教师专业发展的素质文化方略》，《全球教育展望》2013年第

3期。

丁舒:《国内外"有效教师"研究述评》,《中小学教师培训》2007年第7期。

傅敏、田慧生:《教育叙事研究:本质、特征与方法》,《教育研究》2008年第5期。

顾泠沅、王洁:《校本教研:从制度建设到聚焦课堂》,《人民教育》2007年第19期。

郭华:《名师是怎样成长起来的——从对五位名师质的研究中谈起》,《中国教育学刊》2008年第8期。

郭瑜桥、和金生、王咏源:《隐性知识与显性知识的界定研究》,《西南交通大学学报》(社会科学版)2007年第3期。

韩江萍:《校本教研制度:现状与趋势》,《教育研究》2007年第7期。

贺来:《"关系理性"与真实的"共同体"》,《中国社会科学》2015年第6期。

胡惠闵:《在传统的学校教研基础上发展校本教研》,《全球教育展望》2008年第2期。

华意刚:《中学的学术:一个亟待关注的话题》,《中国教育学刊》2010年第1期。

黄甫全、左璜:《当代行动研究的自由转身:走向整体主义》,《教育学报》2012年第1期。

黄山:《对"教师作为研究者"的再认识:17篇SSCI文献的综述及启示》,《教师教育研究》2014年第6期。

姬志闯:《从"知识"到"理解":认识论的重构何以可能?——兼论当代西方认识论的困境及其出路》,《自然辩证法研究》2013年第5期。

贾骏:《略论"把关人"研究》,《安阳师范学院学报》2007年第4期。

贾群生:《专业性教师行为分析:教师研究的新视野》,《教育研究》2009年第12期。

贾绍俊:《民主文化视角:对认识民主内容和价值意义的再探》,《甘肃理论学刊》2008年第1期。

江淑玲、李梦瑶:《从实习到入职:新手教师班级管理的实践性知识建构及启示》,《教师教育研究》2013年第1期。

江新、郝丽霞:《新手和熟手对外汉语教师实践性知识的研究》,《语言教学与研究》2011 年第 2 期。

姜美玲：《论基于日常教育实践的教师研究》，《全球教育展望》2010 年第 5 期。

金春兰：《校本教研文化研究》，《教育研究》2007 年第 4 期。

巨乃岐：《也谈真理标准与实践标准》，《齐鲁学刊》2001 年第 5 期。

康永久：《深度定位的教师专业发展》，《教育研究与实验》2012 年第 1 期。

兰英：《论全球化视阈下的教师专业成长》，《外国教育研究》2009 年第 4 期。

蓝曦：《网络信息资源的类型及其评价》，《现代情报》2003 年第 9 期。

雷云：《教育认识论的危机——论雅斯贝尔斯的"生存论"教育哲学》，《四川师范大学学报》（社会科学版）2011 年第 5 期。

李长吉、张雅君：《教师的教学反思》，《课程·教材·教法》2006 年第 2 期。

李方安：《二十世纪西方教师研究运动发展脉络与启示》，《华东师范大学学报》（教育科学版）2009 年第 4 期。

李娟：《论网络教师研究共同体的构建》，《中国远程教育》2006 年第 8 期。

李森、陆明玉：《论教学论的实践性与实践教学论》，《西南大学学报》（社会科学版）2011 年第 2 期。

李森：《论教学论的基本类型》，《教育理论与实践》2007 年第 23 期。

李心峰：《学术是什么，不是什么？》，《红楼梦学刊》2006 年第 2 期。

李颖：《传播生态研究的历史发展与意义》，《传媒观察》2013 年第 11 期。

刘健智、谢晖：《关于教学反思的探讨》，《中国教育学刊》2010 年第 1 期。

刘良华：《教师研究与专家研究的大同小异》，《上海教育科研》2010 年第 9 期。

刘良华：《行动研究：是什么与不是什么》，《教育研究与实验》2001 年第 4 期。

刘清华：《学科教学知识的结构观》，《河南大学学报》（社会科学版）2005 年第 1 期。

刘铁芳：《教育研究中的人文意蕴》，《教育研究》2008 年第 11 期。

刘显辉、朱玉莲：《过程与结果都是成果——微型课题成果呈现的多种方式》，《四川教育》2010 年第 Z1 期。

柳夕浪：《尊重多样性——教师研究成果的评价》，《当代教育科学》2007 年第 12 期。

卢乃桂、王晓莉：《析教师专业发展理论之"专业"维度》，《教师教育研究》2008 年第 6 期。

卢乃桂、钟亚妮：《国际视野中的教师专业发展》，《比较教育研究》2006 年第 2 期。

鲁克俭：《超越传统主客二分——对马克思实践概念的一种解读》，《中国社会科学》2015 年第 3 期。

吕立杰：《教师实践知识研究的反思与启示》，《教育发展研究》2007 年第 22 期。

罗生全、刘志慧：《论教师伦理发展的共同体逻辑》，《教育研究》2015 年第 7 期。

马春、孟伟庆、李洪远：《论"生态"一词的使用》，《四川环境》2006 年第 4 期。

马婕：《新媒介时代对传统把关人的重新审视》，《编辑之友》2011 年第 4 期。

马玉琪：《寻找属于自己的句子——对中小学教师研究成果的合理追求》，《中小学教师培训》2015 年第 1 期。

梅新林、俞樟华：《"学术"考释》，《浙江师范大学学报》（社会科学版）2013 年第 6 期。

孟卫青、邢强：《西方教师研究的历史演变》，《外国教育研究》2001 年第 5 期。

尼克·温鲁普、简·范德瑞尔、鲍琳·梅尔：《教师知识和教学的知识基础》，《北京大学教育评论》2008 年第 1 期。

牛瑞雪：《行动研究为什么搁浅了——大学与中小学合作研究的困境与出路》，《课程·教材·教法》2006 年第 2 期。

欧阳修俊、徐学福：《论教师作为研究者的身份认同过程》，《教育导刊》2014 年第 12 期。

欧阳修俊、徐学福：《中小学教学学术发展路径探析》，《教育理论与实践》2016 年第 5 期。

綦珊珊、姚利民：《教学学术内涵初探》，《复旦教育论坛》2004 年第 6 期。

冉娟：《中小学教师教学学术：可能与路径》，《教育理论与实践》2013 年第 23 期。

邵光华、顾泠沅：《中学教师教学反思现状的调查分析与研究》，《教师教育研究》2010 年第 2 期。

师曾志：《出版传播事业中把关人的地位和要求》，《编辑之友》1997 年第 5 期。

石雷、张传燧：《论教师的课程传播意识》，《教师教育研究》2012 年第 1 期。

石中英：《波兰尼的知识理论及其教育意义》，《华东师范大学学报》（教育科学版）2001 年第 2 期。

石作斌：《民主文化：当代中国民主政治建设的价值视阈》，《湖北行政学院学报》2012 年第 3 期。

时伟：《大学教学的学术性及其强化策略》，《高等教育研究》2007 年第 5 期。

司林波、乔花云：《学术生态、学术民主与学术问责制》，《现代教育管理》2013 年第 6 期。

宋立华、李如密：《教师的"言说"与"倾听"：超越博弈 走向共生》，《全球教育展望》2011 年第 12 期。

宋燕：《基于双重身份的"教学学术"内涵解读》，《江苏高教》2013 年第 2 期。

孙绵涛：《校长领导力基本要素探析》，《教育研究与实验》2012 年第 6 期。

田海平：《论传统认识论的现代转化》，《天津社会科学》1995 年第 6 期。

田中初：《媒介素养：一种正在兴起的教育实践》，《浙江师范大学学报》2004 年第 1 期。

王本陆：《教学认识论三题》，《教育研究》2001 年第 11 期。

王芳、蔡永红：《我国特级教师制度与特级教师研究的回顾与反思》，《教师教育研究》2005 年第 6 期。

王红利：《教育研究新范式：扎根理论再审视》，《山西师大学报》（社会科学版）2015 年第 2 期。

王慧君：《教师研究的学科性立场》，《中国教育学刊》2012 年第 9 期。

王鉴、李泽林：《教师研究课堂：意义、路径和模式》，《教育研究》2008 年第 9 期。

王坤庆：《教师专业发展的境界：形成教师个人的教育哲学》，《高等教育研究》2011 年第 5 期。

王枬：《教育叙事研究的兴起、推广及争辩》，《教育研究》2006 年第 10 期。

王枬、叶莉洁：《基于实践性知识的教师博客研究》，《北京大学教育评论》2008 年第 1 期。

王攀峰：《浅析教育日志》，《教学与管理》2013 年第 4 期。

王玮：《浅谈网络文体的文本间性》，《福建广播电视大学学报》2013 年第 2 期。

王艳：《优秀外语教师实践性知识的个案研究》，《外语教学理论与实践》2011 年第 1 期。

王永昌：《研究实践规律，发展实践认识论》，《教学与研究》1988 年第 1 期。

王政、任京民：《论教师学科教学知识及其养成》，《外国中小学教育》2010 年第 3 期。

"网络舆论的监测与安全研究"课题组：《网络传播与网络舆论的生成及其特征》，《华中师范大学学报》（人文社会科学版）2010 年第 3 期。

魏宏聚：《欧内斯特·博耶"教学学术"思想的内涵与启示》，《全球教育展望》2009 年第 9 期。

魏善春：《师范生实践性知识及其有效教学途径探析》，《课程·教材·教法》2009 年第 7 期。

魏薇、陈旭远：《从"自在"到"自为"：教师专业自主的内在超越》，《教育发展研究》2010 年第 24 期。

吴刚平、余闻婧：《论教师的研究意识》，《中国教育学刊》2010 年第 12 期。

吴义昌：《试析教师研究的生存论意义》，《中国教育学刊》2010 年第 8 期。

吴义昌：《中小学教科研概念重构与规范化——大学教学学术运动的启示》，《中国教育学刊》2012 年第 11 期。

夏子辉：《中小学教育科研成效低下探析》，《中国教育学刊》2009 年第 9 期。

肖川、胡乐乐：《论校本教研与教师专业成长》，《教师教育研究》2007 年第 1 期。

肖丹、陈时见：《促进学生发展为导向的教师专业发展——澳大利亚教师专业发展及教师专业标准的启示》，《教师教育研究》2012 年第 6 期。

辛涛、申继亮、林崇德：《从教师的知识结构看师范教育的改革》，《高等师范教育研究》1999 年第 6 期。

邢红军、刘锐、胡扬洋：《教学学术的视野：我国教师教育的发展路向》，《教育科学研究》2015 年第 2 期。

熊梅、李洪修：《教师专业发展——一种合作的视角》，《外国教育研究》2008 年第 9 期。

徐红、董泽芳：《我国专家型教师研究的回顾与展望》，《课程·教材·教法》2011 年第 7 期。

徐继存：《专业化时代的教育学及其批判》，《教育学报》2013 年第 5 期。

徐学福：《超越教学中的二元对立》，《教师教育学报》2014 年第 4 期。

徐学福：《理论失位与实践转向——20 世纪美国课程与教学研究的重心转移》，《全球教育展望》2011 年第 5 期。

徐学福、欧阳修俊：《论教师实践性知识的检验标准》，《现代远程教育研究》2015 年第 6 期。

杨启亮：《教师专业发展的几个基础性问题》，《教育发展研究》2008 年第 12 期。

杨小微：《教学的实践变革与理论重建：30 年再回首》，《课程·教材·教法》2010 年第 9 期。

永新：《中小学教师的学术成长追求》，《广东教育（综合版）》2010 年第 12 期。

余清臣：《现代教育学体系的实践取向与逻辑成分》，《教育学报》2014 年第 1 期。

余文森：《校本教学研究的实践形式》，《教育研究》2005 年第 12 期。

袁维新：《学科教学知识：一个教师专业发展的新视角》，《外国教育研究》2005 年第 3 期。

张爱军：《教师研究的价值取向及实现路径》，《中国教育学刊》2010 年第

3 期。

张斌贤、陈瑶、祝贺、罗小莲：《近三十年我国教育知识来源的变迁——基于〈教育研究〉杂志论文引文的研究》，《教育研究》2009 年第 4 期。

张华军：《论教师作为研究者的内涵：教师研究性思维的运用》，《教育学报》2014 年第 1 期。

张开：《媒体素养教育在信息时代》，《现代传播》2003 年第 1 期。

张良才：《如何使教师成为研究者》，《中国教育学刊》2009 年第 6 期。

张楠：《大数据应用与学术传播的变迁》，《图书情报知识》2014 年第 5 期。

张攀：《新媒体时代的学术传播》，《中州学刊》2014 年第 7 期。

张启强：《学术生态与学术可持续发展》，《科技管理研究》2007 年第 4 期。

张伟平、赵凌：《当前中小学校本教研的问题与对策》，《教育研究》2007 年第 6 期。

张晓东：《学术权力视角下中小学管理的反思与建构》，《教学与管理》2011 年第 10 期。

张允若：《关于网络传播的一些理论思考》，《国际新闻界》2002 年第 1 期。

赵明仁、陆春萍：《从教学反思的水平看教师专业成长——基于新课程实施中四位教师的个案研究》，《课程·教材·教法》2007 年第 2 期。

赵明仁：《论教师专业发展的再概念化》，《教师教育研究》2006 年第 4 期。

郑杭生：《学术话语权与中国社会学发展》，《中国社会科学》2011 年第 2 期。

郑金洲：《教师研究的性质》，《上海教育科研》2010 年第 10 期。

诤言：《"学术"进一解》，《学术月刊》1957 年第 5 期。

周城雄：《隐性知识与显性知识的概念辨析》，《情报理论与实践》2004 年第 2 期。

周宏弟：《论教师的行动研究与专业发展》，《高等教育研究》2003 年第 3 期。

朱德全、杨鸿：《论教学知识》，《教育研究》2009 年第 10 期。

朱旭东：《论教师专业发展的理论模型建构》，《教育研究》2014 年第

6 期。

竹风:《"学术"一解》,《学术月刊》1957 年第 2 期。

邹斌、陈向明:《教师知识概念的溯源》,《课程·教材·教法》2005 年第 6 期。

二 英文文献

(一) 专著

Borko, H. and Putnam, R. T., *Learning to Teach. In Berliner*, D. C. & Calfee, R. C. (Eds.), *Handbook of Educational Psychology*, New York: Macmillan, 1996.

Boyer, E. L., *Scholarship Reconsidered: Priorities of the Professoriate*, New York: Wiley, 1991.

Christine, L., *Borgman, Scholarly Communication and Bibliometrics*, Sage Publication, 1990.

Dewey, *Logic: The Theory of Inquiry*, Carbondale and Edwards – ville: Southern Illinois University Press, 1991.

PL Grossman, *The Making of a Teacher: Teacher Knowledge and Teacher Education*, New York: Teachers College Press, 1991.

Menges, Weimmer, *Teaching on Soild Ground: Using Scholarship to Improve Practice*, San Francisco: Jossey – Bass, 1996.

Mezirow, *Transformative Dimensions of Adult Learning*, San Francisco: Jossey – Bass, 1991.

Rouse, J., *Knowledge and Power, Toward A Political Philosophy of Science*, Ithnca and London; Cornell University Press, 1987.

Schon, D. A., *The New Scholarship Requires a New Epistemology*, New York: Basic Books. 1983.

Sworth, S. H. and Sockets, H., *Positioning Teacher Research in Educational Reform: An Introduction*, Chicago: The University of Chicago Press, 1994.

Zeichner, K. M. and Tabachnick. B. R., *Reflections on Reflective Teaching*. In Tabachnick, B. R. & Zeichner, K. M. (Eds.). *Issues and Practices in Inquiry – Oriented Teacher Education*, London: The Falmer Press. 1991.

(二) 期刊、学位论文等

Anderson, G. L. and Herr, K., "The New Paradigm Wars: Is There Room for

Rigorous Practitioner Knowledge in Schools and Universities?", *Educational Researcher*, Vol. 28, No. 5, 1999.

Carolin Kreber, P. A., "Cranton. Exploring the Scholarship of Teaching", *Journal of Higher Education*, Vol. 71, No. 4, 2000.

Charles, B. Osburn, "The Structuring of the Scholarly Communication System", *College & Research Libraries*, Vol. 50, No. 43, 1989.

Connelly, M., Clandinim, J. and He Mingfang, "Teacher's Personal Practical Knowledge on the Prof Essional Knowledge Landscape", *Teaching and Teacher Education*, Vol. 13, No. 7, 1997.

Elbaz, F., "The Teacher's Practical Knowledge Report of a Case Study", *Curriculum Inqury*, No. 11, 1981.

Fordham and Michael, "Realising and Extending Stenhouse's Vision of Teacher Research: The Case of English History Teachers", *British Educational Research Journal*, Vol. 42, No. 1, 2016.

Gade and Sharada, "Teacher Research as Self-study and Collaborative Activity", *Learning Landscapes*, Vol. 8, No. 2, 2015.

Glenn, R. E., "What Teachers Need to Be", *Education Digest*, No. 9, 2001.

Hutchings, T. and Shulman, L., "The Scholarship of Teaching: New Elaborations, New Developments", *Change*, No. 5, 1999.

Leeman, Y. and Wardekker, W., "Teacher Research and the Aims of Education", *Teachers and Teaching*, Vol. 20, No. 1, 2014.

Mellsa Eller White, "Going Public: The Representation and Translation of Teacher Research", *Stanford University*, 2004.

Ruth Marie, E. Fincher, Deborah, E. Simpson, "Scholarship in Teaching: An Imperative for the 21st Century", *Academic Medicine*, Vol. 75, No. 9, 2000.

Schwab, J., "The Practical: A Language for Curriculum", *School Review*, No. 78, 1968.

Shulman, L. S., "Knowledge and Teaching: Foundations of the New Reforms", *Harvard Educational Review*, Vol. 57, No. 1, 1987.

Shulman, L., "Those Who Understand: Knowledge Growth in Teaching", *Ed-

ucational Researcher, Vol. 15, No. 2, 1986.

Stenhouse, L., "The Problems of Standards in Illuminative Research", *Scottish Educational Review*, No. 1, 1979.

Wiig, K., "Intergrating Intellectual Capital and Knowledge Management", *Long Range Plannng*, Vol. 30, No. 3, 1997.

后　　记

　　我之于教育的情感是很长久的，这篇教育学博士学位论文便是一个重要节点。回顾二十二年受教育历程，得益于教育，成长于教育，感恩于教育。教育和教育中的人成就了一个个鲜活的生命，并用各自的个体知识在静默中影响着身边的一切人，进而在交往中促成人的生长，在教育场域中化育共生。我就是这样一个受教育的人。过去的受教育经历，显现了我与教育的缘分。一个从黔东南山村成长起来的"黔乡愚子"，教育以及在教育中的人于我而言，意义非凡！

　　回忆还生活在那大山里、盆地中的少年，天真无知却充满渴望。每天只知道起床去放牛，继而上学，放学后继续放牛的孩童，不知道这个世界的很多东西；不知道有初中，有高中，有大学，居然还有硕士和博士……但幸运的是我能够与教育相遇并与教育中的人同行。我的小学校长杨汉柱老师给我留下了深刻的印象，特别是他的作文教学方式对我产生了潜移默化的影响，让我初步明白何谓人师。

　　随着家乡的小桥流水，春风稻浪，无知者在智者引领下慢慢成长。小学毕业后我到邻村去读中学。在那里我遇到了应当毕生记住的另外两位恩师。班主任杨天枚老师唤醒了一位本该立志远方的懵懂少年。他教会了我学习，告诉了我什么是求学，也是他给我赠阅了人生的第一本课外书——奥斯特洛夫斯基的《钢铁是怎样炼成的》，书中保尔·柯察金的艰难成长历程至今仍印刻脑海，于我成长意义深远。另一位恩师杨天尧老师则成就了一位爱思考的人，缜密的逻辑思维，良好的思维习惯正是在此时养成。杨老师还激发了我的少年志，让我从此明白，人生需要为自己的理想（大学）而奋斗！

　　落叶弥舫，秋草乍黄，冥冥中不为慧者护航，却为寒门孝子雪上加霜。人世之事，却也福兮祸所伏，祸兮福所至，我总算走进了大学。在那里，我遇到了教育历程中最为重要的两个人。一个是一直陪伴我并与我结为伴侣的我的妻子谭天美女士，一个是我一辈子难忘的恩师——陈庆文老师。天美如诗般的陪伴，让我的生活慢慢平静，继而致远，她是我的福星；做陈老师的学生，让我的理想得以慢慢隐现，继而登台，他是我的领航人。正是他们的帮助和鼓励，让我立下了成为教育学博士的宏愿。

从痞子习气到书生情怀，从筚路蓝缕到遏制命脉，从仰望星空到脚踏实地。进入研究生阶段，我开始了新的生活。虽然我还是一无所有，但是我的心变得更加明亮、宽广，更加平静、自然。或许是生活，或许是本性，我不再苛求一智，只步步金坚，"走进教育学门，读教育学书，做教育学事，为教育学人"。这得感激我的第一位人生导师和学术导师蒋士会教授，他的言传身教，耳濡目染，使我获益良多。

上天似乎对我特别眷顾，让我很幸福地考入西南大学，正坐在西南大学的某个角落，写着博士毕业论文后记！

"天地转，光阴迫。一万年太久，只争朝夕。"博士学习这三年，特别能体会学习生活弥足珍贵。入西南大学之后，恍然发现自己之学识捉襟见肘。但深感幸福的是，享誉中国最美丽校园的西南大学，给我提供了良好的学习环境，安静的博士学习室，优秀的导师团队，完整的课程学习体系，高强度的学术训练。特别是教育学部靳玉乐教授、朱德全教授、李森教授、范蔚教授、于泽元教授等教育人的课程于我而言，可谓醍醐灌顶，如沐春风。学生对各位老师谆谆教诲表示深情感谢！

在博士学习过程中，导师徐学福教授于我而言，是最为尊贵的学术领航人。实际上，早在那桂水漓江畔与徐老师的初次相遇似乎就已经注定了这篇博士论文的诞生。三年来，随先生问学，往往学之愈久，仰之愈高；就之愈近，造之愈益。恩师用他的一言一行给我诠释了作为一名教育研究者的真实生态。也正是从导师身上获得的缄默知识让我渐渐明白，"真实"的教育研究是那么的"严格"与"苛刻"，是那么的"冷峻"和"有趣"。教育研究并不是想当然的"情感表达"，也不是拍脑袋的"文思泉涌"。正如导师给我讲的一个隐喻："做研究，就如同打水井，如果东打一口，西打一口，每次都是浅尝辄止，永远也找不到清爽甘甜的泉水；只有一心一意的专注于某一个确定的地方，持之以恒的专研，才能发现清泉。"徐老师的"打井理论"让我明白，研究应该定在一个点上，而对中小学教师的关注似乎又源于我本身的教育历程和我身边的这些值得铭记一生的教育之人，于是就有了这篇博士论文的选题。其间，尊敬的朱德全教授、李森教授、范蔚教授、张辉蓉教授在开题中提出了宝贵的意见，对他们无私的教育表示真诚的感谢！

确定选题之后的迷惘与纠结，恐怕是每个同学的共性。我也一度"衣带渐宽终不悔，为伊消得人憔悴"。到处寻觅材料，走访实地调研，蹲点驻校观察。此时，似乎看得愈多，思维愈加混乱，心性愈加焦躁。但似乎也没有什么捷径，"帽子已经扔到墙那边去了，这堵墙必须得翻过去"，这是导师对我的嘱咐，也是我自己的决心。导师甚至直言不讳地告诉我"做学问没有什么捷径，只有刻苦钻研"。于是，顺着陡峭的梯子，我慢慢往上爬。努力挣扎的过程中，常常幻想着快点触碰到研究领域的"天"——教学知识领域；早一点缓缓落"地"，觅得个体知识走向公共的有效传播路径。在这个混沌乾坤的过程，导师像一位神情威严的将军，又像一位智慧的军师，更像一位慈祥的父亲。他时而问难："你究竟搞懂这个问题没有"；时而提点："你可以从教学学术角度去继续思考"；时而关怀："你要注意锻炼身体，别把身体搞垮了"。就这样，我思绪混乱，辗转反侧，拍案惊奇，化梦晨思，一路走到了预答辩的讲坛上。其间，朱德全教授、李森教授、兰英教授、罗生全教授在预答辩时为论文修改提出了具有建设性的建议，使我的论文进一步得到优化，感谢你们的教育！此外，人民教育出版社郭戈教授、陕西师范大学陈晓端教授、湖南师范大学张传燧教授在正式答辩中，对论文提出了进一步提升的宝贵意见，在此深情感谢你们！

本书的整个形成过程，是我与教育人静默、对话、交往的共生历程。其间，常常一个人漫步在静谧的校园，冥思苦想；一个个仰望星空的夜，难以入眠；一个个关于论文的梦，起身记下；或与恩师的办公室长谈，斟酌逻辑；或与恩师的缙云山谈话，畅谈学人；或与恩师的会议室讨论，提纲挈领。这些使我对论文思考逐层深入，慢慢完善。而在生活中，师母与导师亲赴病床的看望，师母秦荣芳老师对我生活、学习无微不至的关怀，对我迷惘道路上耐心的叮咛和解答，都让我备感温暖。师母给予的帮助保证了论文的顺利开展和按时完成，鞠躬感谢！

这个充满诗意的教育交往历程，同样少不了我的妻子谭天美博士的陪伴。实际上，我牵着她的手，从玉师到广西师大，继而一起漫步到这美丽的西南大学，她见证着我整个博士论文的诞生，并成为我的第一个读者。

她为我而来，不惜星夜兼程；她为我付出，不惜付出所有。男儿铮铮铁汉，对她当言，山无棱，天地合，乃敢与君绝！

　　我之所以能走到今天，要感谢我身边的每一个人。感谢母亲给我温存一个家，感谢姐姐和弟弟伴我成人，感谢叔叔、婶婶对我无条件的支持，感谢岳父、岳母待我如己出，感谢哥哥、大姐、二姐、姐夫对我的关爱，感谢大哥泽宇、二哥远杰及丽银师妹给予我的情义与照顾。还要特别感谢为本论文调研提供帮助的犹校长、张主任、杨校长以及3名案例教师和15名访谈教师，因为有你们的帮助才让我能够顺利完成论文；同时感谢仲宇博士、娴雅师妹共同参与调研；感谢宇生、雪莉、雪强、红霞为调研资料整理提供的帮助。另外，晓洁师妹、鹏云师妹为论文英文摘要校正无私付出；感谢同门文雄、黄胡、李娟、朱丹、凌雪、辉燕、李艳、丛珊、璐瑶、亚楠、婷汇、秋萍等参与了论文讨论，感谢同门牟聪、张焰、渝兰为论文校对付出了努力。感谢龙安邦、肖磊、李卯、叶波、谢德新师兄，以及左璜师姐对论文选题的关心；感谢亮哥、铭凯在病榻边躬身照料之恩，感谢同门胥炜博士淡水之谊，感谢挚友仲宇对论文的建议及生活帮助；感谢兄吴叶林、冯发金、王伟、龙安保、吴金航、张鸿翼，姐吴晓英、黄涛、吴佳莉、蔡红梅、谢超香、李小红、卢锦珍的照顾；感谢同学郑豫、志强、明雅、小菊、光玉、明勤、孙竟的关爱；感谢同窗柏森、光槐、陶丽、友兴、王磊、蕾迪、小容、觅嘉、李鹏、珍莉等人的帮助，谢谢！

　　感谢在我教育历程中，与我生命交往、对话与共生的一切教育相关人，你或许是我的老师，或许是我的亲人，或许是我的朋友，或许是我的同学，或许是陌路人……不管你是谁，我且作双手合十，送一声祝愿，愿你们永远幸福、平安！

　　学术之路，任重而道远。借金言立志，愿"以'有涯'追'无涯'，以'严谨'求'真知'"。

黔乡愚子：欧阳修俊
2016年5月1日于田家炳楼（初稿）
2016年6月1日于田家炳楼（再改）
2016年6月19日于田家炳楼（又改）